陕西社科精品文库

中国中西部南北
绿色经济带构建研究

赵临龙　著

U0262908

国家社会科学基金项目（结题证书号 20181594）
陕西省社科界重大理论与现实问题项目（2021HZ0687）

科学出版社
北　京

内 容 简 介

本书是基于新时代西部大开发新格局的我国中西部南北绿色经济带的构建研究。在"一带一路"引领下，以西部陆海新通道建设为契机，推动我国中西部南北绿色经济带构建，促使"国内国际双循环"的经济发展新格局形成；同时，以"绿水青山就是金山银山"的理论，探讨中西部结合区域节点城市的旅游发展，从其绿色生态资源禀赋和丰富的人文旅游通道文化及交通格局和国家政策引领等方面，分析各地的旅游发展前景，并为各地旅游发展提出战略性的建议。以旅游拓展市场，以绿色产品发展为方向，全面带动沿线城市协同发展，希望中国中西部南北旅游大通道这条世界著名的民俗风情和生态旅游国际精品线早日形成。

本书作为我国中西部南北绿色经济带构建研究以及中西部结合区域节点城市旅游发展研究的专著，适合全国研究经济发展和旅游发展的理论工作者，以及高校和科研单位的教师、研究生和研究人员阅读。本书也可以作为本领域本科学生的参考书。

图书在版编目（CIP）数据

中国中西部南北绿色经济带构建研究 / 赵临龙著. —北京：科学出版社，2022.7
ISBN 978-7-03-072230-0

Ⅰ. ①中… Ⅱ. ①赵… Ⅲ. ①旅游业发展 – 研究 – 中西部地区
Ⅳ. ①F592.3

中国版本图书馆 CIP 数据核字（2022）第 077512 号

责任编辑：陶 璇 / 责任校对：刘 芳
责任印制：张 伟 / 封面设计：无极书装

科学出版社 出版
北京东黄城根北街 16 号
邮政编码：100717
http://www.sciencep.com

北京虎彩文化传播有限公司 印刷
科学出版社发行 各地新华书店经销

*

2022 年 7 月第 一 版 开本：720×1000 1/16
2022 年 7 月第一次印刷 印张：14 1/4
字数：285 000

定价：156.00 元
（如有印装质量问题，我社负责调换）

作 者 简 介

赵临龙，男，1960 年生于西安市临潼，硕士，二级教授，硕士生导师。1999年获曾宪梓教育基金高等师范院校优秀教师三等奖，2006 年获得陕西省教学名师，2018 年获得陕西省"高层次人才特殊支持计划"（教学名师），2020 年被确定为陕西省百姓学习之星。

现为陕西省改革发展研究会副会长，陕南民间文化研究中心旅游文化研究所所长，陕南乡村振兴研究中心产业发展条件研究所所长，主持旅游方面的国家社会科学基金项目，以及其他省厅级旅游项目 20 余项，发表旅游研究论文 40 余篇，获得陕西省哲学社会科学优秀成果奖三等奖，以及其他政府机构科技成果奖 10 余项。

创意的"自然国心"旅游文化品牌成果获得陕西高等学校科学技术奖三等奖，并且进入中央电视台《远方的家·百山百川行》，提出构建的"中国中西部南北旅游大通道"获得陕西高等学校人文社会科学研究优秀成果奖三等奖，成为"一带一路"引领下的重要国际旅游精品线。

序

随着大众旅游的兴起及全域旅游的大力推进,"十四五"期间,人们对旅游品质的需求不断提高,传统的观光旅游已经远不能满足人们日益增长的旅游需求,要发展一体化的全域旅游,构建旅游大通道。

旅游大通道建设就是要加快景区互联互通,推进景点串连成线,形成通畅循环网络,提升旅游的便捷度和纵深度。在大通道建设中,交通是旅游的前提和必要条件,交通建设是旅游发展的重要组成部分。要抓住全域旅游统领这条主线,深入推进交通与旅游融合,形成旅游大通道,助推旅游产业大发展。地理学中的"地格"理论,新制度经济学中的"增长极"理论,以及国家竞争力理论的"核心-边缘"理论和"点-轴"理论等,为构建区域旅游线路合作模式奠定了理论基础。

中国社会主义现代化新征程的开启,为构建"中国中西部南北绿色经济带"带来契机。《中华人民共和国国民经济和社会发展第十四个五年规划和 2035 年远景目标纲要》首次提出"交通强国",实施西部陆海新通道的重大项目建设,并且提出:加快建设现代化经济体系,加快构建以国内大循环为主体、国内国际双循环相互促进的新发展格局。《中共中央 国务院关于新时代推进西部大开发形成新格局的指导意见》提出:以共建"一带一路"为引领,加大西部开放力度。加强横贯东西、纵贯南北的运输通道建设,拓展区域开发轴线。《国务院关于新时代支持革命老区振兴发展的意见》明确指出,加快建设包(银)海等高铁主通道,规划建设相关区域连接线。这势必推进"中国中西部南北绿色经济带"的构建。

安康学院赵临龙教授作为我国应用型高校转型发展的实践者,在经济领域研究中,善于理论学习和实践探索,紧紧围绕地方经济发展开展理论研究和实践思考,从中提出自己的见解和建议。他的研究获得国家社会科学基金项目《我国中西部南北旅游大通道的构建研究》资助。该著作作为国家社会科学基金项目的最新研究成果,依据经济全球化与区域经济一体化的世界经济发展趋势,在"一带一路"引领下将"我国中西部南北旅游大通道"上升为"中国中西部南北绿色经济带"，形成"国内国际双循环"的经济发展新格局，对中国开启社会主义现代化新征程，中西部地区实施"推动西部大开发形成新格局，促进中部地区加快崛起"战略产生积极意义。该著作提出建设南北旅游大通道的立体交通网、建设南北旅游大通道的旅游节点城市辐射功能、建设南北旅游大通道的自然景观亮点、建设南北旅游大通道的文化廊道内涵等对策。

　　但中国中西部南北绿色经济带的构建，是一项庞大的系统工程，需要各方面的共同努力。我们希望这一影响中国中西部区域发展和对接世界经济发展的"中国中西部南北绿色经济带"早日构建，促使国内国际双循环相互促进的新发展格局形成，推动中国中西部区域社会主义现代化的建设。

西安财经大学副校长　任保平

2021 年 3 月

前　　言

2020 年 5 月 17 日，《中共中央 国务院关于新时代推进西部大开发形成新格局的指导意见》明确提出：加强横贯东西、纵贯南北的运输通道建设，拓展区域开发轴线。打通断头路、瓶颈路，加强出海、扶贫通道和旅游交通基础设施建设。

2020 年 6 月 1 日，中共中央、国务院印发的《海南自由贸易港建设总体方案》明确指出：实施高度自由便利开放的运输政策，推动建设西部陆海新通道国际航运枢纽和航空枢纽，加快构建现代综合交通运输体系。

2020 年 11 月 3 日，《中共中央关于制定国民经济和社会发展第十四个五年规划和二〇三五年远景目标的建议》（2021 年 3 月 12 日，《中华人民共和国国民经济和社会发展第十四个五年规划和 2035 年远景目标纲要》发布），提出交通强国：加快建设交通强国，完善综合运输大通道、综合交通枢纽和物流网络，加快城市群和都市圈轨道交通网络化，提高农村和边境地区交通通达深度。实施西部陆海新通道等一批强基础、增功能、利长远的重大项目建设。

2021 年 2 月 22 日，《国务院关于新时代支持革命老区振兴发展的意见》指出，加快建设包（银）海等高铁主通道，规划建设相关区域连接线。

2021 年 2 月 24 日，《国家综合立体交通网规划纲要》提出：构建"678"综合交通网主骨架，涉及中西部南北交通枢纽线路。

我国中西部结合区域的大多数城市为经济欠发达地区，但中西部结合区域有良好的生态资源和丰富的人文资源，是发展旅游的重要区域。这里是我国生态资源的富集区，也是发展旅游的理想地，构成我国生态旅游与民俗风情的南北旅游大通道。

加快建设以"包海高铁"为牵引的中西部南北绿色经济带，对于推动西部陆海新通道、北部湾经济区、粤港澳大湾区、海南自由贸易港等四大国家战略深度融合、协同发展具有重大意义。南北绿色经济带是一条承载国家战略发展的信息交流之道，是促进区域经济合作发展的重要经济之道，也是促进欠发达地区和少数民族地区脱贫致富后续发展的重要之道，更是中西部结合区域开启社会主义现代化新征程的重要之道。

　　我国中西部南北绿色经济带，以旅游拓展市场，以发展绿色产业为方向，完全符合"绿水青山就是金山银山"的科学理论。本书将对我国中西部南北绿色经济带的经济欠发达地区旅游城市发展进行分析，从中提出其战略策略，促使"推动西部大开发形成新格局，促进中部地区加快崛起"发展战略的实施。

　　本书在写作过程中，参考了许多相关文献，在此对这些专家学者表示衷心感谢。

　　由于成书时间比较紧，加上笔者水平有限，书中难免存在不妥之处，恳请广大读者批评指正。

作　者

2021 年 5 月

目　　录

理论篇：中西部南北绿色经济带构建的理论研究

第1章 绪 论

到 2020 年全面建成小康社会，实现第一个百年奋斗目标，是我们党向人民、向历史作出的庄严承诺。

中华人民共和国成立初期，以毛泽东同志为核心的党中央领导集体就对实现社会主义现代化进行了积极探索，明确提出了"四个现代化"的奋斗目标。

1964 年 12 月 21 日，周恩来总理在第三届全国人民代表大会第一次会议《政府工作报告》中，首次提出"在不太长的历史时期内，把我国建设成为一个具有现代农业、现代工业、现代国防和现代科学技术的社会主义强国"，首次提出建设四个现代化强国[①]。

1992 年初，邓小平在南方谈话中提出："社会主义的本质，是解放生产力，发展生产力，消灭剥削，消除两极分化，最终达到共同富裕。"社会主义的制度优势促使中国有底气提出完成脱贫攻坚、全面建成小康社会的宏伟目标。

1979 年 12 月 6 日，邓小平在同日本首相大平正芳谈话中首次提出"小康"概念以及在 20 世纪末我国达到"小康社会"的构想。党的十六大进一步提出到 2020 年从总体小康到全面小康，党的十七大在科学发展观的指引下，又提出了全面建设小康社会的新要求[②]，党的十八大首次提出全面建成小康社会。从"建设小康社会"到"建成小康社会"的提升，使小康社会思想进一步发展，对推进中国特色社会主义伟大事业，具有极其重大的理论与实践意义。

2017 年 10 月 18 日，习近平在党的十九大报告《决胜全面建成小康社会 夺取新时代中国特色社会主义伟大胜利》中指出，从现在到二〇二〇年，是全面建成小康社会决胜期。我们既要全面建成小康社会、实现第一个百年奋斗目标，又要乘势而上开启全面建设社会主义现代化国家新征程，向第二个百年奋斗目标进军。综合分析国际国内形势和我国发展条件，从二〇二〇年到本世纪中叶可以分两个阶段来安排。第一个阶段，从二〇二〇年到二〇三五年，在全面建成小康社

---

① 邹谨，葛君梅. 新时代"两步走"战略研究[J]. 邓小平研究，2018，（6）：39-47.
② 赵曜. 小康社会思想的形成与发展[J]. 红旗文稿，2010，（11）：26-29，1.

会的基础上，再奋斗十五年，基本实现社会主义现代化。到那时……人民生活更为宽裕，中等收入群体比例明显提高，城乡区域发展差距和居民生活水平差距显著缩小，基本公共服务均等化基本实现，全体人民共同富裕迈出坚实步伐。第二个阶段，从二〇三五年到本世纪中叶，在基本实现现代化的基础上，再奋斗十五年，把我国建成富强民主文明和谐美丽的社会主义现代化强国。到那时，我国物质文明、政治文明、精神文明、社会文明、生态文明将全面提升，实现国家治理体系和治理能力现代化，成为综合国力和国际影响力领先的国家，全体人民共同富裕基本实现，我国人民将享有更加幸福安康的生活，中华民族将以更加昂扬的姿态屹立于世界民族之林①。

习近平强调，从全面建成小康社会到基本实现现代化，再到全面建成社会主义现代化强国，是新时代中国特色社会主义发展的战略安排②。

1.1　研 究 意 义

从实现第一个百年奋斗目标，向第二个百年奋斗目标进军，从基本实现现代化，再到全面建成社会主义现代化强国，是中国发展的历史新征程。

中国作为国土面积大国和人口大国，各地区经济发展不平衡，尤其是东西部地区经济发展和收入水平存在明显的差异。因此，未来中国经济的发展，要解决各地区经济发展不平衡问题，尤其是要针对西部地区特殊的地理环境和资源优势，构建西部地区经济发展的"经济带"，以此"经济带"带动西部地区经济整体朝着又好又快的方向发展，并且获得东部地区的支持，共同走向和谐发展之路，整体基本实现现代化。

毛泽东有诗句"一唱雄鸡天下白"，象征着中国陆地版图的"雄鸡"立于世界东方。中国陆地版图的中轴线区域（东经110°附近）为我国中西部的结合区域，其地理位置特殊贯穿我国南北，并且辐射到我国东西部地区，对全国全局影响较大。

我国中西部结合区域，北起中国内蒙古自治区的满都拉国际口岸，途经内蒙古自治区呼和浩特市、包头市、鄂尔多斯市、陕西省榆林市、延安市、铜川市、宝鸡市、杨陵区、咸阳市、西安市、渭南市、商洛市、汉中市、安康市，重庆市巫溪县、城口县、巫山县、奉节县、云阳县、万州区、开州区，湖北省十堰市、

---

① 罗月红，刘国建. 历史方位视野下的新时代[J]. 探求，2019，（3）：5-10.
② 习近平在中国共产党第十九次全国代表大会上的报告[EB/OL]. http://www.china.com.cn/19da/2017-10/27/content_41805113.htm，2017-10-27.

神农架林区、恩施州,湖南省张家界市、湘西自治州、怀化市,贵州省铜仁市、凯里市,广西壮族自治区桂林市、柳州市、来宾市、南宁市、防城港市、钦州市、北海市、贵港市、玉林市,广东省茂名市、湛江市,海南省海口市、儋州市、三亚市等,南达中国海南省的三亚国际港口,全长 3 000 多千米。

我国中西部结合区域跨越我国黄河、渭河、汉江、长江、沅江、浔江等河流直达南海,并且穿越阴山、秦岭、大巴山、巫山、雪峰山、南岭、五指山等大山。这里是我国生态资源的富集区,山水景色秀丽,是发展旅游的重要区域。

我国中西部结合区域相对东部地区,大多数区域为经济欠发达地区,但中西部结合区域又是我国生态旅游资源和人文旅游资源的富集区,是发展旅游的理想地。中西部结合区域荟萃了中国境内具有世界影响力的旅游精品:内蒙古的成吉思汗陵、陕西的黄帝陵和兵马俑、湖北的武当山、重庆的长江三峡和巫山小三峡、湖南的张家界、贵州的梵净山、广西的桂林山水、广东的黄金海岸、海南的天涯海角等,被称为"中国中西部南北旅游大通道"①。

"中国中西部南北旅游大通道"以包海高铁通道为构架,形成"包海高铁省会线":包头(银川)—西安—重庆—贵阳—南宁—北海—湛江—海口,贯通呼包银、关中、成渝、黔中、北部湾等城市群,是一条重要的城市经济发展和旅游观光风景线。"包海高铁直线支线":包头—延安—西安—安康—张家界—桂林—湛江—海口,贯通呼包鄂榆经济区、关天经济区、长江经济带、武陵山风景道、泛北部湾经济区等,可以构建我国中西部南北旅游大通道,是一条重要的民俗风情与生态旅游黄金线。

2020 年 5 月 17 日,《中共中央 国务院关于新时代推进西部大开发形成新格局的指导意见》明确提出,加强横贯东西、纵贯南北的运输通道建设,拓展区域开发轴线。打通断头路、瓶颈路,加强出海、扶贫通道和旅游交通基础设施建设。

2020 年 6 月 1 日,中共中央、国务院印发的《海南自由贸易港建设总体方案》明确指出:实施高度自由便利开放的运输政策,推动建设西部陆海新通道国际航运枢纽和航空枢纽,加快构建现代综合交通运输体系。

2020 年 11 月 3 日,《中共中央关于制定国民经济和社会发展第十四个五年规划和二〇三五年远景目标的建议》发布,提出"建设交通强国":加快建设交通强国,完善综合运输大通道、综合交通枢纽和物流网络,加快城市群和都市圈轨道交通网络化,提高农村和边境地区交通通达深度。拓展投资空间,实施西部陆海新通道等一批强基础、增功能、利长远的重大项目建设。同时指出:推动区域协调发展。推动西部大开发形成新格局,推动东北振兴取得新突破,促进中部地区加快崛起,鼓励东部地区加快推进现代化。

---

① 赵临龙. 构建我国中西部南北旅游大通道的设想[J]. 绿色中国,2006,(23):67-69.

2021 年 2 月 22 日,《国务院关于新时代支持革命老区振兴发展的意见》指出: 加快建设包(银)海等高铁主通道,以及建设相关区域连接线。

2021 年 2 月 24 日,《国家综合立体交通网规划纲要》提出: 构建"678"综合交通网主骨架,其中 6 条主轴之一的"京津冀—重庆"线路是: 北京经石家庄、太原、延安、西安、安康、重庆。7 条走廊之一的"西部陆海"线路是: 西宁经兰州、成都/重庆、贵阳、南宁、湛江、三亚; 8 条通道之二的"福银支线"线路是: 西安经延安至包头,以及"二湛通道"线路(二连浩特经大同、太原、南阳、宜昌、张家界、怀化、桂林、湛江)。涉及中西部南北旅游大通道。

因此,加快包海高铁通道建设,对于推动西部陆海新通道、北部湾经济区、粤港澳大湾区、海南自由贸易港四大国家战略深度融合、协同发展具有重大意义。包海高铁通道是一条承担国家战略的快速客运通道,是促进欠发达地区和少数民族地区脱贫致富后续发展,开启社会主义现代化强国建设,促进区域经济合作发展的重要交通命脉。

当今,经济全球化与区域经济一体化已经成为世界经济发展的两大趋势。对于中西部结合区域的"中国中西部南北旅游大通道"构建,可以进一步上升为"中国中西部南北绿色经济带"①的构建,使其成为连接我国东西部地区的纽带。

"中国中西部南北绿色经济带"位于东经 110° 的中国陆地版图南北中轴线,北起内蒙古的满都拉,南至海南岛的三亚,全长 3 000 余千米,经过内蒙古大草原、陕西西安古城、重庆长江三峡、湖北武当山、湖南张家界、贵州梵净山、广西桂林山水、广东黄金海岸线、海南天涯海角等旅游区,这条南北绿色经济带涉及中国 9 个省(自治区、直辖市): 内蒙古、陕西、重庆、湖北、湖南、贵州、广西、广东、海南,约占中国 32 个省、自治区、直辖市的 1/4,而面积和人口分别为中国的 28% 和 27.5%,并辐射到河北(以及北京、天津)、山西、河南、江西、福建、宁夏、甘肃、四川、云南等省区市②。

这条南北绿色经济带以旅游开拓市场,以绿色产业发展为方向,实现中国东西部地区旅游资源的整合,实现新时期西部大开发的战略——"推动西部大开发形成新格局,促进中部地区加快崛起,鼓励东部地区加快推进现代化"。

绿色经济发展的可持续性,将影响我国未来经济的发展方向。它将涉及环境保护和经济发展之间的关系,解决人类永续发展的根本问题。

习近平站在历史发展的高度,提出绿水青山就是金山银山的"两山"理论,指明了经济发展的方向。"两山"理论所提出的发展要求,协调了眼前利益和长远

---

① 赵临龙. 关于构建中国中西部南北经济带的思考[C]. Proceedings of International Conference on Engineering and Business Management(EBM2011). 美国科研出版社, 2011: 1783-1786.

② 赵临龙. 中国中西部南北旅游大通道的构建研究[M]. 北京: 科学出版社, 2018.

利益之间的关系，辩证地剖析了经济建设和生态文明建设之间的关系[①]。"两山"理论体现了生态系统论。生态是生物与环境构成的有机系统，彼此相互影响，相互制约，在一定时期处于相对稳定的动态平衡状态。人类只有与资源和环境相协调，和睦相处，才能生存和发展[②]。

党的十八大以来，"两山"理论得到了全面深化，生态文明制度建设也取得了一系列成就。2015 年《中共中央国务院关于加快推进生态文明建设的意见》制定印发，把环境保护和生态文明建设纳入法治化、制度化、系统化、常态化的轨道。2017 年党的十九大报告《决胜全面建成小康社会 夺取新时代中国特色社会主义伟大胜利》明确提出，坚持人与自然和谐共生，树立和践行绿水青山就是金山银山的理念，坚持节约资源和保护环境的基本国策。2021 年《中华人民共和国国民经济和社会发展第十四个五年规划和 2035 年远景目标纲要》提出，推动绿色发展，促进人与自然和谐共生。

因此，本书的研究意义在于以下几方面。

（1）对于实施新时代推进西部大开发形成新格局提供学术支持。目前，中西部结合区域经济发展与东部地区相比还存在较大差距，只有中西部结合区域实现现代化，中国才能全面实现现代化。中西部结合区域生态环境的恶化，不仅影响中西部结合区域自身的发展，而且会让中国产生生态安全危机，进而影响全国经济可持续发展。构建"中国中西部南北绿色经济带"，是推进中西部结合区域生态经济又好又快发展的重大举措，有利于实施新时代推进西部大开发形成新格局总体战略"推动西部大开发形成新格局，推动东北振兴取得新突破，促进中部地区加快崛起，鼓励东部地区加快推进现代化"，有利于推动中西部结合区域可持续发展，与全国一道实现现代化。

（2）为"一带一路"建设提供有力支持。在中国的历史上，除了陆地的"丝绸之路"和海上的"丝绸之路"（即"一带一路"）以外，还有北方草原地区的"草原丝绸之路"和西南地区的"茶马古道"。可以构建"中国中西部南北经济带"，北端的满都拉国际口岸作为"草原丝绸之路"的起点之一，中部的西安作为"沙漠丝绸之路"起点和"茶马古道"的延伸出发点，南端的湛江、北海、海口（或三亚）等港口作为"海上丝绸之路"的新起点。"中国中西部南北经济带"与"一带一路"形成有机的联系，是"一带一路"在中国境内的延伸，为"一带一路"的建设提供有力的支持。

（3）对于党中央的"两山"理论是一次重大实践。党中央提出"绿水青山就是金山银山"的理念，表明党中央将生态问题提高到一个新高度。从党的十八大

---

① 杨琼. "两山"理论的生态哲学意蕴[N]. 中国社会科学报，2018-09-04（2）.
② 郭秀清. 论"绿水青山就是金山银山"的理论意义与实践价值[J]. 领导之友，2016，(15)：5-10.

首次提出"生态文明建设"到十八届五中全会首次提出"绿色发展",再到党的十九大"坚持绿水青山就是金山银山"理念,进一步明确中国绿色产业发展方向。构建"中国中西部南北经济带",正是以绿色经济为发展方向,完全符合新时代党中央"绿水青山就是金山银山"的理念,而从某种意义上讲,"绿色经济"是"生态经济"的同义异语,其内在实质是经济可持续发展。

(4)为中国中西部绿色经济发展构建"快车道"。将中国中西部的区域经济发展融入"一带一路"建设中,利用现代快捷方便的交通格局,构建"我国中西部南北旅游大通道",并且将我国中西部南北旅游大通道发展为"中国中西部南北绿色经济带",以旅游开拓市场,以绿色产业发展为方向,使中西部结合区域经济发展步入世界经济发展轨道,走上经济发展、文化繁荣、人民富裕的绿色发展之路,与我国其他地区共同实现现代化。

1.2　本书研究的基本问题

依据经济全球化与区域经济一体化的发展趋势,在"一带一路"引领下,充分利用西部陆海新通道,将"我国中西部南北旅游大通道的构建",进一步深化为"我国中西部南北绿色经济带"的构建,全面促进绿色经济发展,推动全域旅游蓬勃发展。

1.2.1　研究内容

(1)从新时代"推进西部大开发形成新格局"研究"中国中西部南北绿色经济带"的构建。依据中西部结合区域的区位优势、资源禀赋、文化内涵、交通条件、旅游效益等,推动"中国中西部南北绿色经济带"成为我国区域发展的重大战略举措和新时代西部大开发新格局的重大战略。

(2)从国际化的"一带一路"建设研究"中国中西部南北绿色经济带"的构建。在"一带一路"引领下,进行从旅游通道"旅游点"到"旅游廊道"的纵向研究,打造"中国中西部南北旅游国际精品线",提升中西部结合区域旅游通道的国际影响力。

(3)从"两山"理论的生态环境保护要求引导中西部结合区域旅游节点城市发展。引导中西部南北绿色经济带旅游节点城市,牢固树立保护生态环境的底线发展思维。从中西部南北绿色经济带的地理区位优势、旅游优质资源、交通网络格局等方面,开展旅游节点城市的发展战略研究,中西部南北绿色经济带旅游廊道的"节点城市旅游研究"到"节点城市的旅游辐射"的横向研究,结合实证分析研究方法,给出中西部南北绿色经济带旅游节点城市的发展策略,推动中西部南北绿色经济带辐射功能的发挥,全面促进全域旅游蓬勃发展。

1.2.2 基本观点

（1）推动"中西部南北绿色经济带"成为新时代推进西部大开发形成新格局的重大举措。将"我国中西部南北旅游大通道国际精品线"的构建上升为"中西部南北绿色经济带"建设,带动中西部区域经济可持续发展,并推动"中西部南北绿色经济带"成为新时代西部大开发新格局的重大战略。

（2）构建"中西部南北绿色经济带"顺应经济全球化与区域经济一体化的发展趋势。"中西部南北绿色经济带"突出了中西部结合区域的区域优势,并为中西部结合区域可持续发展提供"快车道"。在"一带一路"引领下,将"中西部南北绿色经济带"融入世界经济发展中,使绿色经济成为中西部结合区域的新增长极。

（3）建设"中西部南北绿色经济带"符合"两山"理论的新时代发展要求。从旅游通道"旅游点"到"旅游廊道"的纵向研究,打造"一带一路"引领的中西部旅游国际精品线;从中西部"旅游廊道"到"经济带"的提升研究,推动中西部经济带成为新时代推进西部大开发形成新格局的重大举措;从中西部南北绿色经济带的"节点城市的旅游品牌研究"到"节点城市的旅游线路辐射的横向研究",全面促进全域旅游蓬勃发展等,都体现了"绿水青山就是金山银山"的"两山"理论,使绿色经济发展成为中西部发展的可持续支柱产业,解决中西部永续发展的根本问题。

1.2.3 研究思路

以新时代推进西部大开发形成新格局总体战略为引领,依据"两山"理论的新时代要求,根据交通强国战略,从我国中西部的实际出发,深入调查研究,在理论分析和实证研究的基础上,形成具有实际指导意义的理论研究成果。

（1）以"中西部南北绿色经济带"构建带动中西部经济发展。围绕中西部在我国所处的贯通南北辐射东西的有利位置,开展"中西部南北绿色经济带"构建的研究,全面带动中西部结合区域经济发展,与全国其他地区共同实现现代化。

（2）以"两山"理论指导中西部南北绿色经济带旅游节点城市的融合发展。对中西部南北绿色经济带旅游节点城市的旅游资源禀赋和地域文化特色进行实证研究,并在此基础上提出各地旅游战略发展的策略,全面推动我国全域旅游蓬勃发展。

1.2.4　研究方法

本书主要采用调查讨论法、文献研究法、实证分析法等，将项目目标按研究路径分解为模块任务进行研究，对于不同的模块任务采用合适的研究方法开展研究，具体项目研究构架如图 1.1 所示。

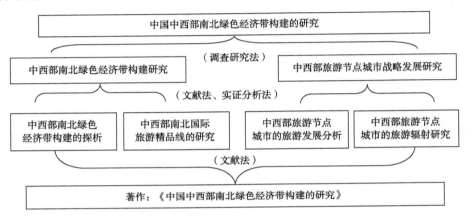

图 1.1　项目研究构架图

1.2.5　创新之处

（1）将构建的"中西部南北绿色经济带"作为新时代西部大开发新格局的重大战略举措。中西部结合区域良好的旅游优质资源，奠定了以旅游开拓市场，以绿色产业发展为方向的绿色经济，推动中西部可持续发展，并成为中西部的新增长极。因此，构建"中西部南北绿色经济带"，有利于新时代西部大开发新格局战略实施。

（2）将构建的"中西部南北绿色经济带"融入"一带一路"国际旅游精品线建设中。构建的南北绿色经济带符合经济全球化与区域经济一体化的时代潮流。南北绿色经济带是"一带一路"在国内的延伸，是国际友人深入中国内地，深层次认识中国、了解中国、宣传中国的重要通道，为"一带一路"建设提供有力支持。

（3）将构建的"中西部南北绿色经济带"作为"两山"理论实践的示范区。中西部南北绿色经济带跨越我国黄河、长江，穿越秦岭等名山大川，是我国生态资源的富集区，是发展旅游的重要区域。但 2018 年"秦岭违建"演变为政治问题，具有重大的警示教育作用。2020 年 4 月 20 日，习近平再次赴陕西考察，第一站到秦岭考察时强调，秦岭违建是一个大教训，要切实做守护秦岭生态的卫士。因此，中西部南北绿色经济带是实践"两山"理论的名副其实的示范区，对于"绿水青山就是金山银山"理论的建立，具有重大的影响力。

第2章 新时代西部大开发新格局与区域发展

历程进入到 21 世纪，党中央适时提出"生态文明建设"，表明党中央将生态问题提高到一个新高度。从党的十八大首次提出"生态文明建设"到十八届五中全会首次提出"绿色发展"，再到党的十九大提出"坚持人与自然和谐共生，树立和践行绿水青山就是金山银山的理念，坚持节约资源和保护环境的基本国策"，以及《中华人民共和国国民经济和社会发展第十四个五年规划和 2035 年远景目标纲要》提出将推动绿色发展，促进人与自然和谐共生，使保护生态环境成为我国新时代经济发展的前提条件。

2.1 新时代西部大开发新格局的要求

"西部大开发"是我国的一项重大国策，从 2006 年 12 月国务院通过的《西部大开发"十一五"规划》，到 2020 年 5 月《中共中央 国务院关于新时代推进西部大开发形成新格局的指导意见》，顺应了中国特色社会主义进入新时代、区域协调发展进入新阶段的新要求，是统筹国内国际两个大局做出的重大决策部署。

2.1.1 新时代西部大开发的新格局

2000 年 1 月，国务院成立了西部地区开发领导小组，由时任国务院总理的朱镕基担任组长。

2006 年 12 月 8 日，国务院常务会议审议并原则上通过《西部大开发"十一五"规划》。西部大开发的范围包括 12 个省（自治区、直辖市），3 个单列地级行政区：四川省、陕西省、甘肃省、青海省、云南省、贵州省、重庆市、广西壮族自治区、内蒙古自治区、宁夏回族自治区、新疆维吾尔自治区、西藏自治区、湖北省恩施土家族苗族自治州、湖南省湘西土家族苗族自治州、吉林省延边朝鲜族自治州。目标是努力实现西部地区经济又好又快发展，人民生活水平持续稳定提高，基础设施和生态环境建设取得新突破，重点区域和重点产业的发展达到新水平，为构建社会主义和谐社会迈出扎实步伐。

2012 年 2 月，国家发展和改革委员会（简称国家发展改革委）对《西部大开发"十二五"规划》进行解读，进一步明确了深入实施西部大开发战略部署的基本思路。

2019 年 8 月 2 日，国家发展改革委印发《西部陆海新通道总体规划》，明确指出，到 2025 年将基本建成西部陆海新通道。

2020 年 5 月 17 日，《中共中央　国务院关于新时代推进西部大开发形成新格局的指导意见》提出，确保到 2020 年西部地区生态环境、营商环境、开放环境、创新环境明显改善，与全国一道全面建成小康社会；到 2035 年，西部地区基本实现社会主义现代化，基本公共服务、基础设施通达程度、人民生活水平与东部地区大体相当，努力实现不同类型地区互补发展、东西双向开放协同并进、民族边疆地区繁荣安全稳固、人与自然和谐共生。

2020 年 11 月 3 日，《中共中央关于制定国民经济和社会发展第十四个五年规划和二〇三五年远景目标的建议》，明确指出：推动西部大开发形成新格局，推动东北振兴取得新突破，促进中部地区加快崛起，鼓励东部地区加快推进现代化。

2021 年 2 月 24 日，《国家综合立体交通网规划纲要》明确提出：加快建设交通强国，构建"678"综合交通网主骨架，交通运输全面适应人民日益增长的美好生活需要，有力保障国家安全，支撑我国基本实现社会主义现代化。交通基础设施质量、智能化与绿色化水平居世界前列。

2.1.2　新时代西部大开发新格局的区域发展

新时代继续做好西部大开发工作，对于增强防范化解各类风险能力，促进区域协调发展，决胜全面建成小康社会，开启全面建设社会主义现代化国家新征程，具有重要现实意义和深远历史意义。

西部大开发取得了举世瞩目的成绩。当然，在西部经济区的勾画和发展中，也存在一些值得探讨的问题。

（1）我国西部经济区发展中的全局缺陷。目前，在我国形成的经济圈中，具有较大影响力的是：珠江三角洲经济圈、长江三角洲经济圈、环渤海湾经济圈。这三大经济圈都位于我国的东部地区。我国西部地区相继设立了在一定范围内有影响力的经济区：成渝、关中-天水、北部湾、呼包银榆等经济区。但这些西部经济区其经济影响力和核心城市辐射范围，都无法与东部地区的三大经济圈相比，对整个西部地区的经济影响也是有限的。其缺陷如下所示。

其一，横向联系较多，纵向联系缺少，无法做到西部地区整体协调发展。尽管西部地区的经济区在一定范围内有较大的影响，并且在全国范围内形成了东西方向有影响的经济联系区域，也产生了一定的经济辐射作用，但是各个经济区没有在全国范围内形成南北方向有较大经济影响的区域联系，进行南北之间的互动辐射，即目前西部的各个经济区还无法推动西部地区的整体协调发展。

其二，未能形成东中西部地区优势互补、良性互动的区域协调发展机制，走共同协调发展之路尚需时日。新时代推进西部大开发形成新格局提出区域发展战略：推动西部大开发形成新格局，推动东北振兴取得新突破，促进中部地区加快崛起，鼓励东部地区加快推进现代化。当前，无论是东部地区的三大经济圈，还是西部地区经济影响力较大的经济区，其在增强区域经济协调互动发展，以及发挥核心城市辐射带动作用等方面还有所欠缺，因此东西部地区优势互补、良性互动、共同协调发展的良好格局还没有真正形成。

其三，西部地区良好的旅游资源未能形成有影响力的区域旅游优势，不利于绿色经济发展。覆盖了中国西部大部分地区的"丝绸之路经济带"（含草原丝绸之路、西南茶马古道），是中国与丝绸之路沿线各国之间的经贸合作通道，带动和影响了沿线国家的旅游发展，尤其是随着中国西部地区高铁的开通，中国旅游发展出现了新的气象。但是从世界范围看，"新丝绸之路经济带"正在构建中，整个旅游通道还没有完全形成，它对中国旅游全面发展产生的重大引领作用还未达到最佳效果，这影响到对西部地区优质的旅游资源的保护和利用，使西部地区未能形成区域旅游经济优势，不利于西部地区绿色经济发展。

（2）新时代西部大开发新格局的区域发展。以共建"一带一路"为引领，构架中西部南北绿色经济带的国际交流通道，以西部陆海新通道的"包海高铁"为大动脉，构建我国西部地区国内的绿色发展的南北经济带。

其一，强化交通建设，推动西部地区经济发展通道建设。《中共中央　国务院关于新时代推进西部大开发形成新格局的指导意见》提出，以共建"一带一路"为引领，加大西部开放力度。陕西充分发掘历史文化优势，发挥丝绸之路经济带重要通道的综合作用；重庆发挥综合优势，打造内陆开放高地和开发开放枢纽；贵州、青海深化国内外生态合作，推动绿色丝绸之路建设；内蒙古深度参与中蒙俄经济走廊建设；完善北部湾港口建设，打造具有国际竞争力的港口群。

《中共中央　国务院关于新时代推进西部大开发形成新格局的指导意见》旨在强化基础设施规划建设，加强东西方向和南北方向的运输通道建设，全面构建适应经济发展的交通网。

2020 年 8 月 13 日，中国铁路集团出台的《新时代交通强国铁路先行规划纲要》明确提出：到 2035 年，全国铁路网 20 万公里左右，其中高铁 7 万公里左右。20 万人口以上城市实现铁路覆盖，其中 50 万人口以上城市高铁通达。

这为以西部陆海新通道的"包海高铁"为大动脉，构建中西部南北绿色经济带带来契机。

其二，拓展区际互动合作，形成中西部地区发展的南北通道。《中共中央 国务院关于新时代推进西部大开发形成新格局的指导意见》提出：积极对接京津冀协同发展、长江经济带发展、粤港澳大湾区建设等重大战略。依托陆桥综合运输通道，加强西北省份与我国东中部省份互惠合作，加快珠江-西江经济带和北部湾经济区建设，鼓励广西积极参与粤港澳大湾区建设和海南全面深化改革开放。推动东西部自由贸易试验区交流合作，加强协同开放，加强西北地区与西南地区合作互动，促进成渝、关中平原城市群协同发展，推动北部湾、呼包鄂榆、黔中等城市群互动发展，支持陕甘宁、川陕等革命老区和川渝、川滇黔、渝黔等跨省（自治区、直辖市）毗邻地区建立健全协同开放发展机制。加快推进重点区域一体化进程。

"一带一路"作为联系世界的经济带，西部陆海新通道将成为连接国际"一带一路"和国内"中西部南北通道"（内蒙古、宁夏—陕西、甘肃—重庆、湖北—贵州、湖南—广西、广东—海南等区域）的桥梁，使我国南北通道与"一带一路"的草原丝绸之路、沙漠丝绸之路、西南茶马古道、海上丝绸之路形成有机联系。

2020 年 6 月 1 日，中共中央、国务院印发的《海南自由贸易港建设总体方案》，明确指出：全力支持海南自由贸易港建设，实施高度自由便利开放的运输政策，推动建设西部陆海新通道国际航运枢纽和航空枢纽，加快构建现代综合交通运输体系。

这对加快建设我国南北通道，推动西部陆海新通道、海南自贸港国家战略深度融合、协同发展具有重大意义。

其三，加快西部地区绿色发展，构建我国中西部地区南北绿色经济带。《中共中央 国务院关于新时代推进西部大开发形成新格局的指导意见》提出：坚定贯彻绿水青山就是金山银山理念，按照全国主体功能区建设要求，保障好长江、黄河上游生态安全，保护好冰川、湿地等生态资源。进一步加大水土保持、天然林保护、退耕还林还草、退牧还草、重点防护林体系建设等重点生态工程实施力度，开展国土绿化行动，稳步推进自然保护地体系建设和湿地保护修复，展现大美西部新面貌。

中西部丰盛的资源优势，尤其是优质的旅游资源禀赋，决定了中西部南北绿色经济带将以旅游开拓市场，以绿色产业发展为方向，以绿色经济作为中西部结合区域可持续发展的不竭动力，并使其成为中西部结合区域发展的新增长极。

因此，构建我国中西部地区南北绿色经济带，有利于新时代西部大开发新格局总体战略实施。

2.2　"两山"理论的绿色发展

党中央提出"绿水青山就是金山银山"的理念，被人们称为"两山"理论。"两山"理论的形成过程，是由实践引发出问题，并且在解决实际问题中，不断深化和升华之后，逐步发展为科学理论。

2.2.1　"两山"理论与生态文明

从"两山"理论的提出到"两山"理论的确立，从理论提出到理论深化大体可以分为三个阶段[①]。

第一阶段："两山"理论的提出阶段。2005 年 8 月 15 日，时任浙江省委书记的习近平在浙江省安吉县天荒坪镇余村考察，在听取了余村关停矿山、发展生态旅游的汇报后，讲道："我们过去讲既要绿水青山，又要金山银山，其实绿水青山就是金山银山。"习近平首次明确提出"绿水青山就是金山银山"的重要论断。

2005 年 8 月 24 日，习近平以"哲欣"为笔名在《浙江日报》"之江新语"专栏发表《绿水青山也是金山银山》的专题评论，提出如果把"生态环境优势转化为生态农业、生态工业、生态旅游等生态经济的优势，那么绿水青山也就变成了金山银山"。习近平明确给出"绿水青山变成金山银山"的实施途径。

在这一阶段，在经济快速发展中，如何解决经济增长与环境保护的关系，习近平做出科学的论断，"绿水青山就是金山银山"。

第二阶段："两山"理论的深化阶段。2006 年 3 月 23 日，习近平又以"哲欣"为笔名在《浙江日报》"之江新语"专栏发表《从"两座山"看生态环境》再次系统论述了"两座山"之间的辩证统一关系。他论述道："在实践中对绿水青山和金山银山这'两座山'之间关系的认识经过了三个阶段：第一个阶段是用绿水青山去换金山银山，不考虑或者很少考虑环境的承载能力，一味索取资源。第二个阶段是既要金山银山，但是也要保住绿水青山，这时经济发展与资源匮乏、环境恶化之间的矛盾开始凸显出来，人们意识到环境是我们生存发展的根本，要留得青山在，才能有柴烧。第三个阶段是认识到绿水青山可以源源不断地带来金山银山，

---

① 秦昌波，苏洁琼，王倩，等. "绿水青山就是金山银山"理论实践政策机制研究[J]. 环境科学研究，2018，31（6）：985-990.

绿水青山本身就是金山银山，我们种的常青树就是摇钱树，生态优势变成经济优势，形成了浑然一体、和谐统一的关系，这一阶段是一种更高的境界。"

2013 年 5 月 24 日，习近平在中央政治局第六次集体学习时指出，"要正确处理好经济发展同生态环境保护的关系，牢固树立保护生态环境就是保护生产力、改善生态环境就是发展生产力的理念"①。

2013 年 9 月 7 日，习近平在哈萨克斯坦纳扎尔巴耶夫大学发表演讲时，再次强调了绿水青山与金山银山之间的辩证关系，"我们既要绿水青山，也要金山银山。宁要绿水青山，不要金山银山，而且绿水青山就是金山银山"②。

这一阶段，在经济健康发展中，如何解决经济增长与环境保护的协调统一，习近平通过绿水青山与金山银山之间的辩证关系系统阐述，提出经济发展的底线思维。

第三阶段："两山"理论的确立阶段。2015 年 3 月 24 日，中共中央政治局会议正式把"坚持绿水青山就是金山银山"的理念写进《关于加快推进生态文明建设的意见》，使其成为指导中国生态文明建设的重要思想。

2017 年 10 月 18 日，习近平在党的十九大报告《决胜全面建成小康社会 夺取新时代中国特色社会主义伟大胜利》中，明确指出："建设生态文明是中华民族永续发展的千年大计。必须树立和践行绿水青山就是金山银山的理念，坚持资源节约和保护环境的基本国策……坚定走生产发展、生活富裕、生态良好的文明发展道路，建设美丽中国，为人民创造良好生产生活环境，为全球生态安全作出贡献。"

这一阶段，在经济可持续发展中，我国由小康社会向实现现代化迈进，以习近平同志为核心的党中央将"两山"理论升华为中华民族永续发展的千年大计，它成为中国推进生态文明建设的指导思想。

2.2.2 "两山"理论与绿色发展

2020 年 4 月 21 日，习近平总书记从陕西省秦岭牛背梁来到陕西省安康市平利县老县镇女娲凤凰茶业现代示范园区，从秦岭的保护到大巴山的发展，习近平指出，"人不负青山，青山定不负人。绿水青山既是自然财富，又是经济财富"③。

"两山"理论作为国家发展的千年大计，环境保护经济发展的底线思维，使

---

① 习近平主持中共中央政治局第六次集体学习并讲话[EB/OL]. 中央人民政府网站，http://www.gov.cn/xinwen/2018-06/30/content_5302445.htm，2018-06-30.
② 董峻，高敬. 习近平生态文明思想金句[EB/OL]. 中国网，http://news.china.com.cn/2018-06/06/content_51710671.htm，2018-06-06.
③ 习近平：人不负青山，青山定不负人[EB/OL]. 中国经济网，https://baijiahao.baidu.com/s?id=1675141921433561655&wfr=spider&for=pc，2020-08-16.

环保绿色成为经济发展的重要内容。"两山"理论关于绿色发展新理念非常丰富，主要包括绿色发展新理念、绿色资源新理念与绿色生活新理念。

（1）绿色发展新理念。其核心思想是树立环境保护经济发展的底线思维。新时代经济发展，必须在保护好生态环境的前提条件下发展经济，实现经济发展与生态环境保护的协调一致。"两山"理论所蕴含的绿色发展新理念体现在以下三个方面。

其一，做到经济发展与生态环境保护的协调一致。"既要绿水青山，又要金山银山"。保护好生态环境，是发展好经济的先决条件，做到二者协调一致。绝不能再简单地用绿水青山换金山银山，制造新的环境破坏。

其二，坚持环境保护经济发展思维底线。"宁要绿水青山，不要金山银山"。在经济发展与生态环境保护中，必须做到生态环境保护第一，经济发展第二，绝不能再走先发展经济，后恢复生态环境的路，打牢环境保护经济发展思维底线。

其三，实现生态优势转化为经济优势。"绿水青山就是金山银山"。生态环境保护与经济发展是辩证统一的关系，保护是前提，发展是根本，保护的目的，是为了长远的发展。生态环境保护不是不要发展，不是为了保护而保护，关键是要对于本地的生态优势，树立保护的底线思维，做到保护与发展协调一致，逐步将它转化为经济优势，获取保护与发展的双丰收。

（2）绿色资源新理念。其核心思想是绿水青山资源优势可以转化为金山银山的物质财富。物质决定意识的基本观点，体现了客观的绿色资源是转化为财富的基础。拥有了绿水青山资源优势，就可能转化为金山银山的物质财富。"两山"理论所蕴含的绿色资源新理念体现在以下三个方面。

其一，绿水青山资源优势就是金山银山的物质财富。"绿水青山本身就是金山银山"。绿水青山与金山银山之间的辩证关系，物质与意识之间的辩证关系，说明自然资源优势、生态环境条件也是物质财富。

其二，金山银山财富不能破坏绿水青山资源。"绿水青山可带来金山银山，但金山银山却买不到绿水青山"。新时代物质财富的积累也必须是可持续化的，坚决打牢环境保护经济发展思维底线，绝不能再走先发展经济，后恢复生态环境的路。一旦自然资源遭到破坏，一切物质财富也将枯竭。

其三，绿水青山资源优势可以转化为金山银山的物质财富。"绿水青山可以源源不断地带来金山银山"。生态资源优势与物质财富积累的辩证统一的关系，可以将"生态优势转化为经济优势"，但必须在环境保护的前提下，逐步将生态优势转化为经济优势，以实现保护与发展的共赢。

（3）绿色生活新理念。其核心思想是绿水青山资源优势也是人类生活幸福的精神财富。大自然赋予人类的绿水青山资源优势，是人类存在之基础，也是人类感受生活幸福的载体，更是陶冶人情绪的精神财富。"两山"理论所蕴含的绿色生活新理念体现在以下三个方面。

其一，绿水青山资源优势是感受人类生活幸福的精神源泉。"宁要绿水青山，不要金山银山，而且绿水青山就是金山银山"。"宁要绿水青山"，充分说明我们赖以生存的环境比什么都重要，绿水青山资源优势形成的水静、地绿、天蓝等良好生态环境，是造就人类生活幸福的基础，是人类生活幸福的精神源泉。

其二，绿水青山资源优势是追求心灵世界的精神财富。"必须树立和践行绿水青山就是金山银山的理念，为人民创造良好生产生活环境"。物质文明与精神文明的和谐统一关系，绿水青山资源优势造就的环境优美、物质丰富、生活富裕的景象，成为人们追求心灵世界的精神财富。

其三，绿水青山资源优势是建设美丽中国的精神动力。建设生态文明是中华民族永续发展的千年大计。建设美丽中国，必须坚定走生产发展、生活富裕、生态良好的文明发展道路。绿水青山资源优势是我们的立足之基，也是发展之本。保护生态环境是追求最广大人民群众的幸福，是全面建成小康社会向实现现代化迈进的精神动力。

2.2.3　中西部结合区域的绿色发展

中西部结合区域的旅游资源禀赋，是发展绿色经济的重要资源。构建的"我国中西部南北绿色经济带"，是中西部地域区域经济发展的增长极，实现脱贫致富后续发展的绿色发展线，也是中西部结合区域发展区域绿色经济，全面建成小康社会迈进现代化的绿色致富线，同时兼有军事要道的功能。

以西部陆海新通道的"包海高铁"构架的"我国中西部南北绿色经济带"，既是经济带也是旅游通道，以西部陆海新通道的"包海高铁"（直线支线：包头—延安—西安—安康—恩施—张家界—怀化—桂林—湛江—海口—三亚）为交通脉络，构架起"我国中西部南北旅游大通道"①的国际精品线，使它成为生态旅游和人文旅游的重要旅游文化廊道。但从事物的两面性考虑，构建"我国中西部南北绿色经济带"也存在一定环境污染风险。

1. 经济带存在的环境污染风险

（1）自然环境的直接污染。"包海高铁"直线支线 2 000 多千米，从陕北榆林北上，高铁线路行走在沙漠和草原之间，从陕南安康南下，高铁线路穿梭在绿水青山之中，直达海洋岸边。这对包海高铁"直线支线"建设，提出了更高的要求，不仅需要减少施工的污染，更重要的是保护好绿色生态，严禁对自然环境造成破坏。

① 赵临龙. 中国中西部南北旅游大通道的构建研究[M]. 北京：科学出版社，2018.

第一，草原"旅游垃圾"的污染。内蒙古大草原早就是人们向往的旅游目的地，很多国内外游人把呼伦贝尔大草原视为出游的首选景区，纷至沓来，使大草原上车水马龙，旅游景点处处爆满。随着南北旅游大通道的开启，距离呼和浩特仅 80 余千米 1.5 小时车程的敕勒川草原，距离包头 200 千米 3 小时车程的希拉穆仁草原，也将成为人们草原旅游的目的地。

但在一些草原旅游景点，随着大批游客的到来，原本干干净净的大草原，遭到了"旅游垃圾"的污染，游客用过的矿泉水瓶、啤酒瓶、废纸箱、冷饮罐、废电池等随处乱扔。目前，"旅游垃圾"已被列为继矿山和石油开发之后的草原上第三大污染源。特别是在旅游景点周围的草场，每年都会发生牲畜因误食"旅游垃圾"而中毒或死亡的事件。

第二，沙漠"旅游垃圾"污染。我国中西部南北绿色经济带除响沙湾建成 5A 级景区外，还有更大的库布齐沙漠。30 年来，我国的治沙工程取得了很大的成就，沙漠里出现了绿洲，沙漠也成了人们旅游的目的地。但是问题也随之而来，游客在游玩的途中将垃圾扔在沙漠里，景点周围的网围栏挂满了五颜六色的塑料包装袋，使旅游点看上去就像一座座"垃圾场"。"旅游垃圾"已成为污染沙漠的一大公害。由于这些垃圾多是不可降解的塑料制品，很容易使一些植被死亡。

第三，水域"旅游垃圾"污染。中西部南北绿色经济带贯穿我国中西部南北地区，跨越长江、黄河、珠江、湘江、汉江、渭河等较大河流，直达南海。丰富的河流资源又被开发为重要的旅游景区，如长江三峡旅游景区（其中小小三峡为旅游 5A 级景区）、黄河壶口瀑布旅游景区（列入国家 5A 级旅游景区创建名单）、珠江南山东湖景区（广西风景名胜区）、湘江灵渠旅游 4A 级景区、汉江瀛湖旅游 4A 级景区、渭河世博园旅游 4A 级景区，以及天涯海角国家风景名胜区等。河流也成为一江两岸的城市景观，像长江奉节县城的沿江夜市、黄河包头市湿地景观大道、珠江流域柳州市金沙角号"巨轮"景观、湘江流域凤凰古镇景观、汉江安康城三座桥的一江两岸景观、咸阳市渭河两岸滨河景观，以及海口市滨海大道等。河流资源伴随着旅游形成规模的渔业养殖产业，使品尝鲜鱼成为城市文化品牌的亮点。

但由于旅游业的兴起，在景区（江边）产生的生活垃圾，被排放到江河湖海水域，严重污染水质；城市沿江河旅游景观，由于厕所缺少出现随意大小便现象污染城市环境；大规模的渔业养殖，大量的鱼虾饲料投入水中造成了水域污染。

（2）自然环境的间接污染。中西部南北绿色经济带长达 3 000 多千米涉及 40 多个市（含县级市），世界知名旅游景点和中国国家 4A 级以上景点达 400 处之多（截至 2019 年），从"秦兵马俑""黄帝陵""成吉思汗陵"，到中国两大河流的"黄河壶口瀑布""长江三峡"，再到大自然神奇的"张家界"地貌、"桂林"漓江山水、"神农架"生态源、"包头"大草原大沙漠、"秦岭"分水岭、"泛北部湾"黄金海岸线、"天涯海角"热带海洋，以及凸显人文合一的"西安古都""延安革命圣地""梵净山""武当山""凤凰古镇"等，它们成为节点城市旅游文化辐射的"辐射源"，使南北旅游大通道成为具有世界震撼力的旅游线路。

尽管中西部南北绿色经济带地处全国经济欠发达地区，但涉及9个省区市，其面积和人口分别为全国的28%和27.5%[①]，截至2019年，中西部南北绿色经济带地区9个省区市涉及人口3亿多人，并辐射到全国相关省区市：河北（以及北京、天津）、山西、河南、江西、福建；宁夏、甘肃、新疆、四川、云南等省区市。这是一个巨大的旅游市场，但旅游六要素：吃、住、行、游、购、娱所带来的负面效应，对于自然环境的污染也是较大的。

第一，旅游生活垃圾污染。随着游客的增加，旅游六要素"吃、住、行、游、购、娱"的满足，都将对环境造成一定污染。其中"吃、住"不仅产生大量的生活垃圾污染，还有饮食业油烟排放、垃圾焚烧等造成的空气污染；"行、游"产生大量的白色污染等生活垃圾，还有私家车排放的尾气污染等，甚至更严重的有地表水污染、地下水污染、海洋污染、饮用水污染；"购、娱"所产生的农产品产量急剧增加，造成化肥污染、农药污染等土壤污染；以及通信技术服务的射频辐射污染，娱乐活动的噪声污染等。2015年10月9日，全国第一家5A级景区山海关景区被摘牌，其原因之一就是环境卫生问题。

第二，旅游行为的深度资源环境破坏造成的污染。旅游不仅陶冶心情，开阔视野增长知识，还锻炼身体增强体质。同时，旅客的权益和义务，要求旅客在欣赏大自然美丽风光和感受人文文化内涵时，养成保护旅游自然景观和人文景观的习惯。但在实际中，总有破坏环境的事发生，影响较大的秦岭北麓违建，由于查处整治不力演变为政治问题。

同时，也总有些旅客缺乏环保意识，在与大自然的相处中，做出不和谐的事，如在与花海拍照时，不是折断树枝就是采摘花草，甚至踩踏油菜花，或在与景物拍照时，攀踏、乱摸，甚至乱写乱画等；还有在深度旅行中，随意开挖珍贵灌木制作盆景、开采石材寻找奇石打制石头收藏等，这些对自然的破坏，都是对环境更严重的污染。

（3）项目施工环境污染。中西部南北绿色经济带9省区市的40多个旅游节点城市，涉及世界遗产、国家风景名胜区、5A级旅游景区、4A级旅游景区等达400多处。截至2019年，有世界遗产20处占全国55处的36%，国家风景名胜区77处占全国244处的32%、国家5A级景区81处占全国280处的29%，从北到南构成全国自然生态和人文风情的旅游精品线。各地继续争创世界遗产、国家风景名胜区、国家5A级景区等标志性核心指标。

---

① 赵临龙. 中国中西部南北旅游大通道的构建研究[M]. 北京：科学出版社，2018.

这些项目的打造，带来了建筑施工污染、建筑垃圾污染，以及建筑噪声污染、生活噪声污染、交通噪声污染，建筑运输车造成的灰尘污染、机动车尾气排放污染等直接污染，还有间接的建筑材料开采、加工空气污染、建筑材料运输灰尘污染和公路破坏、公路临时管制等深度"污染"。三亚红塘湾海域的人工岛新机场，受到《财新周刊》和民间环保组织的质疑，于 2017 年 7 月 25 日停工。2019 年 9 月 10 日，经过两年重新编制的环境影响报告发布，最终三亚新机场人工岛工程占地面积由原来的 25.95 平方千米缩减到 15.7 平方千米。

（4）大通道快速传播疫情对人的"污染"。中西部南北绿色经济带作为旅游通道，也是经济通道，更是人员交往通道。但快捷方便的通道也给疫情（传染病）传播带来隐患。因此，南北旅游大通道快速传播疫情对人造成的"污染"，也是新情况下的污染问题。尽管对于疫情前期很难控制，但好在人们了解到在疫情暴发后可以通过关闭通道阻止疫情传播。

因此，中西部绿色经济带构建，必须加强环境风险的防范。环境保护是长远大计，生态资源保护更是如此，有的资源被破坏后恢复缓慢，有的甚至无法再生。因此，环境保护要从源头做起，全民共同参与，保护好生态环境，维护国家生态安全和人们美好的幸福生活。

2. 经济带环境污染风险的防范

（1）环境保护从项目规划预防做起。中西部南北绿色经济带南北 3 000 多千米，穿越我国生态富集区，涉及 40 多个市（含县级市），与旅游交通相关的建设项目很多。因此，对于南北绿色经济带所有建设项目，环境保护要从项目规划预防做起，加强严格管理，坚决按照开工项目的环评报告要求实施，限定施工区域，划定生态红线，并且提出项目工程完工后的生态恢复要求，确保生态安全。

同时，对项目施工连带项目，也要提出严格要求，尽量减少建筑施工污染、建筑噪声污染、生活噪声污染、交通噪声污染，做好建筑垃圾处理。对于建筑运输车辆限制超吨位要求和区间速度要求，以减少运输车辆尾气排放污染，并将公路的破坏损失降到最低，在重要路段（人口集聚区、易出现灰尘污染路段）实施洒水车降灰尘污染处理，以减少空气污染。

（2）环境保护突出大草原的核心点。大草原是目前我国纯天然、无污染的净土之一，也是当前尚未完全开发、原始生态景观保存完好的旅游胜地之一。大草原不只是当地牧区的草原，也是全国的草原。因此，保护好这片净土，对构建人与自然的和谐，保护大草原的生态环境，科学发展草原旅游业，具有十分重要的意义。

2021 年 3 月 5 日，习近平总书记在全国两会期间，来到内蒙古代表团再次强调，要加强生态环境保护建设，统筹山水林田湖草治理，在祖国北疆构筑起万里绿色长城[1]。

当前，"旅游垃圾"污染大草原的主要原因如下：第一，草原旅游的环保责任不明确。无论是对草原旅游的经营管理者还是游客，均缺乏明确的环保责任制。经营管理者主要以经济效益为目的，而部分游客没有养成将"旅游垃圾"回收带走的习惯。第二，草原旅游景点环保设施建设滞后。无论是较大的旅游景区，还是牧民开设的旅游点，都缺少焚烧或填埋"旅游垃圾"的设施。旅游景点虽然设有简易的垃圾回收箱但数量少；牧民开设的旅游点，既没有垃圾回收箱，也没有处理垃圾的场所。第三，《中华人民共和国草原法》不健全，缺乏对草原旅游环保的管理内容。结果造成草原旅游景点只注重经济效益，而忽视环保效益的局面。许多景点的管理人员都集中在收门票的业务上，而景区内乱扔垃圾的行为则无人管理[2]。

因此，首先，应尽快完善《中华人民共和国草原法》中有关草原旅游环保管理的内容，使环保部门能对"旅游垃圾"污染草原依法管理，进而建立起草原环保的监督机制。其次，要在开发的草原旅游景区（点），加大环保配套设施建设力度，使草原旅游景区（点）具备对"旅游垃圾"的回收能力，修建达到一定标准的厕所，从源头减少对环境的污染。最后，加大对旅游者的环保知识宣传力度，提高旅游者的环保意识。

对于旅客环境保护意识形成，主要通过正面宣传和反面破坏生态处罚相结合的教育方式，做好生态环境保护，打牢生态底线。

（3）环境保护坚持绿水青山永续发展。2021 年《中华人民共和国国民经济和社会发展第十四个五年规划和 2035 年远景目标纲要》，将推动绿色发展，促进人与自然和谐共生作为新时代持续发展的重要行动指南。

在"两山"理念提出 15 周年前夕，2020 年 3 月 30 日，习近平再次到"两山"理念提出地浙江余村考察，进一步指出要践行"绿水青山就是金山银山"发展理念，把绿水青山建得更美，把金山银山做得更大，让绿色成为浙江发展最动人的色彩[3]。3 月 31 日，习近平考察杭州西溪首个国家湿地公园时，指出，"发展旅游不能牺牲生态环境，不能搞过度商业化开发，不能搞一些影响生态环境的建筑，更不能搞私人会所，让公园成为人民群众共享的绿色空间"[4]。

---

① 王兴栋. 连续五年参加内蒙古代表团审议，总书记多次谈到这些问题[EB/OL]. 央视新闻，https://baijiahao.baidu.com/s?id=1726654380680932031&wfr=spider&for=pc，2022-03-07.

② 丁铭. "旅游垃圾"脏了草原的脸[N]. 中国环境报，2005-08-15（03）.

③ 柳文. 绿水青山的美丽回馈——浙江省安吉县天荒坪镇余村走访记[EB/OL]. http://news.chengdu.cn/2021/0213/2181532.shtml，2021-02-13.

④ 王子晖，程瑶. 习近平浙江考察，这 6 个细节释放出什么信号？[EB/OL]. 新华网，https://baijiahao.baidu.com/s?id=1662860828407449011&wfr=spider&for=pc，2020-04-02.

中西部南北绿色经济带作为区域经济一体化的开放市场，以旅游为龙头拓展市场开发，以绿色产业为发展方向，完全符合"绿水青山就是金山银山"的科学理论。但绿色经济发展的前提条件是保护好生态环境，使绿色成为可持续发展的不竭动力。

第一，打牢绿水青山环保基石。2020 年 4 月 20 日，习近平在秦岭"中央水塔"之地牛背梁国家级自然保护区考察时，强调："秦岭违建是一个大教训。从今往后，在陕西当干部，首先要了解这个教训，切勿重蹈覆辙，切实做守护秦岭生态的卫士。"这不仅是对陕西省干部的要求，也是对全国干部提出的新要求，要求他们始终将环境保护作为发展的前提条件。

中西部南北绿色经济带从北到南跨越名川大山：黄河、渭河、汉江、长江、沅江、浔江等河流直达南海，阴山、秦岭、大巴山、巫山、雪峰山、南岭、五指山等贯穿南北。这里是我国生态资源的富集区，绿水青山形成的景观品质极高，是我国发展旅游的重要区域。但必须坚持绿水青山就是金山银山的理念，牢固树立环保意识，打牢生态环境底线。

尽管我国河流众多，但我国北方地区却是缺水地区，需通过南水北调工程缓解北方缺水问题。因此，有人预测百年之后，地球上的水比油贵。对于水资源的保护和利用，必须坚持规划引领，做到统一协调发展。例如，国家颁布的《汉江生态经济带发展规划》提出，汉江上游以水定产、以水定量，确定了汉江上游作为国家南水北调中线工程涵养地，不仅要承担一江清水送北京，还要保证一湖清水流上海。只能围绕水的保护发展保护生态环境无污染的产业，并且根据水质变化量来合理发展不降水质标准的养殖产业，打牢汉江生态环境底线。

同样，尽管我国山脉众多，但我国北方内蒙古等地区却是沙漠地区，通过治沙工程逐步推进沙漠绿化。由"留得青山在不怕没柴烧"到"留住青山绿水拥有金山银山"的升华，对于山地的保护和利用，依然是坚持规划引领，做到统一协调发展。例如，《秦岭国家公园总体规划（2017~2026）》，将环保放在重中之重的地位，并且作为政治纪律来要求。这是因为，秦岭不仅是"国家中央地质公园"，我国地理的南北分界线，两条母亲河的分水岭，还是中华文化根脉之"魂"。两千多年前老子在终南山楼观台传授《道德经》，千年帝都长安与洛阳孕育了周秦汉唐的文化厚土，是中华文化根脉所系，是中华文化主干所在。秦岭之"魂"暗藏着中国人的"精魂"，象征着中国人坚韧可靠的性格，传唱着中国人善良纯粹的美德①。正是秦岭的自然之山和人文之山，打造了华山 5A 级

---

① 王子清. 秦岭对中国意味着什么？[EB/OL]. 腾讯网，https://new.qq.com/omn/20200421/20200421A0PCC100.html?pc，2020-04-21.

旅游景区、太白山 5A 级旅游景区、伏牛山 5A 级旅游景区。今天正按照环保是前提条件的要求，充分利用秦岭绿水青山的资源优势，积极创建南五台翠华山 5A 级旅游景区，实践绿水青山就是金山银山的发展理念。

第二，构建特殊生态的保护区。在绿色生态经济发展中，对于稀缺的生态资源和脆弱的生态环境，以及珍稀的动植物，要更加注意保护。通过建立自然保护区，限制人为破坏，减少旅客的影响。自然保护区以科普教育为主，通过宣传教育，增强旅客保护大自然的意识和行动。当然，自然保护区对外也可以进行半开放的考察活动，重在自然保护区的保护研究。

第三，确保旅游六要素环保到位。旅游六要素反映了旅游活动的全过程，旅游者要使权益得到保障，必须依据《中华人民共和国旅游法（2018 修正）》规范旅行活动。

首先，旅游经营者，要按照现代旅游景区新要求，在交通、通信、餐饮、厕所、垃圾等方面有必要的旅游配套服务设施，并且有必要的安全设施及制度，对于危险区给出危险区禁止标示（如指明不准下水区域、不准到悬崖边界线等），对于生态环保区域给出环保禁止提示（如不准采摘、不得攀登等），对于残疾人、老年人、未成年人等旅游者提供必要的便利绿色通道等。同时，对旅客加强管理，景区内不允许私家车开行，统一乘坐环保车，杜绝私家车排气的环境污染并做到安全第一，对娱乐活动严格把好政治关决不允许出现低俗不健康娱乐节目，并且严格控制音量、噪声避免声音污染。在旅游高峰期，对于热点旅游景点要进行旅客上限限制，以降低旅客过多对自然景观造成的人为破坏"污染"。对旅客进行环保宣传教育，保护好绿水青山，对破坏生态环境和旅游设施的旅客给予适当的处罚教育，以唤醒其环保意识。

其次，旅游配套服务者在推销优势特色农产品时将质量放在首位，并且在农产品种植和生产加工中尽量控制农药、化肥，以及防腐剂添加剂、保鲜添加剂等使用量，做到不超标，避免化肥、农药、化学品等对土壤和农产品的污染。交通管理部门对旅游高峰期的热点旅游景区，可以分区域（东西或南北）进行私家车单双号限定，减少私家车排气的环境污染；通信技术服务部门提供的通信发射设备，尽量减小对人的辐射影响，避免射频辐射污染，等等。

最后，旅游者在旅游活动中，严格遵守公民道德规范和旅游文明行为规范，尊重当地的风俗习惯、文化传统和宗教信仰，养成爱护旅游资源，保护生态环境的意识。严格按照景区规范要求，在安全区域内活动，对生态环保区域禁止的要求坚决遵循，尤其是对饮用水、地表水、地下水、海洋等容易造成污染的水资源更加呵护，严格将旅游生活垃圾投放在垃圾箱中，尤其是白色污染物。参与娱乐活动突出健康向上主题并且减小噪声污染等，保证绿水青山换来的金山银山的可持续发展。

（4）环境保护树立防患未然意识。现代交通格局快速传播疫情对人造成的"污染"的启示：疫情暴发以后，可以通过关闭通道方式阻止疫情传播。中西部南北绿色经济带北面是历史上的"秦直道"，南面是历史上的"湘桂运河"，既是民众的经济之道，也是古代的战争之道。今天，在和平时期，南北旅游国际精品线依然是国防安全之道，它北直达中蒙边界，南至三亚，是我国从中原到南海最近的陆路通道之一。

作为具有国防功能的南北旅游国际精品线更是要将质量放在重要位置，做到百年大计质量第一。南北旅游国际精品线建设的质量，将高于其他旅游通道，不仅承担未来民用经济的发展，还能在关键时刻承担特殊的任务。例如，高速公路不仅能行驶各种特殊的车辆，而且还具有飞机跑道的作用等。以国家的生命线要求，来建设南北旅游国际精品线。

同时，靠近国际边境线的南北旅游国际精品线，还应该具有防范作用。例如，一些特殊的路段和特殊的大桥，在常态情况下，可以通行无阻；但在非常时期，也可以让这些路段和大桥自然关闭，无法通行，保一方平安。

第3章 中西部南北绿色经济带

经济全球化与区域经济一体化是世界经济发展的两大趋势。中国倡导的"一带一路"符合世界经济发展的潮流，将中国融入世界经济的"国际循环"之中，与沿线各国谋求共同发展，形成互利互惠的共赢局面。

我国中西部结合处资源禀赋丰富，尤其是旅游资源品质极高，是国内生态旅游和民俗旅游重要的黄金线。根据区域经济一体化的潮流，进而将中西部南北旅游通道上升为中西部南北绿色经济带，将中西部地区融入全国经济的"国内循环"之中，整体"推动西部大开发形成新格局，促进中部地区加快崛起"。

3.1 中西部南北绿色经济带的意义

2011年3月22—24日，第二届工程和商业管理国际学术会议在武汉召开，会议论文《关于构建中国中西部南北经济带的思考》[①]首次提出"中国中西部南北经济带"概念。

"中国中西部南北绿色经济带"的构思，是基于"中国中西部南北旅游大通道"，目的是充分发挥其绿色资源优势，利用西部陆海新通道，构建中西部结合区域绿色经济发展机制。

"中国中西部南北绿色经济带"位于中国陆地版图南北中轴线区域（东经110℃）附近区域，从北到南经过内蒙古、陕西、重庆、湖北、湖南、贵州、广西、广东、海南等9个省（自治区、直辖市），全长3 000余千米。这条南北经济带占中国32个省（自治区、直辖市）的1/4，而面积和人口分别为中国的28%和27.5%，并辐射到河北（以及北京、天津）、山西、河南、江西、福建；宁夏、甘肃、新疆、

---

① 赵临龙. 关于构建中国中西部南北经济带的思考[C]. Proceedings of International Conference on Engineering and Business Management（EBM2011）. 美国科研出版社，2011：1783-1786.

四川、云南等省区市[①]。

　　这条南北经济带大多数城市地处中国中西部结合处的经济欠发达地区，其面积和人口分别占中国的 6.1% 和 5.7%。这条南北经济带荟萃了相关地区的旅游精品：内蒙古的成吉思汗陵，陕西的黄帝陵、兵马俑及西安古都景观，重庆的长江三峡，湖北的武当山，湖南的张家界，贵州的梵净山，广西的桂林山水，广东的黄金海岸线，海南的天涯海角，这些旅游品牌都具世界影响力。因此，这条南北经济带将以旅游开拓市场，以绿色产业发展为方向。

　　"绿色经济"实际上是生态经济的同义异语词，它的实质是经济的可持续发展。绿色经济是西部地区生态又好又快发展的重大举措，南北经济带的"绿色"产业，正是"生态文明"建设的发展方向，建设生态文明是中华民族永续发展的千年大计。

　　这条南北经济带涉及的地区主要是中西部经济欠发达地区的农村山区，它的产业是绿色经济，这就使广大乡村受益，共同走向小康社会后续发展的持续之路。这对于推动整个中西部地区的绿色产业迅猛发展，坚定走生产发展、生活富裕、生态良好的文明发展道路，从小康社会向实现现代化目标迈进意义重大。

　　"中国中西部南北绿色经济带"将在"一带一路"引领下，构建"国内国际双循环"的经济发展带。

3.2　中西部南北绿色经济带的作用

　　中西部南北绿色经济带位于我国中西部的结合部，贯通南北辐射东西，对于我国绿色产业发展影响极大。

　　（1）中西部南北绿色经济带是"一带一路"引领的区域经济一体化。在中国的历史上，曾经出现过连接世界的著名"沙漠丝绸之路""海上丝绸之路"，还有较大影响的"草原丝绸之路""茶马古道"等古道，而这些重要古道与中西部南北绿色经济带形成纵横相交的交通网。

　　中西部南北绿色经济带的北端满都拉口岸作为"草原丝绸之路"的起点之一，西安作为"沙漠丝绸之路"起点和"茶马古道"延伸点，北海、湛江、海口（或三亚）成为"海上丝绸之路"的新起点，使南北旅游大通道通与"一带一路"形成有机的联系，为"一带一路"的建设提供有力的支持。

　　中西部南北绿色经济带的提出，顺应了经济全球化与区域经济一体化的世界

---

① 赵临龙. 中国中西部南北旅游大通道的构建研究[M]. 北京：科学出版社，2018.

经济发展趋势，将中西部南北绿色经济带的构建融入"一带一路"中，建立具有世界影响力的国际旅游精品线："大草原—沙漠边关—长城古台—黄河瀑布—西安古都—秦岭分水岭—长江三峡—张家界地貌—梵净圣山—桂林山水—天涯海角—大海洋"，形成中西部结合区域经济一体化的经济带。

（2）中西部南北绿色经济带是国家区域战略发展的重大举措。党中央明确"建设生态文明是中华民族永续发展的千年大计。坚定走生产发展、生活富裕、生态良好的文明发展道路"①，明确了西部地区的绿色产业发展方向。

目前，中西部结合区域经济发展与东部地区相比还存在较大差距。中国全面实现现代化，关键是中西部同步实现现代化。中西部结合区域绿色经济影响中国的可持续发展。因为中西部结合区域生态环境的恶化，不仅影响中西部结合区域自身的发展，而且会让中国陷入生态安全危机，进而影响全国经济可持续发展。构建中西部南北绿色经济带，完全符合新时代党中央提出的"生态文明建设"要求，成为国家区域发展战略"推动西部大开发形成新格局，促进中部地区加快崛起"实施的一部分，推动整个中西部经济发展，最终共同实现现代化。

（3）中西部南北绿色经济带是中西部地域区域经济增长极。中西部南北绿色经济带串珠式地连接了内蒙古中部、陕西南北、渝东、鄂西、湘西、黔东、桂中、北部湾和珠三角等城市群，直接带动了包头、鄂尔多斯、延安、西安、十堰、张家界、铜仁、桂林、南宁和北海、湛江、海口、三亚等旅游文化名城和风景名胜区，对于增强各大城市群、经济圈互动交流，对于促进沿线革命老区、欠发达地区、少数民族地区承接东中部产业转移、扩大群众就业创业极为重要。

中西部南北绿色经济带通过的区域大多数是我国中西部结合处的经济欠发达地区，这些区域的面积和人口在全国占有一定分量，分别占全国面积和人口的 6.1% 和 5.7%。出于历史的原因，中西部南北绿色经济带的交通在这里成为瓶颈。目前，从陕西安康到湖南张家界的高速公路未完全建成，其中重庆巫溪至陕西界、重庆奉节至湖北界高速公路还在修建，而且安康—张家界南北直线铁路还没有开工修建，铁路在这里成为全国的盲区。但位于中国中西部结合区域的绿色资源非常丰富，从黄河到长江，从秦岭到岭南，都是难得的绿水青山之地，构成山水画廊生态旅游的精品线，而且就在这条线路上，厚重的历史文化底蕴所形成的"古道"，既是古代的经济通道，也是古代的军事要道。因此，中西部南北绿色经济带的旅游文化廊道，将是中西部地域区域经济发展的增长极，以绿色经济推动各种产业发展，是脱贫致富后实现现代化的永续线。

---

① 为人民谋幸福的前进脚步——十九大报告中的民生看点[EB/OL]. 新华网，http://www.xinhuanet.com/politics/19cpcnc/2017-10/18/c_1121823219.htm，2017-10-18.

3.3　中西部南北绿色经济带的构建

由于中西部南北绿色经济带的重要性,加快其区域的发展是历史的必然趋势。但中西部南北绿色经济带贯穿我国南北、涉及区域较大,而且经济带的构建是一个系统工程涉及方方面面。

新时代社会主义现代化新征程的开启,为构建中西部南北绿色经济带带来了良好机遇。

2020 年 5 月 17 日,《中共中央 国务院关于新时代推进西部大开发形成新格局的指导意见》明确提出:在"一带一路"引领下,加大西部开放力度。加强东西方向和南北方向的运输通道建设,构建全国交通网。

2020 年 11 月 3 日,《中共中央关于制定国民经济和社会发展第十四个五年规划和二〇三五年远景目标的建议》明确指出:加快建设现代化经济体系,加快构建以国内大循环为主体、国内国际双循环相互促进的新发展格局,推进国家治理体系和治理能力现代化,实现经济行稳致远、社会安定和谐,为全面建设社会主义现代化国家开好局、起好步。

2021 年 2 月 20 日,《国务院关于新时代支持革命老区振兴发展的意见》在完善基础设施网络中,明确指出:支持将革命老区公路、铁路、机场和能源、水利、应急等重大基础设施项目列入国家相关规划,具备条件后尽快启动建设,促进实现互联互通。加快建设京港(台)、包(银)海、沿江、厦渝等高铁主通道,规划建设相关区域连接线。

2021 年 2 月 24 日,《国家综合立体交通网规划纲要》提出:构建"678"综合交通网主骨架,即 6 条主轴、7 条走廊、8 条通道。其中,涉及我国中西部南北绿色经济带区域的有"京津冀—重庆"主轴:延安、西安、安康、重庆;"西部陆海"走廊:重庆、贵阳、南宁、湛江、三亚;"福银通道支线"通道:西安、延安、包头;以及"二湛通道":张家界、怀化、桂林、湛江等。

(1)通过国家区域战略加快包海高铁直线走向建设步伐。中西部南北绿色经济带以中西部南北旅游大通道作为前提条件。当前,在"包海通道"中,基本形成 2 条南北通道。包海省会城市线走向:包头(银川)—西安—重庆—贵阳—南宁—北海—湛江—海口,以及包海直线走向:包头—延安—西安—安康—张家界—怀化—桂林—湛江—海口。

包海省会城市线走向,高速公路全线贯通,普通铁路包头—北海全线贯通,高铁西安绕道成都—重庆—贵阳—桂林—南宁—北海开通,贵阳—南宁高铁将于

2023年开通，西安—延安高铁2023年开通，北海—湛江高铁2026年开通，其他路段进入开工前准备。

包海直线走向，高速公路除重庆巫溪至陕西界50千米和重庆奉节至湖北界50千米在建设外，其他路段贯通，预计全线于2024年贯通。普通铁路包头—西安—安康绕道襄阳—张家界—桂林—湛江—海口—三亚通车，就差安康直达张家界列车。高铁安康南下情况，张吉怀高铁、贵州铜仁—怀化高铁、三江—桂林—柳州—来宾—南宁—贵港高铁开通，郑万高铁重庆巫山—奉节段预计2022年通车，郑万高铁奉节—巫溪支线控制性工程放牛坪隧道贯通等。其他路段还没有开工，安康—张家界高铁还没有进入国家规划，尤其是安康—张家界成为全国铁路盲区。

截至2019年底，中西部南北绿色经济带9省（自治区、直辖市）人口占全国人口的27.5%，2019年中西部结合区域地区生产总值为207 028.27亿元，占全国GDP总量990 865亿元的4.79%。中西部结合区域人口总量、经济总量都偏低，对于包海直线走向高铁的修建影响极大。但从全国协调发展来看还是很有必要将修建包海直线走向高铁作为国家区域发展战略，以推进中西部地区共同实现现代化的目标。

这是因为中西部南北绿色经济带具有较强的辐射功能，依据国家高铁"八纵八横"的七条横向通道：京兰通道、陆桥通道、沿江通道、沪昆通道、厦渝通道、广昆通道；普通铁路"八纵六横八连线"中的六横和一连线：沈兰线（沈阳—兰州）、青银线（青岛—银川）、盐西线（盐城—西宁）、沪蓉线（上海—成都）、沪昆线（上海—昆明）、沪南线（上海—南宁），以及衡南线（衡阳—南宁）；高速公路"五纵七横"中的六条横向通道：丹东—拉萨干线、青岛—银川干线、连云港—霍尔果斯干线、上海—成都干线、上海—瑞丽干线、衡阳—昆明干线等，都与南北包海高铁铁路相连，有利于提升包海高铁"直线走向"的客流量。

（2）通过旅游节点城市的文化品位扩大旅游经济效益。交通格局对区域旅游发展，既有积极的一面，也有消极的一面，尤其是对于旅游品质较差的景区，以及缺乏旅游特色亮点的旅游城市，通过高铁的"过道效应""虹吸效应"等，被旅游优势景区和具有影响力的旅游城市覆盖。因此，旅游非优势区域，在现代交通格局大趋势背景下，主动融入区域旅游发展中，要在特色优势上下功夫。

文化内涵是旅游吸引人的根本。只有通过旅游景区的特色亮点，吸引旅客停下来进行游览探索，才能克服旅游通道"过道效应""虹吸效应"等产生的负面效益。

西安作为中西部南北绿色经济带的省会城市，不仅是"丝绸之路经济带"的起点，还是十三朝历史古都。古都文化品牌亮点，使西安成为中西部南北绿色经济带的领头羊。西安可将旅游产业作为经济增长极，沿着南北旅游大通道的轴线，将旅游业向南北推进，带动中西部南北绿色经济带的整体发展，突出古都特色文化的亮点。

三亚市作为中西部南北绿色经济带的热带海洋自然旅游线路的核心点，依托"天涯海角"独特位置和"海南长寿岛"文化旅游品牌，将旅游业向北边的广东湛江市和南边的海南三沙市永暑礁延伸；突出大海洋的波澜壮阔景象和"海南长寿岛"特色文化旅游亮点。

满都拉作为中西部南北绿色经济带的国际口岸景区，充分发挥国境线口岸特殊的亮点和"草原文化"的旅游品牌。将满都拉打造成中西部地区的异国风情旅游点，使它成为中国中西部地区人们向往的神圣之地，以及蒙古国等外国旅客通往中国内地旅游景区的重要口岸。

同时，将中西部南北绿色经济带的旅游支撑产业与地方主导产业进行有效的融合。通过旅游宣传扩大区域的影响力和开拓经济市场，通过主导产业推进经济发展，促进旅游业发展和扩大游客流量，形成经济和旅游业良性互动的发展局面。

（3）以"两山"理论指导中西部南北绿色经济带构建。中西部南北绿色经济带的亮点就是"绿色"，绿色经济的发展前提就是环保。环境保护是长远大计，生态资源保护更要放在突出位置。因为有的资源破坏后恢复缓慢，有的甚至根本无法再生。

坚持绿水青山就是金山银山理念，尊重自然、顺应自然、保护自然，守住自然生态安全底线，推进中西部南北绿色经济带健康和谐的构建。

首先，从通道建设项目规划做起。加强严格管理，限定施工区域，划定生态红线，决不允许碰撞红线，并且提出项目工程完工后的生态恢复要求，确保生态安全。

其次，加强保护生态环境管理。环境保护主要采取正面宣传和反面破坏生态处罚相结合的教育方式，使人们养成环境保护的意识，打牢环境保护底线。同时，对于容易受到破坏的自然生态环境景区（如水源、沙漠、草原、古树、奇石等），可以采取旅客限量或者"休眠"的方式等，减少对生态环境造成的破坏，使生态有条件地得到保护。

最后，对于稀缺的生态资源和脆弱的生态环境，通过建立自然保护区，避免广大旅客的人为破坏。自然保护区以科普教育为主，通过宣传教育，提升旅客保护大自然的意识。同时，在自然保护区对外进行半开放的考察活动，主要以研究自然保护区的"保护"为主。

（4）按照经济一体化构建南北绿色经济带的"双循环"。当今经济全球化和区域经济一体化是世界经济发展的两大趋势。从国内的经济一体化到国际的经济全球化，构建南北绿色经济带的国内国际双循环。

首先，畅通国内大循环建立区域开放市场。依据中西部结合区域丰富的绿色资源，加强沿线的经济往来交流，破除妨碍生产要素市场化配置和商品服务流通的障碍，建立开放的区域经济市场，形成双向互动共赢的国内循环，推进西部大开发新格局形成。

其次，促进国内国际双循环协调发展。根据中西部南北绿色经济带与"一带一路"的内在关系，加强经济带的国际化进程，主动融入国际循环经济体中，形成国内国际双循环发展机制。充分利用国内国际市场，积极促进国内经济发展和国际经济往来的协调性，形成现代经济合作经营体系，推动中西部经济高质量发展。

第4章 中西部南北绿色经济带的 旅游发展

中西部南北绿色经济带区域，多数地区为经济欠发达地区，也是少数民族集聚区，但自然禀赋非常丰富，而且拥有浓厚的民族风俗，这使它成为绿色生态旅游和民俗风情旅游的理想目的地。

中西部南北绿色经济带特殊的位置使它贯穿于我国南北，并且辐射到我国东西部区域，对全国全局影响较大。作为绿色经济的旅游具有很强的双向互动特征，对于开拓经济市场具有较强的优势。

4.1 区 域 优 势

中西部南北绿色经济带位于我国陆地版图中部，具有很强的区位优势。

（1）中西部南北绿色经济带具有独特的区位辐射作用。中西部南北绿色经济带位于我国陆地版图东西方向的中间地段，贯穿我国南北9个省（自治区、直辖市）——内蒙古自治区、陕西省、湖北省、重庆市、湖南省、贵州省、广西壮族自治区、广东省、海南省等，并且辐射到我国东西区域的河北（北京市、天津市）、山西（山东）、河南、安徽（江苏、上海市）、江西、福建（浙江）；宁夏、甘肃、新疆、青海、四川、云南等18个省（自治区、直辖市），对于全国全局影响较大。

中西部南北绿色经济带经过呼包鄂榆、黄河、关中、长江、渝东、黔中、北部湾和珠三角等城市群，为构建我国中西部南北绿色经济带南北大通道创造了良好基础，并且为我国中西部南北大通道节点城市辐射提供了方便快捷的交通通道。

（2）中西部南北绿色经济带与"一带一路"形成有机联系。"一带一路"是中国针对经济全球化与区域经济一体化的世界经济发展趋势，在古代"陆地丝绸之路"和"海上丝绸之路"概念的基础上，提出的共建现代"丝绸之路经济带"和"21 世纪海上丝绸之路"，即"一带一路"倡议。

人们通常所说的古丝绸之路，在中国境内往往指"沙漠丝绸之路"，是指西汉（公元前 202 年—公元 8 年）时，由张骞出使西域开辟的以长安（今西安）为起点，经甘肃、新疆，到中亚、西亚，并联结地中海各国的陆上通道。"丝绸之路"概念的出现，却是近代的事。

1868~1872 年，德国旅行家、地理和地质学家费迪南·冯·李希霍芬（Ferdinand von Richthofen，1833—1905 年）到中国做了七次探险，后来他成为在中国地理和地质学界最知名的探索者之一。

1877 年，李希霍芬用在华考察的资料完成了巨著《中国——亲身旅行和据此所作研究的成果》（又翻译为《中国：我的旅行与研究》）（*China: The Results of My Travels and the Studies Based Thereon*），并且正式出版。"丝绸之路"（Silk Road）一词首次出现于该书第一卷中[①]，因为由这条路西运的货物中以丝绸制品的影响最大，故得此名。

1889~1907 年，法国史学家、东方学家爱德华·沙畹（Edouard Chavannes，1865—1918 年）两次来到中国进行学术研究。1889 年沙畹以法国驻华使团译员身份前往北京。在华期间着手翻译《史记》，他把其中一部分译成法文《司马迁的传体史》（*Ies Mèmoires Historiques de Se-ma Tsien*）（五卷），并加以注释。这是沙畹作为史学家，对人类的最大贡献。1907 年沙畹第二次来到中国，对中国北方——河北、山东、河南、陕西、山西诸省进行考察[②]。1913 年沙畹在其所著的《西突厥史料》（*Documents Sur les Tou-kiue Occidentaux*）中，首次提及"海上丝绸之路"[③]。

在中国的历史上，陆地"丝绸之路"除了西北的"沙漠丝绸之路"外，还有北方地区的"草原丝绸之路"、西南地区的"茶马古道"。这些重要古道与中国中西部南北绿色经济带形成纵横相交的交通网。

在中国中西部南北绿色经济带上，北端的满都拉国际口岸成为"草原丝绸之路"的起点之一，中部的西安成为"沙漠丝绸之路"起点和"茶马古道"的延伸出发点，南端的北海、湛江、海口（或三亚）的港口成为"海上丝绸之路"的新起点。中国中西部南北绿色经济带与"一带一路"形成纵横的联系，南北绿色经济带是"一带一路"在中国境内的延伸区域，为"一带一路"的建设提供有力的支持。

---

① 张梅静. 德国地质学家李希霍芬在华勘矿活动及其影响[D]. 中国矿业大学硕士学位论文，2014.
② 戴仁，阮洁卿. 西方汉学第一人——爱德华·沙畹[J]. 史学理论研究，2012，（1）：136-142.
③ 王爱虎. 从海上丝绸之路的发展史和文献研究看新海上丝绸之路建设的价值和意义[J]. 华南理工大学学报（社会科学版），2015，17（1）：1-14.

（3）中西部南北绿色经济带在实施国家区域发展总体战略中位置突出。目前，在我国东部、中部地区形成的珠江三角洲经济圈、长江三角洲经济圈和环渤海湾经济圈，是我国有较大影响力的三大经济圈。同时，在我国西部地区也形成了有一定影响力的三大经济区：成渝经济区、关中-天水经济区、环北部湾经济区等。但我国西部地区的经济区对整个西部地区的经济影响不仅有限，而且根本无法与东部、中部地区的三大经济圈相比，其经济影响力和核心城市辐射范围都是有限的。

西部地区的经济区在整个西部经济发展中，不具有影响全局发展的引领指导作用，其本身存在的缺陷也显露出来。第一，强调横向联系，缺少纵向联系，从南到北未能形成协调一致的发展经济带做到西部地区整体协调发展；第二，突出各自发展，缺少良性互动，未能形成东中西部优势互补、良性互动的区域协调发展机制，走共同协调发展之路；第三，拥有资源优势，缺少交通网络，西部地区良好的旅游资源未能形成有影响力的区域旅游优势，绿色经济发展影响力有限。

目前，中西部经济发展与东部地区相比还存在较大差距。中西部生态环境的恶化，不仅影响中西部自身的发展，而且会使中国产生生态安全危机，进而影响全国经济可持续发展。中西部"南北绿色经济带"的构建，是推进中西部旅游生态经济又好又快发展的重大举措，实施国家区域发展和新时代西部大开发新格局战略的有力实践。

（4）中西部南北绿色经济带是实践"两山"理论的示范区。中西部南北绿色经济带跨越黄河、渭河、汉江、长江、沅江、浔江等河流，穿越阴山、秦岭、大巴山、巫山、雪峰山、南岭、五指山等大山，是我国生态资源的富集区，山水景色秀丽，是发展旅游的重要区域，是实践"绿水青山就是金山银山"理念的示范区。

秦岭作为"国家中央地质公园"是我国地理的南北分界线、黄河和长江两条母亲河的分水岭，其历史文化深厚，是中华文化根脉之"魂"。2018 年，由于"秦岭违建别墅拆除"查处整治不力演变为政治问题，为树立"绿水青山就是金山银山"理念提供了重大的警示教育素材。

2020 年 4 月 20 日，习近平再次赴陕西考察，第一站就选择秦岭牛背梁国家级自然保护区，并且强调：秦岭违建是一个大教训[①]。这对全国干部提出了新要求，要求其牢牢树立"绿水青山就是金山银山"理念，走上经济发展、文化繁荣、人民富裕的绿色发展之路。因此，中西部南北绿色经济带是实践"两山"理论的典型性的示范区，对于"绿水青山就是金山银山"理论建立，具有重大的影响力。

---

① 习近平：从今往后，在陕西当干部，首先要了解这个教训[EB/OL]. 央视新闻，https://baijiahao.baidu.com/s?id=1664547780320270089&wfr=spider&for=pc，2020-04-21.

（5）中西部南北绿色经济带是中西部地区经济发展的增长极。中西部南北绿色经济带串珠式连接了内蒙古中部、陕西南北、渝东、鄂西、湘西、贵东、桂中、北部湾和珠三角等城市群，直接带动了国家历史文化名城：呼和浩特，西安、延安、韩城、榆林、汉中，重庆（奉节），张家界、凤凰古城，镇远古镇，桂林、柳州、北海、雷州、海口等；以及国家级风景名胜区：西安市秦始皇兵马俑、骊山，延安市黄帝陵、黄河壶口瀑布，渭南市华山、合阳洽川，宝鸡市天台山，奉节天坑地缝、万州区潭獐峡，十堰市武当山、丹江口水库，张家界市武陵源，湘西州猛洞河、里耶−乌龙山，邵阳市崀山、虎形山−花瑶、南山，怀化市万佛山−侗寨，铜仁市石阡温泉群、沿河乌江山峡、九龙洞，黔东南州榕江苗山侗水、黎平侗乡，桂林市漓江，桂平市西山，湛江市湖光岩，三亚市热带海滨等的发展，对于增强各大城市群、经济圈互动交流，对于促进辖区的革命老区、欠发达地区、少数民族地区承接东中部产业转移、扩大群众就业创业极为重要。

中西部南北绿色经济带多数城市地处我国经济欠发达地区，在我国占有一定分量，这些区域的面积和人口分别占全国面积和人口的 6.1% 和 5.7%。出于历史的原因，中西部南北绿色经济带的现代交通格局还没有形成。目前，从陕西安康到湖南张家界的南北方向暂时无直线铁路交通，为全国铁路的盲区。但中国内陆腹地陕渝鄂湘结合区域的绿色资源非常丰富，从汉江到长江，从大巴山到武陵山，都是难得的绿水青山之地，是理想的旅游目的地。世界闻名的张家界奇山、中国最大的河流长江、震撼力极强的恩施大峡谷，以及西部地区最大的人工湖汉江瀛湖，构成山水画廊生态旅游的精品线，而且在这条线路上，厚重的历史文化底蕴所形成的"古盐道"，既是古代的经济通道，也是古代的军事要道。因此，中西部南北绿色经济带的旅游文化廊道，将是中西部南北绿色经济带绿色经济发展的增长极。

（6）中西部南北绿色经济带具有良好的现代快捷方便的交通条件。2021 年 2 月 24 日，《国家综合立体交通网规划纲要》指出：形成由"八纵八横"高速铁路主通道为骨架、区域性高速铁路衔接的高铁网……京津冀、长三角、粤港澳、成渝地区双城经济圈等重点城市群率先建成城际铁路网，其他城市群城际铁路逐步成网。

中西部南北绿色经济带位于中国陆地版图东西方向的中间地段，以西部陆海新通道的"包海高铁"为骨架的交通，贯通南北辐射东西部地区，是我国交通网络"八纵八横"的重要通道。

国家《中长期铁路网规划》（2016~2030）提出的"八纵"通道中，中西部南北绿色经济带，纵向以南北"包（银）海通道"为交通骨架，首先贯通人口密度较大的省会城市路线（称为包海高铁省会线）：包头（银川）—西安—重庆—贵阳—南宁（—北海）—湛江—海口高速铁路，形成连接西北、西南、华南地区，贯通呼包银、关中平原、成渝、黔中、北部湾等城市群，以此高铁（时速 350 千米）拉动当地的经济发展，构成新的经济增长极。

2016 年 12 月 18 日,随着张家界市—怀化市高铁(时速 350 千米)开工(2021 年 12 月通车),标志包海高铁线路(称为包海高铁直线走向):包头—延安—西安—安康—恩施—张家界—怀化—桂林—湛江—海口—三亚,成为包海通道的又一条支线,其贯通呼包鄂榆经济区、关天经济区、长江经济带、武陵山风景道、泛北部湾经济区等,构建起"我国中西部南北旅游大通道",成为一条重要的民俗风情与生态旅游黄金线。

中西部南北绿色经济带的公路网,从北到南以包茂高速公路为骨架构成南北通道,并且通过跨海轮渡实现与湛江(徐闻)—海口(三亚)公路的无缝对接。

中西部南北绿色经济带的水路网,从桂林兴安的湘桂运河到玉林的"海上丝绸之路"内陆江河始发港和北海、湛江的"海上丝绸之路"出海口,再经过海口到三亚的"通天大道"通向世界。2019 年,随着三亚凤凰岛国际邮轮港母港的全面启用,开启了"21 世纪海上丝绸之路"新航线。

中西部南北绿色经济带的航空交通区位优势明显,各地级市与省会城市之间基本都开通了直达航线,各旅游城市开通了国内大中城市和国际旅游城市的航空线路。

(7)中西部南北绿色经济带是历史文化厚重的人文廊道。中西部南北绿色经济带涉及的 9 个省(自治区、直辖市)的面积和人口分别占全国总面积和总人口的 28%和 27.5%,从北到南主要的旅游文化节点城市有内蒙古自治区呼和浩特市、包头市、鄂尔多斯市,陕西省榆林市、延安市、铜川市、宝鸡市、杨凌区、咸阳市、西安市、渭南市、商洛市、汉中市、安康市,重庆市开州区、万州区、奉节县,湖北省十堰市、神农架林区、恩施州,湖南省张家界市、湘西自治州、邵阳市、怀化市,贵州省铜仁市、凯里市,广西壮族自治区桂林市、柳州市、来宾市、南宁市、防城港市、钦州市、北海市、贵港市、玉林市,广东省茂名市、湛江市,海南省海口市、儋州市、三亚市、三沙市等,在这些城市中有一大批为国家历史文化名城,其厚重的历史文化形成内涵丰富的人文廊道。

稒阳道:战国、秦汉时期,打通阴山(今大青山)南北的昆都仑河谷的通道。由固阳城西北出,经石门障至光禄城、支就城,进入阴山,过头曼城至宿房城(现乌拉特中旗北),是阴山南边的河套地区到蒙古草原的交通要道[①]。

秦直道:秦始皇在统一六国之后,公元前 212 年,开始修筑纵贯秦都关中与北方河套地区的重要军事要道,对维护诞生伊始的秦帝国的宏伟大厦和统一安定的政治局面具有极其重要的战略意义[②]。

---

① 笑端. 西汉时期汉匈关系的发展与稒阳道的畅通——包头地方史讲座第四讲西汉时期的包头[J]. 阴山学刊, 1990,(1): 97-103.

② 史念海. 秦始皇直道遗迹的探索[J]. 陕西师大学报(哲学社会科学版), 1975,(3): 77-93.

　　秦楚古道：隋唐时期，开辟于由长安（今西安）翻越秦岭通往金州（今安康）的一条道路。从长安东出，经引驾回折南入库谷，翻越秦岭，过归安（今镇安县南）至洵阳（今旬阳），折西沿汉江北侧达金州（今安康）。故秦楚古道又名库谷道，还有义谷道、锡谷道等，这条古道不仅是商贾行人的必宿之地，更是兵家安营扎寨的必争之地[①]。

　　巫盐古道：以巫咸国（今巫溪县）大宁盐场为中心向北至大巴山地区，向南进入武陵山地区，是一条重要的陆路"官盐大道"[②]。巫盐古道始于帝尧时期，作为一条盐运通道，也是一条南北民族迁移、融合之道，是秦汉时期中央政府管控西南地区的要道，也是黄河文明与长江文明沟通的廊道之一。

　　梵净朝山古道：梵净山作为我国 5 大佛教名山之一，梵净朝山古道始于元代，以印江县永义乡张家坝为起点，沿山脊徐行，经护国寺、棉絮岭、黑巷子、舍身岩、剪刀峡，直达金顶[③]。梵净朝山古道既是历朝历代巴蜀两湖众多善男信女朝山拜佛的通道，又是梵净古商道及军事要冲的重要组成部分，而今成了贯穿梵净山东麓风景片区的黄金旅游线。

　　灵渠（湘桂运河）：秦始皇统一六国后，为巩固对岭南地区的统治，公元前219 年凿灵渠运粮，由东向西将湘江源头的海洋河和漓江源头的大溶江相连起来，这是世界上最古老的运河之一，在长达两千年的历史长河中，灵渠一直是中原地区与岭南地区的主要交通线路[④]。

　　南海丝路：自西汉时期开通南海丝路以来，一条以中国徐闻港、合浦港等港口为起点的世界性贸易海上走廊开启，它一直是沟通东西方经济文化交流的重要桥梁。唐代"广州通海夷道"的海上航路便是"海上丝绸之路"的最早叫法。明代郑和远航的成功使海上丝路发展到了极盛时期[⑤]。今天，"21 世纪海上丝绸之路"再次开启世界各国合作的新篇章。

　　通天大道：宋代大文豪苏东坡，当年被贬到海南岛后，发现海南岛原来是一个风景秀丽的地方，写下了"九死南荒吾不恨，兹游奇绝冠平生"的诗句，使海南岛成为富有神奇色彩的地方[⑥]。海南岛的"天涯海角"，其意为天之边缘、海之尽头。因此，海南岛成为人们通往外部世界的"通天大道"。

　　中西部南北绿色经济带的历史古道，既有带有军事目的的固阳道、秦直道、

　　① 赵留会. 秦楚古道觅踪[J]. 中州今古，2002，（9）：9-12.

　　② 张良皋. 巴史别观[M]. 北京：中国建筑工业出版社，2006.

　　③ 吴恩泽. 梵净山朝山古道[J]. 贵州文史丛刊，2005，（3）：100-101.

　　④ 唐凌. 论广西桂柳运河沿岸地区商业系统的空间结构[J]. 广西民族研究，2010，（2）：142-147.

　　⑤ 张开城. 海上丝绸之路精神与 21 世纪海上丝绸之路建设[J]. 中国海洋大学学报（社会科学版），2015，（4）：47-53.

　　⑥ 邢孔史，李景新. 海南岛贬谪文化资源开发利用情况研究[J]. 琼州大学学报，2005，（3）：53-58.

灵渠，也有用于经济交往的巫盐古道、秦楚古道，还有促进文化融合的梵净朝山古道、通天大道，更有促进世界交流的南海丝路，其丰富的文化内涵构成极具吸引力的旅游文化人文廊道。

（8）中西部南北绿色经济带构成"我国中西部南北旅游大通道"。在中西部南北绿色经济带内拥有一批国际影响力极强的优质旅游资源禀赋，从人文旅游产品"黄帝陵""成吉思汗陵""秦始皇兵马俑""长城""古都西安""红色延安""武当山""梵净山""海南世界长寿岛"等，到自然旅游产品"张家界地貌""桂林山水""神农架原生态""秦岭分界线""海南热带雨林""黄河壶口瀑布""长江三峡"等，构成了我国中西部南北旅游大通道的人文与自然景观。

南北旅游大通道从北到南形成：内蒙古大草原—沙漠风情—长城古台—黄河瀑布—延安圣地—西安古都—秦岭分界线—武当山—长江三峡—张家界地貌—梵净山圣山—桂林山水—黄金海岸线—天涯海角，成为我国颇具代表性的人文风情和生态旅游精品线，其形成的旅游文化廊道包含丰富的文化内涵：草原文化—沙漠文化—黄土文化—黄河文化—古都文化—秦岭文化—长江文化—山地文化—江河文化—海洋文化，使中西部南北绿色经济带成为极具旅游观光和生活体验的旅游目的地。

在"一带一路"引领下，我国中西部南北旅游大通道将成为具有世界影响力的国际旅游精品线。

4.2　旅　游　资　源

中西部南北绿色经济带具备的优质旅游资源禀赋，主要体现在世界文化自然遗产、国家历史文化名城、国家级风景名胜区、国家 5A 级旅游景区、国家自然保护区、国家级森林公园等核心指标方面。

截至 2019 年底，我国有世界文化自然遗产 55 处，中国国家历史文化名城 135 座，中国国家级风景名胜区 244 处，国家 5A 级旅游景区 280 处，中国国家自然保护区 474 处，国家级森林公园 897 处（表 4.1）。

表 4.1　中西部南北绿色经济带旅游资源禀赋（区域总量/通道地数量）

地区	世界文化自然遗产	国家历史文化名城	国家级风景名胜区	国家 5A 级旅游景区	国家自然保护区	国家级森林公园
内蒙古	1/0	1/1	2/0	6/2	30/4	35/3
陕西	2/2	6/6	7/7	10/10	25/25	37/37
重庆	2/0	1/1	6/3	9/2	7/3	26/6
湖北	4/4	5/0	8/2	13/4	22/9	38/9

地区	世界文化自然遗产	国家历史文化名城	国家级风景名胜区	国家5A级旅游景区	国家自然保护区	国家级森林公园
湖南	3/3	3/1	22/8	9/3	24/9	63/14
贵州	4/1	2/1	19/6	7/2	9/7	24/4
广西	2/1	3/3	3/2	7/5	23/13	24/15
广东	2/0	8/1	9/1	14/0	16/4	27/1
海南	0/0	1/1	1/1	6/6	10/10	9/9
合计（a/b）	20/11	30/15	77/30	81/34	166/84	283/98
占比（b/a）	0.55	0.50	0.39	0.42	0.51	0.35
全国总量（c）	55	135	244	280	474	897
占比（a/c）	0.36	0.22	0.32	0.29	0.35	0.32

注：a为中西部南北绿色经济带各省区市总量；b为中西部南北绿色经济带沿线城市总量；c为全国总量

在55项中国世界文化自然遗产中，有世界文化遗产37项、世界自然遗产14项，世界文化与自然双遗产4项。中国世界文化自然遗产总数与意大利并列世界第一。

中国中西部南北绿色经济带拥有11项世界文化自然遗产［其中9个省（自治区、直辖市）各自独立的项或9个省（自治区、直辖市）各自独立参与的项均计为1项；9个省（自治区、直辖市）中有多家共同参与的项各计为1项］[①]：陕西省的秦始皇陵（文化）、长安-天山廊道的路网（文化），湖北省的武当山古建筑群（文化）、明清皇家陵寝（明显陵）（文化）、神农架（自然），中国土司遗产（湖北唐崖土司城遗址）（文化），湖南省的武陵源风景名胜区（自然）、中国丹霞（湖南崀山）（自然），中国土司遗产（湖南省老司城遗址）（文化），贵州省的梵净山（自然）、中国南方喀斯特（广西桂林）（自然）等，中西部南北绿色经济带沿线城市共有11项（文化6项、自然5项）占中西部南北绿色经济带9省区市20项的55%；中西部南北绿色经济带9省区市20项占中国世界文化自然遗产55项的36%。见表4.1。

中西部南北绿色经济带沿线城市拥有中国国家历史文化名城15座：内蒙古自治区呼和浩特市，陕西省西安市、咸阳市、韩城市、延安市、榆林市、汉中市，重庆市，湖南省凤凰古镇，贵州省镇远古镇，广西壮族自治区桂林市、柳州市、北海市，广东省雷州市，海南省海口市等，占中西部南北绿色经济带拥有的中国国家历史文化名城30座的50%。中西部南北绿色经济带拥有的中国国家历史文化名城30座，占中国国家历史文化名城135座的22%。见表4.1。

---

① 世界文化自然遗产中，明清皇家陵寝为北京、河北、辽宁、安徽、江苏、湖北等地共同组成，土司遗址由湖南永顺土司城遗址、贵州播州海龙屯遗址、湖北唐崖土司城遗址共同组成，中国丹霞由广东丹霞山、湖南崀山、贵州赤水、浙江江郎山、江西龙虎山、福建泰宁共同组成，中国南方喀斯特由重庆武隆喀斯特、金佛山、广西桂林、环江、贵州施秉、荔波喀斯特、中国云南石林喀斯特共同组成。

中西部南北绿色经济带沿线城市拥有的国家级风景名胜区 30 处:西安市秦始皇兵马俑、骊山、延安市黄帝陵、黄河壶口瀑布、渭南市华山、合阳洽川、宝鸡天台山、重庆市奉节天坑地缝、万州区潭獐峡、长江三峡风景名胜区,十堰市武当山、丹江口水库,张家界市武陵源、湘西州猛洞河、里耶-乌龙山、德夯、邵阳市崀山、虎形山-花瑶、南山、怀化市万佛山-侗寨、铜仁市石阡温泉群、沿河乌江山峡、九龙洞、黔东南州榕江苗山侗水、黎平侗乡、潕阳河、桂林市漓江、桂平市西山、湛江市湖光岩、三亚市热带海滨等,占中西部南北绿色经济带拥有的国家级风景名胜区 77 处的 39%。中西部南北绿色经济带拥有的国家级风景名胜区 77 处,占国家级风景名胜区 244 处的 32%。见表 4.1。

中西部南北绿色经济带沿线城市拥有的国家 5A 级旅游景区 34 处:鄂尔多斯响沙湾、鄂尔多斯成吉思汗陵、西安秦始皇兵马俑、西安华清池、延安黄帝陵、西安大雁塔-大唐芙蓉园、渭南华阴市华山、宝鸡市扶风县法门寺佛、商洛市金丝峡、宝鸡市太白山、西安城墙·碑林、延安革命纪念地,巫山小三峡-小小三峡、云阳龙缸、十堰丹江口市武当山、神农架、恩施巴东神龙溪、恩施大峡谷、张家界武陵源-天门山、邵阳崀山、常德桃花源,梵净山、镇远古镇、桂林漓江、桂林兴安县乐满地、桂林市两江四湖·象山景区、桂林独秀峰-靖江王城、南宁市青秀山、三亚市蜈支洲岛、三亚南山、三亚南山大小洞天、保亭县呀诺达雨林、陵水县分界洲岛、槟榔谷黎苗文化旅游区等,占中西部南北绿色经济带拥有的国家 5A级旅游景区 81 处的 42%。中西部南北绿色经济带拥有的国家 5A 级旅游景区 81处,占国家 5A 级旅游景区 280 处的 29%。见表 4.1。

中西部南北绿色经济带沿线城市拥有的国家自然保护区 84 处,占中西部南北绿色经济带拥有的国家自然保护区 166 处的 51%。中西部南北绿色经济带拥有的国家自然保护区 166 处,占全国国家自然保护区 474 处的 35%。见表 4.1。

中西部南北绿色经济带沿线城市拥有的国家级森林公园 98 处,占中西部南北绿色经济带拥有的国家级森林公园 283 处的 35%。中西部南北绿色经济带拥有的国家自然保护区 283 处,占全国国家级森林公园 897 处的 32%。见表 4.1。

中西部南北绿色经济带不仅优质旅游资源丰富,而且荟萃了世界一流的旅游景观,为构建具有国际影响力的精品旅游线路奠定了基础。黄帝陵成为中华民族传统文化的象征,是中华儿女寻根祭祖、旅游观光的胜地;成吉思汗陵、秦始皇兵马俑、长城、古城西安、红色延安、武当山、梵净山、海南世界长寿岛等是具有国际影响力的人文景观;张家界地貌、秦岭分水岭、桂林山水、神农架生态、海南热带雨林、黄河壶口瀑布、长江三峡等是具有国际影响力的自然景观。由此形成具有代表性的人文风情和生态旅游精品线:内蒙古大草原—沙漠风情—长城古台—黄河瀑布—延安圣地—西安古都—秦岭分界线—武当山—长江三峡—张家界地貌—梵净山圣山—桂林山水—黄金海岸线—天涯海角。

4.3　旅　游　效　益

中西部南北绿色经济带沿线各地"十三五"期间旅游接待量、旅游收入情况如表 4.2 所示。现给出中西部南北绿色经济带各地旅游效益折线图，如图 4.1 和图 4.2 所示。

表 4.2　中西部南北绿色经济带沿线各地"十三五"旅游效益

年份	旅游效益	内蒙古	陕西	重庆	贵州	湖北	湖南	广西	广东	海南
2016	接待人数/亿人次	0.96	4.49	4.51	5.31	5.73	5.6	4.09	3.9*	0.61
	收入/亿元	2 635.7	3 813.5	2 645.3	5 027.6	4 870	4 707.4	4 191.4	11 560	672.1
2017	接待人数/亿人次	1.15	5.23	5.42	7.45	6.39	6.7	5.23	4.44*	0.68
	收入/亿元	3 440.2	4 813.6	3 300	7 116.9	5 514	7 172.6	5 580.4	11 993	812
2018	接待人数/亿人次	1.31	6.3	5.97	9.69	7.27	7.5	6.83	4.9*	0.77
	收入/亿元	4 011.5	5 994.7	4 344.2	9 471.1	6 344.4	8 355.7	7 619.9	13 600	950.2
2019	接待人数/亿人次	1.95	7.07	6.57	10.23	9.02	8.30	8.76	4.94*	0.83
	收入/亿元	4 651.5	7 211.2	5 739.1	10 324.1	8 256.61	9 762.3	10 241.4	13 700	1 057.8

资料来源：根据各省（自治区、直辖市）年度国民经济和社会发展统计公报整理；其中"*"数据为过夜游客人数

中西部南北绿色经济带沿线 9 个省（自治区、直辖市）"十三五"期间旅游接待人数如图 4.1 所示、旅游收入如图 4.2 所示。

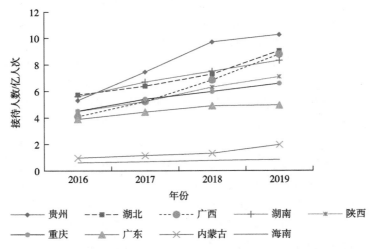

图 4.1　中西部南北绿色经济带沿线 9 个省（自治区、直辖市）"十三五"期间旅游接待人数

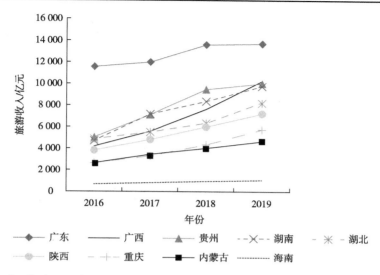

图 4.2　中西部南北绿色经济带沿线 9 个省（自治区、直辖市）"十三五"期间旅游收入

由图 4.1 可见，"十三五"期间，中西部南北绿色经济带 9 地旅游人数基本都处于增长趋势，到 2019 年底，旅游人数从高到低依次是贵州、湖北、广西、湖南、陕西、重庆、广东（广东为过夜人数，有所影响）、内蒙古、海南。

由图 4.2 可见，"十三五"期间，中西部南北绿色经济带 9 地旅游收入都处于增长趋势，到 2019 年底，旅游收入从高到低依次是广东、广西、贵州、湖南、湖北、陕西、重庆、内蒙古、海南。

广东作为我国改革的前沿城市，是人们向往的迷人之地；广东毗邻港澳，众多沿海口岸城市直接与国际大都市接轨，吸引大量的外国朋友到此旅游观光。从官方网络统计信息可以看出，2013~2019 年广东省入境旅游市场基本保持稳定增长趋势，其中 2018 年入境过夜游客超 3 748.06 万人，旅游外汇收入突破 205.12 亿美元，皆为六年来最高值，并且广东国际旅游外汇收入居全国首位。2019 年广东国际旅游外汇收入 205.02 亿美元(略微下降 0.05%)，但仍居 9 地旅游收入首位。

广东旅游资源禀赋丰富，游客在广东区域旅游，选择的余地非常大，加上良好的交通条件，每天可以游览多个旅游景点，整体提升游客每天的人均消费水平，获得较大的旅游市场效益。2019 年广东旅游平均消费 2 773.28 元/人，列 9 地第一。因此，改善旅游国际环境市场，增加旅游消费项目，提升旅游优质服务质量，是刺激人均旅游消费比重增长的重要渠道。

"十三五"以来，贵州接待旅游总人数增长最快，从官方网络统计信息可以看到，贵州旅游由 2016 年的 5.31 亿人次增加到 2018 年的 9.69 亿人次，增长82.49%。2016 年贵州共接待游客 5.31 亿人次，旅游业成为贵州支柱产业；2017

年共接待游客 7.45 亿人次，接待游客人次占全国第 2 位；2018 年贵州旅游业持续"井喷"，全省旅游总人数达 9.69 亿人次，接待游客人次位列全国首位。2019 年贵州接待旅游总人数 10.23 亿人次，仍居 9 地接待旅游总人数首位。

更重要的是，旅游核心竞争力的优质品牌，促使贵州旅游效益提升。2018 年梵净山被列为世界自然遗产，晋级为国家 5A 级景区，使贵州成为人们旅游的理想目的地。往年梵净山的年游客量在 20 万人次左右，自从申遗成功，一天的游客量就达到了 2 万人次。美国《国家地理》杂志发布的 2018 年旅行清单，全世界 24 个地方上榜，其中号称"天空之城"的梵净山成为国内唯一上榜旅游地。2019 年贵州旅游收入列南北旅游大通道 9 地第三。因此，打造具有核心竞争力的优质旅游品牌，是提升旅游知名度和旅游效益的根本。

2019 年湖北接待旅游总人数 9.02 亿人，居 9 地接待旅游总人数第二。2015 年，湖北恩施咸丰唐崖土司遗产成为世界文化遗产，恩施大峡谷晋级为国家 5A 级景区。与此同时，恩施推出湖北首部"衍生态"旅游剧目《武陵绝响·比兹卡音画》，通过对土家族的语言"比兹卡"——"说土家语的人"，进行原生态的创新，展示了恩施州土家族、苗族等少数民族鲜明的民族地域特色，扩大了恩施旅游对外宣传的影响力。2018 年恩施州接待旅游人数 6 216.34 万人次，比上年增长 21.1%，旅游综合收入 455.4 亿元，增长 23.9%，并且在"首届中国旅行社协会行业榜单"中，恩施大峡谷景区被评为 2018 年度受游客欢迎的优秀旅游目的地之一（排名第二位）；在人民网舆情数据中心发布的《2018 年全国 5A 级旅游景区影响力排行榜 TOP50》排名第三位。据官方网络统计信息，2019 年恩施接待游客 7 117.71 万人次，旅游综合收入 530.45 亿元，同比分别增长 14.5%、16.5%。因此，城市区域特色文化品牌挖掘和打造，是提升旅游效益的原动力。

2019 年广西旅游收入列 9 地第二，注意利用城市文化品牌原动力的带动效益，推出旅游演艺产品：实景剧《印象·刘三姐》旅游文化品牌，使阳朔成为桂林国际旅游城市的又一感受地。据官方信息网，2019 年实景剧《印象·刘三姐》所在地阳朔县接待游客总数 2 018.82 万人次，旅游总消费 289.46 亿元，同比分别增长 15.2%、19.5%。其中接待海外游客 74.60 万人次，入境旅游收入 31.57 亿元，同比分别增长 5.0%、19.0%。

同样，旅游资源禀赋丰富的湖南拥有世界遗产 3 处，国家 5A 级旅游景区 9 个，其中国家 5A 级旅游景区张家界武陵源风景名胜区为世界自然遗产，使张家界成为世界著名的旅游城市，而且旅游效益增速在全国同类风景旅游城市中名列首位，创下十余年以来增幅之最。2018 年张家界接待游客数量达到 7 959.55 万人次，实现旅游总收入 756.8 亿元，继续领跑中国同类型景区和旅游目的地城市，堪称中国最成功的旅游城市。据官方网络统计信息，2018 年张家界武陵源年接待游客量突破 3 000 万人次大关，达到 3 028.89 万人次，旅游总收入 262.52 亿元，分别增长 15.06%、20.04%，这是武陵源 30 年来年接待游客量达到的又一新高。武陵源区接待游客人数占张家界全市接待游客人数和旅游收入的 35.54%、34.69%。2019 年张家界入境旅游继续增长，入境旅游人数达 137.04 万人次，入境旅游收入达 8.02 亿美元，同比分别增长 178.65%、209.74%。

世界著名旅游城市张家界旅游的成功，还在于借城市文化品牌的原动力，借助世界上第一部 3D 电影《阿凡达》，将仙境般的张家界的景色推向世界。更重要的是，充分挖掘旅游城市的文化内涵，打造出湘西独特的旅游文化品牌，推出旅游演艺产品：实景剧《天门狐仙·新刘海砍樵》、印象剧《张家界·魅力湘西》、民俗歌唱演艺《老院子》等，极大地提升了张家界旅游的影响力，出现全国旅游界的"张家界现象"。

陕西作为南北狭长的省份，在南北方向，2020 年 10 月 11 日，才开通南北动车：西安—榆林、西安—安康，西安—延安高铁正在建设中，西安—十堰高铁、西安—安康高铁刚刚开工建设，使陕南秦巴山区旅游优势资源难以在全域旅游发展中凸显出来。2019 年陕西旅游收入列 9 地倒数第四。

中西部南北绿色经济带上，目前只有重庆奉节—湖北界和重庆巫溪—陕西界高速公路没有建设完工，其他路段全部高速化。重庆地形东西横宽，渝东地区至今没有列车线路（郑万高铁在建，将于 2022 年通车），影响到重庆融入南北旅游大通道，形成互动共赢的局面。2019 年重庆旅游收入列 9 地倒数第三。

内蒙古旅游资源禀赋数量相对中西部南北绿色经济带 9 地较弱，内蒙古的人口和土地面积位列 9 地中的倒数第一，预示游客在很长一段时间内在路途上，参与的旅游项目数量较少，旅游综合消费难以提高。由于内蒙古远离内陆中心城市，交通条件受制。内蒙古包头、鄂尔多斯等旅游城市目前通达全国各地的高铁较少（仅有包头—呼和浩特—北京高铁），在一定程度上限制了内蒙古的旅游发展。2019 年内蒙古旅游收入列 9 地倒数第二。

海南旅游资源禀赋丰富，但数量相对中西部南北绿色经济带 9 地较少，海南人口和土地面积比列 9 地的倒数第二，使琼州海峡通道建设的效益受到影响。由于海南岛远离内陆中心城市，交通条件受制。海南虽然开通了环岛高铁，但琼州海峡的阻隔，使环岛高铁无法与内地连接，极大影响海南的旅游效益，2018 年春节大雾频现导致琼州海峡长时间停航，就是最好的例证。2019 年海南旅游收入列 9 地倒数第一。

第5章 中西部南北绿色经济带的
交通格局

当人们进入信息时代时，现代快捷方便的交通网络影响着人们的出行。现代交通不仅为人们出行提供了方便，而且改变着人们的生活观念，并且成为各地经济发展的重要手段，特别是成为旅游业的新增长极，使大区域旅游成为现实。

2021 年 3 月 12 日，《中华人民共和国国民经济和社会发展第十四个五年规划和 2035 年远景目标纲要》提出"交通强国战略"，实施西部陆海新通道等一批强基础、增功能、利长远的重大项目建设。我国将交通强国战略，作为实现现代化的基本保障。

5.1 交 通 状 况

5.1.1 交通基本情况

中西部南北绿色经济带交通区位优势非常明显，陆、海、空网络连接基本形成。截至 2019 年底，中西部南北绿色经济带沿线 9 省区市高速公路通车里程 5 万多千米，各地高铁运营里程 9 万多千米（通往全国高铁里程有重复）。中西部南北绿色经济带沿线各地的陆地交通情况如表 5.1 所示。沿海各大港口之间互通航线，并且与东南亚相关国家开通游轮航线。各地级市基本上都开通了直达省会城市的航线，有的地级市还开通飞往国内各大中城市的航线，有的旅游城市与世界旅游城市互通航线，实现旅游景区的有效对接。

表 5.1 中西部南北绿色经济带沿线各地的陆地交通情况

交通线路	内蒙古	陕西	重庆	贵州	湖北	湖南	广西	广东	海南	合计
省内高速公路/千米	6 633	6 500	2 600	7 004	6 861	6 802	6 023	9 495	795	52 713
通往全国高铁/千米	917	15 187	12 164	10 936	16 648	14 642	11 448	10 986	647	93 575

注：通往全国高铁里程有重复

在公路方面，以高速公路 G65（包头—茂名）和国道 210（满都拉—防城港）为骨架形成南北快速通道，并且通过琼州海峡轮渡实现大陆与海南岛至三亚无缝对接。

主要南北通道线路为满都拉国际口岸—包头—西安—安康，再沿西南方向：安康—达州—重庆—贵阳—南宁—防城港—湛江—海口—三亚，而沿东南方向：安康—奉节—恩施—张家界—怀化—桂林—茂名—湛江—海口—三亚。

在铁路方面，随着满都拉铁路的建成，南北列车通道形成：满都拉国际口岸—包头—西安—安康，再沿西南方向：安康—达州—重庆—贵阳—南宁—湛江—海口—三亚，而沿东南方向：安康—襄阳—张家界—怀化—柳州—来宾—贵港—玉林—湛江—海口—三亚。

在高铁方面，包海高铁省会线已开通：银川—西安高铁、鄂尔多斯—榆林—西安动车、西安—成都—重庆—贵阳—南宁—北海高铁、海口—三亚高铁、万州—重庆高铁。延安—西安—安康高铁、贵阳—南宁高铁、北海—湛江高铁（时速 350 千米）进入开工建设期，安康—重庆高铁（时速 350 千米）、湛江—海口高铁（时速 350 千米）将于 2022 年开工修建，预计 2028 年包海高铁省会线贯通。

包海高铁直线支线已开通：鄂尔多斯—榆林—西安—安康动车、黔江—咸丰县—张家界城际列车、张吉怀高铁、铜仁—怀化高铁、三江—桂林—南宁—贵港高铁、贵港—玉林（陆川县）动车、茂名—湛江动车。郑万高铁（巫山—奉节）将于 2022 年开通，郑万高铁支线（奉节—巫溪）控制性工程放牛坪隧道贯通，怀化—桂林高铁“十四五”期间开工建设，安康—张家界快速铁路“十五五”期间启动，预计“十五五”期间包海高铁直线支线建成。

沿海各大港口之间在互通航线的基础上，先后开通国内外航海线：海口—三亚—三沙市、广州—三亚—泛北部湾，湛江—越南—马来西亚班轮快线、广州—香港—三亚—越南下龙湾—越南岘港邮轮航线、防城港—越南下龙湾—越南岘港—越南笥庄邮轮航线等。

在航空线方面，中西部南北绿色经济带沿线在各地级市开通直达省会城市航线的基础上，不断扩大到国内外旅游城市的航线，使中西部南北绿色经济带旅游节点城市与国内外旅游城市实现无缝对接。

5.1.2　交通发展格局

2006 年 12 月，赵临龙提出"构建我国中西部南北旅游大通道的设想"[①]，引起人们高度关注。

2014 年 11 月 9 日，由中国经济体制改革研究会产业改革与企业发展委员会等机构举办的"2014 新丝绸之路经济带建设研讨会"在西安举行，会议报告《丝绸之路引领下的我国中西部南北旅游大通道构建的思考》[②]，成为人们热议的话题。

2015 年 1 月 4 日，陕西省发展和改革委员会邀请中西部南北绿色经济带沿线的发展和改革委员会等机构，在西安召开"包海高铁通道项目前期座谈会"，会议达成广泛共识，共同向国家争取使该项目纳入国家"十三五"规划并尽快启动实施。

2015 年 3 月全国两会提交"包海西部高铁"提案；2016 年 3 月全国两会批准《中国国民经济和社会发展第十三个五年规划纲要》，"包海高铁"列为建设项目。2016 年 7 月 20 日，国家发展改革委发布《中长期铁路网规划》（2016~2025 年），"包海通道"成为全国"八纵八横"南北高速铁路主通道之一。从民间"南北旅游大通道"的热议话题到全国两会"包海高铁"提案，再到国家"十三五"规划纲要采纳包海高铁，再到"包海通道"进入国家《中长期铁路网规划》，充分说明包海通道在国家战略中的重要性。

当前，从包海高铁北段的鄂尔多斯乘动车经西安换乘高铁到达南宁，再换乘动车可达包海高铁南段的玉林，标志着包海高铁直线线路已客观存在。

同时，在国家铁路网中，与包海通道铁路存在横向联系的既有铁路：天津—北京—呼和浩特—包头—乌鲁木齐、天津—北京—大同—鄂尔多斯—银川、连云港—郑州—西安—兰州（西宁）—乌鲁木齐、上海—南京—合肥—武汉—安康—成都（重庆）、杭州—武汉—恩施—重庆—成都、上海—杭州—南昌—长沙—张家界—重庆—成都、福州—南昌—怀化—铜仁（凯里）—贵州—昆明、厦门—桂林—柳州—贵阳—昆明、广州—玉林—贵港—南宁、广州—茂名—湛江、北海（防城港）—钦州—南宁—昆明等。"包海通道"的旅游节点城市沿这些铁路通道将旅游线路延伸辐射到东西方向。

在公路方面，以包头—茂名高速公路和满都拉—防城港国道为骨架形成南北快速通道，并且通过琼州海峡轮渡实现海安到海口至三亚无缝对接。截至 2021 年初，南北通道高速公路：满都拉国际口岸—包头—西安—安康—达州—重庆—贵阳—南宁—防城港—湛江—海口—三亚高速公路全线贯通，随着重庆巫溪连接

① 赵临龙. 构建我国中西部南北旅游大通道的设想[J]. 绿色中国，2006，（23）：67-69.
② 赵临龙. 丝绸之路引领下的我国中西部南北旅游大通道构建的思考[C]. 陕西改革与新丝路新城镇建设研究 2014 年优秀论文集，2014：306-314.

陕西界 50 千米高速公路和重庆奉节连接湖北界 50 千米高速公路修建完工，预计"十四五"期间包海通道高速公路直线走向：满都拉国际口岸—包头—西安—安康—奉节—恩施—张家界—怀化—桂林—玉林—湛江—海口—三亚会全线贯通。

同时，在国家"五纵七横"公路网中，除东北的绥满通道［绥芬河—满洲里］外，其他 6 条通道都与"包海通道"高速公路有横向联系，其中丹东—拉萨干线［丹东—北京—呼和浩特—包头—银川—西宁—拉萨］、青岛—银川干线［青岛—济南—石家庄—太原—榆林—银川］、连云港—霍尔果斯干线［连云港—郑州—西安—兰州—乌鲁木齐—霍尔果斯］、上海—成都干线［上海—南京—合肥—武汉—恩施（万州）—重庆—成都］、上海—瑞丽干线［上海（宁波）—南昌—长沙—怀化—贵阳—昆明—瑞丽］、衡阳—昆明［衡阳—桂林—南宁—昆明（友谊关）］。"包海通道"的旅游节点城市沿这些公路通道将旅游线路延伸到东西方向，形成国内旅游线路网。

在航海线方面，从桂林兴安的湘桂运河到玉林的"海上丝绸之路"内陆江河始发港和北海合浦、湛江徐闻的"海上丝绸之路"出海口，再经过海口到三亚凤凰岛国际邮轮港的"通天大道"通向世界。

在航海线方面，沿海各大港口之间在互通航线的基础上，扩大游轮开通区域，并且积极与东南亚相关国家开通游轮航线。先后开通国内外航海线：海口—三亚—三沙市、三亚—广州、三亚—泛北部湾旅游航线，湛江—越南—马来西亚班轮快线、广州—香港—三亚—越南下龙湾—越南岘港邮轮航线、防城港—越南下龙湾—越南岘港—越南笀庄邮轮航线等。尤其是随着三亚凤凰岛国际邮轮港母港的启用，来自欧美等国家的国际邮轮重启三亚的"21 世纪海上丝绸之路"旅游航线。

2019 年随着三亚凤凰岛国际邮轮港母港的启用，"21 世纪海上丝绸之路"航线重启。2019 年新年三亚就迎来 3 艘国际邮轮港，1 月 31 日，世界知名邮轮公司荷美邮轮旗下的"威斯特丹号"抵达三亚，成为 2019 年首艘到访三亚的国际邮轮，邮轮从美国阿拉斯加出发，途经新加坡—马来西亚—泰国—菲律宾—越南—中国三亚—中国香港—日本—美国。来自美国、澳大利亚、英国、荷兰、日本、韩国和中国台湾、中国香港等的 1 855 名游客搭载该邮轮抵达三亚，感受天涯海角的魅力。2 月 4 日，始发于欧洲的"世鹏赞礼号"邮轮到访三亚，来自欧洲、中国的乘客 557 位（其中中国乘客 12 位）游览三亚。2 月 6 日大年初二，银海邮轮公司旗下的国际邮轮——"银影号"到访三亚，388 名入境旅客感受鹿城的绚丽风光与中国传统的年味，其中邮轮上 50 余名美国等地的游客前往三亚南山文化旅游区参观游览，品尝长寿岛的素斋。

在航空线方面，中西部南北绿色经济带沿线在各地级市开通直达省会城市航线的基础上，不断扩大到国内各大城市的航线，并且积极开通旅游城市到世界旅游城市的航线。目前，各省区市中心城市及著名旅游城市桂林市、张家界市、三亚市、北海市、钦州市、湛江市、包头市、鄂尔多斯市等都开通了国际航线，与中西部南北绿色经济带上其他旅游节点城市实现无缝对接。

2021 年 2 月 24 日，《国家综合立体交通网规划纲要》提出：构建"6 主轴 7 走廊 8 通道"综合交通网主骨架，其中"京津冀—重庆"主轴；"西部陆海"走廊；"福银支线"通道和"二湛通道"，都涉及中西部南北绿色经济带所在区域。

5.2　交通格局对旅游的影响

随着现代交通的形成，交通也成为拉动经济的增长极，尤其是随着我国高铁的兴起，其带来的人流、物流、信息流等现代移动快捷形式的优势呈现出来。当今，交通格局决定旅游格局，交通成为旅游大发展的重要前提条件。

5.2.1　交通格局的积极作用

（1）交通使旅游成为经济欠发达地区的支柱产业。旅游是"旅行"和"游览"的统一体，旅行是游览的前提和基础，游览是旅行的结果和收获。过去，在交通条件不发达时，旅游是极少数休闲人士的户外活动，对于大多数人来说是一种向往。而今，随着条件的改善和人民生活质量的提高，旅游走向大众化和常态化。尤其是，随着快捷方便的交通的形成，旅游成为朝阳产业。

现以经济欠发达地区的安康市为例，说明交通在经济发展中的重要作用。陕西省最南端的安康市，地处四川、重庆、湖北交界处，北依秦岭，南靠巴山，汉水横贯东西。安康市面积 23 529 平方千米，常住人口 267.49 万人（截至 2019 年底）。秦巴山区位于亚热带与温带的分界处，秦岭为中国南北地理分界线，大巴山为我国动植物的过渡带，绿水青山，拥有丰富的旅游资源，安康市被誉为"中国自然国心"，不仅是中国动植物的基因库，还是中国历史上重要的移民区，构成了中国方言聚集的语系库，既是中国民间习俗的感受地，也是中国饮食文化的交汇地，构成真正意义上的"吉祥安康"[①]。

安康地处秦巴山区，出于历史原因，受交通阻隔影响，这里的自然风光和人文底蕴藏在深山之中不为人知。2000 年以前，安康市政府所在地汉滨区，到省城西安坐火车沿阳安线经过甘肃省绕道西安需要 20 个小时，坐汽车翻越秦岭直达西安需要 10 余个小时。

---

① 赵临龙. 《汉水安康》纪录片对打造安康旅游文化品牌的启示[J]. 安康学院学报，2018，30（1）：10-14.

2001 年 1 月 8 日，西康铁路开通，安康到西安时间缩短到 5 小时以内，使安康成为西安半日经济圈的后花园。随着西康铁路的开通，安康一夜间成为省城西安人领略山水自然风光的观光地，爆满的游客使安康主城住宿一度紧张。2001 年，安康市共接待旅客 60 万人次，旅游综合收入达 1.8 亿元，增长量分别为 20% 和 80%（表 5.2），远远超过地区生产总值的增长量（6.6%），随后安康市提出，"把旅游业培育成拉动消费的龙头和经济的主导产业"。

表 5.2　2001~2019 年安康市旅游效益

年份	旅游接待量		旅游综合收入	
	万人次	增长	亿元	增长
2001	60	20%	1.8	80%
2002	72	20%	2.16	20%
2003	75	4.2%	2.25	4.2%
2004	100.8	34.4%	3.46	53.8%
2005	130	29.0%	4.16	20.2%
2006	160	23.1%	5.6	34.6%
2007	206.8	29.3%	7.2	28.8%
2008	313	51.4%	11.2	55.6%
2009	600	91.7%	21.83	94.87%
2010	1 219	103.1%	47.68	118.42%
2011	1 561	28.2%	63.38	27.5%
2012	1 836.8	17.6%	76.22	20.3%
2013	2 166	17.9%	95.3	25.0%
2014	2 529	16.75%	119.91	25.9%
2015	2 851.25	12.7%	144.9	20.8%
2016	3 279	15.0%	171.25	18.2%
2017	3 788	15.5%	228.53	33.5%
2018	4 578	20.9%	293.81	28.6%
2019	5 102.76	11.5%	329.14	12.0%

资料来源：安康市统计局网页

2009 年 4 月 28 日，西康高速公路开通，安康到西安时间缩短到 3 小时以内，安康旅游迎来了新的春天。2010 年安康市旅游接待旅客量由 2009 年的 600 万人次上升到 1 200 万人次以上，旅游综合收入达 47.68 亿元，增长量分别为 103.1% 和 118.42%（表 5.2），旅游收入占地区生产总值的 14.57%，逐步使安康旅游成为安康经济发展的 6 大支柱产业之一。

2019 年 12 月 26 日西康列车提速, 安康到西安时间缩短到 3 小时以内, 而且以安康为中心南北到西安、达州, 东西到十堰、汉中铁路和高速公路都在 3 小时内。2019 年安康市旅游接待量上升到 5 100 万人以上, 旅游综合收入近 330 亿元(表 5.2), 旅游收入占国内生产总值的 27.85%。

2020 年 10 月 11 日安康—西安动车开行, 安康到西安时间缩短到 2 小时以内, 进一步推动安康市的旅游发展。

(2)高铁成为现代社会发展的引擎。高铁的出现, 不仅改变了人们的出行方式, 更重要的是改变了人们的生活观念。"高铁经济效应"呈现出来, 具体影响表现在以下几个方面。

"同城效应": 高铁使城市与城市之间的空间距离大大拉近, 改变了人们的时空观念, 也改变了人们的生活方式。

"扩散效应": 高铁沿线中心城市, 将优势资源向中小城市扩散, 促进沿线中小城市的经济发展。

"聚集效应": 高铁站点城市作为当地的交通枢纽, 能够吸引全国各地的人才、资金、信息、技术等资源向高铁城市聚集, 商业投资增多, 促进经济快速增长。

"虹吸效应": 高铁使经济欠发达地区的资本、人才被经济更发达、发展更成熟的大城市吸引。

"过道效应": 高铁使旅游跳过非优势区域, 将距离大城市较近的旅游区旅客引到旅游特色亮点鲜明的城市。

西安作为通达全国各地的高铁站, 正在形成"米"字形的高铁网络直达全国各地, 实现省内半小时到渭南、1 小时到宝鸡、2 小时到延安和汉中; 省外 2 小时到郑州, 3 小时到兰州, 4 小时到西宁、成都和太原, 5 小时到北京, 6 小时到重庆, 7 小时到天津和贵阳, 9 小时到济南, 10 小时到南昌, 11 小时到广州和昆明, 12 小时到南宁, 13 小时到福州, 16 小时到沈阳等。

从 2007 年西安—延安动车开通, 到 2010 年西安—郑州、2014 年西安—太原、2016 年西安—兰州、2017 年西安—成都、2020 年西安—银川等周边地区高铁开通, 西安市逐步向全国各地开通高铁, 成为全国和世界的旅游城市。2016 年随着西安—兰州高铁开通, 3 小时行程将"一带一路"的两座城市连接起来, 使交通格局发生重大变化, 铁路客运量稳步上升, 而公路客运量开始下降, 铁路客运量由 2016 年的 4 000 多万人次增加到 2017 年的近 4 500 万人次, 而公路客运量由 2016 年的 15 700 多万人次减少 100 多万人次。2017 年西安—成都高铁开通, 4 小时行程将北方关中平原与南方成都平原连接起来, 铁路客运量由 2017 年近 4 500 多万人次到 2018 年猛增加 1 500 多万人次, 而公路客运量由 2017 年的 15 600 万人次继续减少 40 多万人次(表 5.3)。

表 5.3　2015~2019 年西安市旅游与交通客运量

年份	旅游人数/万人次	旅游收入/亿元	公路客运量/万人次	铁路客运量/万人次	民航客运量/万人次
2015	13 600.8	1 073.69	18 048	3 982	3 297
2016	15 012.56	1 213.81	15 773	4 016.66	3 970.34
2017	18 093.14	1 633.30	15 601	4 499.79	4 185.74
2018	24 738.75	2 554.81	15 556.57	6 021.29	4 467.42
2019	30 110.43	3 146.05	14 361	6 331.54	4 722.07

资料来源：数据根据《西安统计年鉴》整理而来

　　2019 年，西安市接待游客突破 3 亿人次，旅游业总收入超 3 100 亿元。2019 年西安市 5 次入围携程国内旅游城市十大人气目的地、全国十大热门旅游城市、十大最安全旅游城市、全国夜间经济十强城市、最具历史文化底蕴文明旅游城市，荣膺 IAI 国际旅游营销金奖，作为国内唯一受邀城市在 2019 ITB China（国际旅游博览会）做经验分享。2019 年西安市位列十大入境游热门城市排行榜第 9 位，并被评为 2020 年全球 20 个热门旅游目的地。

5.2.2　交通格局的负面影响

　　高铁带动了旅游节点城市的发展，尤其是对旅游资源丰厚的大城市更是锦上添花。但高铁也会带来负面影响，对于旅游非优势区域和距离旅游优势区域较近的旅游区影响较大。

　　"虹吸效应"：高铁的同城化将高铁沿线的中小城市的资本、人才吸引到经济更发达、发展更成熟的大城市，使该区域遭遇企业减少、人才流失等困境[①]。

　　这种虹吸效应在旅游旺季和节假日时有发生，对于高铁路段中间的中等旅游节点城市，就出现了一票难求的"虹吸效应"。例如，西安至延安动车的第一站（40 分钟）陕西省蒲城县，为陕西省级历史文化名城，拥有唐代帝王五陵墓等旅游资源，被美誉为"将相故里"。但从西安始发的动车票都"虹吸"到革命圣地延安，而无法买到西安—蒲城的动车票。

　　同样，中西部南北绿色经济带结合处的湖北省恩施市，由于恩施大峡谷知名度的提升，逐渐成为人们新的旅游目的地。但武汉—恩施—重庆的高铁，在旅游旺季里就难以买到武汉到恩施的高铁票，都将武汉的票"虹吸"到重庆。

　　"过道效应"：对于旅游品质较弱的景区，以及缺乏旅游特色亮点的旅游城市，很容易被旅客跳过到旅游优质景区或旅游特色亮点鲜明的城市[②]，距离大城市较近

---

① 张丽，吴小涛. 高铁对城市经济增长效应的实证分析[J]. 统计与决策，2017，（17）：152-154.

② 陈东旭. 高铁经济带、过道效应与非中心区域旅游业发展策略——以肇庆市为例[J]. 贵州师范学院学报，2018，34（5）：14-19.

的旅游区的旅客被吸引到大城市开展夜间旅游，过夜旅客数量减少。

高铁的快捷方便使人们的时空观念发生变化，人们原本打算旅游停留的地方，也被高铁"虹吸效应"带回省城参加新的夜间旅游活动。例如，西安—汉中—成都高铁开通，从汉中到西安1小时多点到达，使一些游客游完汉中景区后，傍晚就赶回西安参加大唐芙蓉园不夜城游览，减少了汉中旅游的过夜消费。

因此，相对而言的旅游非优势区域，必须在旅游特色亮点上下功夫，避免同质化的旅游景区建设，以独特的旅游优势吸引旅客避免"虹吸效应"将旅客吸引到旅游优势区域。

同时，注意夜间旅游项目开发，通过旅游活动的参与性将旅客留下来，避免"虹吸效应"将旅客吸引到条件优越的大中城市。许多大中城市周边的旅游区，通过避暑之地将城市的旅客留下来，或通过文化演出活动将来自四面八方的旅客留下来。例如，汉中市在兴汉胜境景区增加情景剧"天汉传奇"的文化演出，将旅客留在汉中过夜，增加旅游效益。

实践篇：中西部南北绿色经济带构建的实证分析

第6章 银川市旅游状况的分析与发展策略

　　银川市是宁夏回族自治区首府，地处我国西北地区、宁夏平原中部，是沿黄城市群核心城市，2016 年国务院批复确定银川市为中国西北地区重要的中心城市。它是中蒙俄新亚欧大陆桥经济走廊核心城市，是国家向西开放的窗口。中国-阿拉伯国家博览会的永久举办地。截至 2019 年，全市总面积 9 025.38 平方千米，常住人口 229.31 万人[①]。

　　银川市是历史悠久的塞上古城，史上西夏王朝的首都，古丝绸之路商贸重镇，是民间传说中的"凤凰城"，素有"塞上江南、鱼米之乡"的美誉，是国家历史文化名城。荣获全国文明城市、中国优秀旅游城市、中国最佳生态旅游城市、中国十佳节庆城市、国家园林城市、国家卫生城市、国家环保模范城市、中国绿色经济十佳城市、中国宜居城市、中国十大特色休闲城市、中国十大最具幸福感的城市、中国十佳和谐可持续发展城市、中国最具国际影响力城市、中国最具海外影响力城市等，2012 年荣获"中国十大新天府"、中国特色魅力城市 200 强，2017 中国智慧城市发展示范城市，2018 年获全球首批"国际湿地城市"称号，2019 年被命名为"全国民族团结进步示范市"，如今银川市综合竞争力跻身全国百强。

---

　　① 银川市 2019 年国民经济和社会发展统计公报[EB/OL]. 银川市统计局，http://www.tjcn.org/tjgb/30nx/36345.html，2020-04-19.

6.1 银川市旅游状况的分析

6.1.1 银川市的优质旅游资源

银川市优质旅游资源非常丰富。截至 2019 年，银川市在宁夏回族自治区 10 大优质旅游资源中占 7 类（表 6.1），其中国家风景名胜区、国家一级博物馆、5A 级旅游景区等，占据宁夏回族自治区的半壁江山。

表 6.1　银川市优质旅游资源情况

地区	国家风景名胜区	国家历史文化名城	国家一级博物馆	国家级水利风景区	5A 级旅游景区	国家自然保护区	国家森林公园
宁夏	2	1	2	12	4	10	4
银川市	1.西夏王陵	1.银川	1.宁夏回族自治区博物馆	1.黄河横城旅游度假区 2.鸣翠湖国家湿地公园 3.灵武市鸭子荡 4.艾依河	1.灵武水洞沟 2.镇北堡西部影视城	1.灵武白芨滩 2.宁夏贺兰山国家森林公园	1.宁夏贺兰山
占比	50.00%	100%	50.00%	33.33%	50.00%	20.00%	25.00%

6.1.2 银川市交通格局状况

银川市公路有 6 条国道通往全国各地，京藏高速公路、青银高速公路、福银高速公路、银川—阿拉善高速公路，以及 109 国道、110 国道等穿境而过。2019 年银川境内有高速公路 125 千米，公路客运量 2 222 万人次。

铁路有太中银铁路、包兰铁路经过银川市，2019 年铁路客运量 413 万人次。2020 年 12 月 26 日，银川至西安高铁正式开通运营，银川市进入全国高铁网。

航空有银川河东国际机场，已开通全国直辖市、省会及首府、计划单列市城市，以及至香港、台北的航线，还有首尔、曼谷的国际航线，可起降波音、空客等大中型客机。2019 年民航客运量 499.28 万人次。

银川市市内有 BRT（bus rapid transit，快速公交系统）公交线路，2012 年 9 月 10 日，银川汽车站—宁朔街站约 20 千米的 BRT 一号线正式启用，共有 21 条支线公交线路进入 BRT 站台，BRT 每天运送乘客 7 万人次左右。

《国家综合立体交通网规划纲要》，提出构建 6 条主轴、7 条走廊、8 条通道的交通框架。其中 7 条走廊中,有京藏走廊、西部陆海走廊过银川;8 条通道中,有福银通道过银川等线路。

6.1.3 银川市旅游交通效益状况

(1)银川市的旅游状况分析。银川市旅游效益伴随着国民经济生产总值的增加不断增长。

从表 6.2 可以看出,2015 年以来,银川市经济生产总值逐年增长,而且增长率保持在 6% 以上,2015 年经济生产总值是 1 480.73 亿元,到 2019 年经济生产总值达到 2 021.27 亿元。说明银川市国民经济生产势头良好。

2016 年以来,银川市旅游总人数、旅游总收入也是同步增长,旅游总人数、旅游总收入年增长率分别保持在 10%、11% 以上,而且旅游总收入占生产总值的百分比在 6% 以上。说明银川市旅游业逐步成为银川市国民经济的朝阳产业。

表 6.2 2015~2019 年银川市旅游效益与地区生产总值

年份	旅游总人数/万人次	同比增长	旅游总收入/亿元	同比增长	生产总值/亿元	同比增长	旅游总收入占生产总值比
2015	741.36	10.7%	93.40	13.9%	1 480.73	8.3%	6.3%
2016	869.52	17.3%	104.00	11.3%	1 617.28	8.1%	6.4%
2017	1 283.90	47.7%	149.53	43.8%	1 803.17	8.0%	8.3%
2018	1 658.21	16.4%	148.8	15.8%	1 901.48	7.2%	7.8%
2019	1642	16.9%	168	14.2%	2 021.27	6.3%	8.3%

资料来源:银川市国民经济和社会发展统计公报

(2)银川市交通业发展状况。从表 6.3 可以看出,2015 年以来民航客运量逐年增加,在 2018 年首次超过铁路的客运量,至 2019 年客运近 500 万人次,未来前景看好;2015 年以来铁路客运量基本维持平衡,客运量基本保持在 400 余万人次以上,随着 2020 年底银西高铁开通,铁路客运量将有所上涨;2015 年以来公路客运量逐渐减少,至 2019 年降到 2 222 万人次,而且随着银西高铁开通,公路客运量降低速度将加快,即航空、铁路未来客运量前景看好,公路将受到影响。

表 6.3 2015~2019 年银川市交通客运量情况 　　　　　单位:万人次

年份	铁路客运量	同比	公路客运量	同比	民航客运量	同比
2015	408.9	6.0%	3 305	−0.3%	256	14.2%
2016	416.16	1.8%	3 447	−4.3%	298	16.4%
2017	401.6	−1.8%	2 862	−17.7%	351.66	37.4%
2018	409.49	2.0%	2 378	−16.9%	443.1	8.0%
2019	413.0	0.9%	2 222	−6.6%	499.28	31.1%

资料来源:银川市国民经济和社会发展统计公报

从表 6.4 可以看出，银川市旅游收入与交通客运量的关联度从强到弱为：民航客运量、铁路客运量、公路客运量。但从 2019 年交通客运量总人次看，目前公路排第一位、航空排第二位、铁路排第三位。即未来公路、航空、铁路可能仍然是银川旅游交通工具的选择，说明在长途运输中，航空、铁路仍然有较大优势；但在短途运输中，公路仍然有一定优势。

表 6.4　银川市旅游收入与交通客运量的相关关系

变量		旅游收入	铁路客运量	公路客运量	民航客运量
旅游收入	皮尔森（Pearson）相关	1	−0.120	−0.971**	0.964**
	显著性（双尾）		0.848	0.006	0.008
	N	5	5	5	5

**相关性在 0.01 显著（双尾）

（3）银川市"十三五"旅游效益预测。《银川市旅游业发展总体规划（2013~2025）》提出到"十三五"末，银川市接待国内外游客 1 555.28 万人次，旅游总收入达到 235.23 亿元，旅游总收入占国民经济生产总值达 10.86%。

2019 年银川市旅游接待总人数 1 642 万人次，超过规划指标。2019 年银川市旅游总收入达 168 亿元，按年平均增长率 15.81% 计算，理论上测算到"十三五"末银川市旅游收入为 194.57 亿元。与规划旅游总收入 235.23 亿元，相差近 40 亿元，而且 2016~2019 年，银川市旅游总收入占国民经济生产总值的百分比都在 10% 以下，未达到规划占比的 10.86%。

这预示着银川市需在"十四五"期间，将旅游总收入作为重要问题加以研究解决。《银川市国民经济和社会发展第十四个五年规划和 2035 年远景目标纲要》，对银川市旅游未提出硬性指标要求。但银川市地区生产总值年均增速为 6%，这样到 2025 年，银川市旅游总收入为 296.98 亿元。在 2019 年基础上，银川市旅游收入年平均增长率保持 12.07%，"十四五"末旅游收入应达到规划目标。

6.2　银川市旅游发展的策略

6.2.1　银川市旅游发展的优势

（1）自然与人文相结合的优质旅游资源体现民族特色。截至 2019 年，银川市拥有国家风景名胜区——西夏王陵，5A 级景区 2 家——灵武水洞沟旅游区、镇北堡西部影视城，4A 级景区 8 家，占宁夏的半壁江山。在宁夏 10 大优质旅游资源中占 7 类，由黄河绿洲构成的大自然风光：国家级水利风景区、国家自然保护区、国家森林公园等，成为名副其实的"塞上江南"；同时宁夏回族自治区博物馆为宁夏回族自治区的中国国家一级博物馆，很好地突出了宁夏民族特色。

　　始建于 11 世纪初至 13 世纪初的西夏王陵，是西夏历代帝王陵及皇家陵墓，是中国现存规模最大、地面遗址最完整的帝王陵园之一。其吸收自秦汉以来，唐宋皇陵之所长，又受佛教建筑影响，成为中国陵园建筑中别具一格的形式，在中国 119 处国家重点风景名胜区中，西夏陵是唯一的以单一的帝王陵墓构成的景区，有东方金字塔之称，它更是党项族严密的政治制度和比较完善的法律的象征，而且拥有独树一帜的西夏文字，在中国文化渊源史上散发出熠熠夺目的光彩。

　　（2）西部陆海走廊优势形成中蒙俄新亚欧大陆桥经济走廊核心城市。2020年 12 月 26 日，银川至西安高速铁路正式开通运营，使银川市进入高铁时代，并且银川开通了至西安、郑州、杭州、上海等多个方向的动车。在《国家综合立体交通网规划纲要》中，西部陆海走廊：甘其毛都—银川—重庆—贵阳—南宁—湛江—海口—三亚，使银川成为西部陆海走廊进入中蒙俄新亚欧大陆桥跨境最近的省级城市；同时，京藏走廊：北京—呼和浩特（石家庄—太原）—银川—兰州—西宁—拉萨—亚东、福银通道：福州—南昌—武汉—西安—银川等线路，使银川成为东中部大都市通往西部的重要节点城市。

　　银川河东国际机场，在开通全国重要城市航线的基础上，还开通了首尔、曼谷等国际航线，使银川成为中蒙俄新亚欧大陆桥连接亚洲东部相关国家和地区的重要门户城市。

　　（3）中国-阿拉伯国家博览会的永久举办地推动中国西北地区重要的中心城市建设。从 2013 年起，中国·阿拉伯国家经贸论坛升格为中国-阿拉伯国家博览会，并且博览会永久举办地落户银川市，以经贸合作为核心，以科技和农业合作为支撑，围绕商品贸易、服务贸易、技术合作、投资合作、旅游合作等领域开展互利互惠的贸易交流活动，为"一带一路"沿线国家和相关国家提供广阔的经贸合作机遇，极大地提升了银川市的国际影响力，并且推动银川市朝着国际城市迈进。

6.2.2　银川市旅游发展中的主要问题

　　（1）陆海廊道区域交通网还没有形成。银川市作为陆海廊道交通枢纽城市，在推动中蒙俄新亚欧大陆桥形成上责任重大。目前 2021 年《国家综合立体交通网规划纲要》提出的西部陆海走廊：甘其毛都—银川—重庆—贵阳—南宁—湛江—海口—三亚，建设期还很长，尤其是甘其毛都—银川—重庆段还没有进入实施阶段，连接东部方向的银川—包头高铁于 2021 年开工建设，但银川—乌海市—鄂尔多斯没有直达铁路，凸显这"一"横的交通缺陷；连接西部方向的银川—兰州列车动车还没有开行。

更重要的是，银川作为国家向西开放的窗口，目前仅开通亚洲东部相关国家和地区的航线：首尔、曼谷国际等，没有开通直达亚洲西部阿拉伯国家的航线，影响中国-阿拉伯国家博览会的永久举办地的地位和作用最大限度的发挥。

（2）优质旅游资源挖掘提升和保护利用需要扩大。截至2019年，银川市优质旅游资源占据宁夏回族自治区的半壁江山，但整体数量依然偏少，导致旅游游览项目有限，结果在"十三五"期间，银川市旅游接待总人数超过《银川市旅游业发展总体规划（2013~2025）》指标，而银川市旅游收入与规划旅游总收入有差距，并且银川市旅游总收入占国民经济生产总值的百分比也没有达到规划要求。

具有世界吸引力的国家风景名胜区西夏王陵，是现存规模最大的一处西夏文化遗址，2012年被国家文物局列入中国世界文化遗产预备名单，但至今没有打造成为国家A级景区的较高级别。

银川是西夏王朝的首都，素有"塞上江南、鱼米之乡"的美誉。黄河风情成为银川靓丽的风景线，而且银川黄河东岸的西夏城是明清河东八景之一"横城古渡"的旧址，距今已有500多年的历史。据史书记载，康熙亲征噶尔丹就在此渡河。黄河情、西夏城（国家4A级景区黄河横城旅游度假区）、宁夏回族自治区博物馆（国家一级博物馆）还没有形成国家历史文化名城银川的文化旅游主题线路。

贺兰山岩画（国家4A级景区）位于西夏区贺兰山东麓贺兰口内，山口内有千余幅岩画分布在沟谷两岸绵延600多米的山崖石壁上。以人类画像为主的岩画占岩画总数的一半以上，其次为牛、马、羊、驴、鹿、鸟、狼等动物图形。此外，还凿刻有狩猎、祭祀场面的图案和日、月、星、辰、人手、人脚及西夏文字等，堪称一处珍贵的民族艺术画廊。同时，西夏区贺兰山东麓的三关口明长城，系银川通往内蒙古自治区阿拉善左旗的交通要道。明朝政府为了边防安全，在三关口筑长城（明称为边墙）、设关隘，成为当时宁夏镇城防的"四险"之一，颇有"一夫当关，万夫莫开"之势。三关口绵延纵横的长城与墩台、烽火台左右联属，有西控大漠、扼咽喉要道之险。贺兰山岩画、贺兰山三关口明长城又是银川旅游文化的看点，但贺兰山旅游文化廊道没有完全形成。

（3）新亚欧大陆桥经济走廊核心城市品牌打造需要创新。2016年9月，《国务院关于银川市城市总体规划的批复》提出，逐步把银川市建设成为经济繁荣、社会和谐、民族团结、生态良好、特色鲜明的现代化城市—西北地区重要的中心城市。要求依托银川"塞上湖城"的自然形态，做好城市整体设计，加强对建筑高度、体量和样式的控制和引导，保护好山水、岸线和视线通廊，突出银川市的地域特征、民族文化和时代风貌。

2019年中国百强城市排行榜中，银川市没有进入，而周边地区的鄂尔多斯市列 46 位、包头市列 69 位、榆林市列 74 位。2019 年银川、鄂尔多斯、包头、榆林四地国民经济总产值、旅游总收入分别是 2 021.27 亿元、168 亿元；3 605 亿元、508 亿元；2 714.5 亿元、620.2 亿元；4 136.28 亿元、276.57 亿元，银川市国民经济总产值较 4 地中较低的包头市相差近 700 亿元，旅游总收入较 4 地中较低的榆林市相差 100 亿元。

目前银川市不论是在旅游景区建设还是在旅游品牌打造方面，都存在数量与质量的问题，在文旅融合和文旅体验方面，银川城市形象宣传片《这里是银川》，银川形象标识语"塞上湖城，精彩银川"，以及旅游服务、旅游消费等方面，面对周边地区的竞争，都与一流旅游胜地有一定差距。因此，银川市在西北地区重要的中心城市建设中，打造城市品牌还需要创新。

6.2.3　银川市旅游发展的建议

（1）以"一带一路"引领中西部地区陆海廊道主通道建设。2021 年 2 月 24 日《国家综合立体交通网规划纲要》提出的西部陆海走廊，为银川与沿线城市共同打造中蒙俄新亚欧大陆桥创造了机遇。

银川市应抓住新时代西部大开发的机遇，以"一带一路"引领推动陆海廊道建设，努力提升银川国际化城市形象，彰显银川市作为陆海廊道主通道的交通枢纽城市的辐射作用，成为国家"一带一路"的重要门户城市。

同时，银川要充分利用银西高铁融入全国南北旅游大通道直线支线：银川—西安—安康—张家界—桂林—湛江—海口—三亚中，使银川成为南北旅游大通道上的塞上江南，并且延伸到甘其毛都国际口岸，成为北方大漠中的绿洲。在中国境内形成旅游环线：银川—西安—成都/重庆—昆明—贵州—南宁—湛江（—海口—三亚）—桂林—张家界—西安—包头—银川，与银川—甘其毛都廊道相连直达蒙古国首都乌兰巴托，形成中西部的陆路旅游通道。

（2）以银川元素形成文旅融合创建城市品牌。银川作为历史上西夏王国的首都，西夏文化、伊斯兰文化、边塞文化、丝路文化、移民文化等多种文化激荡交融，"中华回乡"造就的回族饮食，兼具中原传统和穆斯林的双重风味，是回族文化和中原文明融合的结果。明清时代的边防城堡——镇北堡西部影视城，被誉为"中国一绝"，在此摄制影片之多、升起明星之多、获得国际国内影视大奖之多，皆为中国各地影视城之冠，被誉为"东方好莱坞"。

黄河、贺兰山形成的"塞上江南"的自然风光，打造了一批优质旅游资源，国家级水利风景区：黄河横城旅游度假区、鸣翠湖国家湿地公园、灵武市鸭子荡水利风景区、艾依河水利风景区，国家自然保护区：灵武白芨滩自然保护区、宁夏贺兰山国家森林公园自然保护区，国家森林公园：宁夏贺兰山国家森林公园等，其中有国家生态 4A 级景区：银川黄河军事文化博览园、黄河横城旅游度假区、黄沙古渡原生态旅游区、鸣翠湖国家湿地公园、宁夏贺兰山国家森林公园等，构成"塞上江南"的风景线。

银川市要充分发挥人文和自然旅游优势资源，依托国家风景名胜区西夏王陵风景名胜区、中国国家一级博物馆宁夏回族自治区博物馆，并且结合两个 5A 级景区镇北堡西部影视城旅游景区、灵武水洞沟旅游景区，融入生态旅游优质资源：国家级水利风景区、国家自然保护区、国家森林公园等，大力提升银川市国际旅游影响力。

在自然资源利用中，发挥黄河、贺兰山的绿水青山财富，实现金山银山的可持续发展。将黄河沿线旅游景区：银川黄河军事文化博览园（4A 级）、黄河横城旅游度假区（4A 级）、黄沙古渡原生态旅游区（4A 级）、鸣翠湖国家湿地公园（4A 级）、灵武市鸭子荡水利风景区、艾依河水利风景区，灵武白芨滩自然保护区等串联起来，打造黄河一线游；将贺兰山线旅游景区：贺兰山岩画（国家 4A 级景区）、宁夏贺兰山国家森林公园（4A 级）、贺兰山三关口明长城等，打造贺兰山一线游，构成"塞上江南"的生态旅游风景线。同时，充分利用"塞上江南"的避暑胜地优势，打造银川夏季清凉世界品牌。

在文化品牌打造中，将银川标识语"塞上湖城，精彩银川"，上升为"西夏古国，塞上江南"。从历史进程中，突出厚重的人文底蕴和独特的自然优势，将银川市打造成沙漠中的绿洲；用国家非物质文化"花儿""宁夏小曲"等民族艺术精品，将银川打造成民族欢乐城；通过银川回族特色小吃手抓羊肉，以及清蒸羊羔肉、羊蹄、烩羊杂碎等，将银川市打造成民族美食城。

通过我国目前唯一的以回族文化为主题的中华回乡文化园 4A 级旅游景区，展示伊斯兰建筑文化、礼俗文化、饮食文化、宗教文化、农耕与商贸文化等特色文化。通过宁夏张裕摩塞尔十五世酒庄 4A 级旅游景区，展示塞上江南的绿色水果葡萄，以及葡萄酒生态产业，将银川市打造成水果之乡、葡萄酒之乡、好客之乡。

结合民族重大节日，特别是通过中国-阿拉伯国家博览会，开展银川民族文化艺术节、银川民族饮食文化美食节、银川影视城电影周等活动，将银川市打造成西部名歌之乡、民族美食之乡、影视拍摄之乡，尤其是在银川影视城电影周播放期间，将镇北堡西部影视城拍摄的影片进行展播，突出银川影视拍摄之乡的魅力。将银川整体打造成"西夏古国，塞上江南"的历史文化名城。

（3）以世界旅游目的地提升新亚欧大陆桥经济走廊核心城市的影响力。银川市作为中国-阿拉伯国家博览会的永久举办地，正逐步成为国际重要旅游城市。银川国际旅游城市的建设，需按照国际旅游城市的标准，从市政建设做起，突出"塞上江南"的绿水青山特征，使宾馆成为旅客宜居的绿洲公园，以满足中国–阿拉伯国家博览会主办方等机构举行各个旅游相关活动的需求；并从步入银川"塞上江南"的边关、车站、机场等地，建设交通连接线，实现由到达地点到宾馆或旅游景区的"零"换乘，构建平安舒适的自由行，让游客感受西夏古国银川的魅力。

利用好中国–阿拉伯国家博览会永久举办地的平台，广泛开展经济和文化交流，推动经济发展和文化繁荣，并且积极开展"中国–阿拉伯国家论坛"，共同讨论经济发展与合作交流，推动中国和阿拉伯国家协调发展。同时，将文化旅游作为重要议题，进行交流讨论。构建中国银川—阿拉伯国家的国际旅游线路，实现互利共赢的良好机制；开展中国银川与阿拉伯国家的文化交流活动，增进世界各国民族文化艺术的交流了解，弘扬各国民族的优秀文化，彰显银川西夏古国深厚的文化底蕴，扩大银川城市的国际影响力，并且提升海外旅游服务质量，吸引海外游客到银川旅游，增强海外旅游效益，整体提升银川旅游效益，推动其经济发展和社会繁荣。

第 7 章　西安市旅游状况的分析与发展策略

西安古称长安、镐京，是陕西省省会、副省级市、特大城市。西安市是国务院批复确定的中国西部地区重要的中心城市、国际性综合交通枢纽、建成具有历史文化特色的国际化大都市。截至 2019 年，西安市总面积 10 752 平方千米，常住人口 1 020.35 万人①。

历史上先后有 13 个王朝在西安建都，西安是中国历史上建都朝代最多、时间最长、影响力最大的都城之一，为首批国家历史文化名城。西安是中华文明和中华民族的重要发祥地之一，是丝绸之路的起点，是世界四大古都之一，是联合国教育、科学及文化组织（简称联合国教科文组织）确定的"世界历史名城"。西安市作为国家区域中心城市，先后获得城市荣誉：国家历史文化名城、中国优秀旅游城市、中国最佳旅游目的地、国家园林城市、国家森林城市、中国十佳绿色城市、国家卫生城市、中国最具幸福感城市、中国国际形象最佳城市、中国特色魅力城市、世界特色魅力城市 200 强，2019 年全球城市 500 强榜单第 145，并且西安市是世界历史都市联盟理事。

7.1　西安市旅游状况的分析

7.1.1　西安市的优质旅游资源

西安市优质旅游资源非常丰富。截至 2019 年，西安市在陕西省 10 大优质旅

---

① 2019 年西安统计公报: GDP 总量 9 321 亿　常住人口增加 19.98 万[EB/OL]. 中商产业研究院网, https://s.askci. com/news/hongguan/20200323/1207501158340.shtml，2020-03-23.

游资源中占 9 类（除国家历史文化名镇名村外，其他都有）（表 7.1），其中世界遗产名录 2 处、世界地质公园 1 处，国家一级博物馆 7 个，这在整个中西部结合区域都是处于前列的。

表 7.1　西安市优质旅游资源情况

地区	世界遗产名录	世界（国家）地质公园	国家风景名胜区	国家历史文化名城	国家一级博物馆	国家级水利风景区	5A 级旅游景区	国家自然保护区	国家森林公园
陕西	2	1（10）	7	6	9	39	10	25	37
西安市	1. 秦始皇兵马俑博物馆 2. 丝绸之路：长安—天山廊道的路网（共有）	1. 终南山国家森林公园	1. 秦始皇兵马俑 2. 骊山	1.西安	1.西安半坡博物馆 2.西安博物院 3.汉阳陵博物馆 4.西安碑林博物馆 5.陕西历史博物馆 6.西安大唐西市博物馆 7.秦始皇帝陵博物院	1.翠华山国家地质公园 2.金龙峡 3.汉城湖 4.世博园 5.西咸沣东沣河生态景区 6.灞柳生态综合开发园	1.秦始皇兵马俑 2.大雁塔·大唐芙蓉园 3.华清池 4.城墙·碑林	1.周至 2.黑河珍稀水生野生动物 3.周至县老县城	1.终南山 2.洪庆山 3.黑河 4.太平 5.王顺山 6.朱雀 7.楼观台
占比	100%	100（10）%	28.57%	16.67%	77.78%	15.38%	40.00%	12.00%	18.92%

7.1.2　西安市交通格局状况

高速公路运营状况。西安市"米"字形高速公路形成，西韩、西渭、西商、西康、西汉、西宝、西长、西榆等二十多条高速公路相继建成。2019 年西安市公路客运量 14 361 万人。

铁路运营状况。"米"字形铁路相继建成，东西陇海线、南北包头—重庆—昆明，东北至西南：北京—太原—成都，西北至东南：银川—武汉—广东。

高铁运营状况。西安市开通了东西向的丝绸之路线、北上首都之行、东南沿海、西南成都、东北太原、西北银川的高铁，西安南北至安康、榆林开通动车。截至 2019 年底，西安铁路（含高铁）客运量 6 331.54 万人。

航空运营状况。西安咸阳国际机场与国内外 62 家航空公司开通航线 313 条，通航点达 171 个，其中境外点达 60 多个。截至 2019 年底，民航客运量 4 722.07 万人次。

地铁运营状况。西安地铁已开通贯穿城市东西地铁 1 号线，贯穿城市南北地铁 2 号线，东北至西南的 3 号线，北客站至航天新城站的地铁 4 号线（北客站延伸至西安咸阳国际机场），西安东站至西咸新区创新港站东的地铁 5 号线，西安纺织城站至临潼区秦陵西站的地铁 9 号线等。2019 年城市地铁客运量 94 300 万人次。

《国家综合立体交通网规划纲要》提出构建 6 条主轴、7 条走廊、8 条通道的国家大动脉。其中 6 条主轴中，有京津冀—成渝过西安；7 条走廊中，有大陆桥走廊过西安；8 条通道中，有福银通道过西安等线路。

7.1.3　西安市旅游交通效益状况

（1）西安市的旅游状况分析。西安市旅游效益伴随着生产总值的增加不断增长。

从表 7.2 可以看出，2015 年以来，西安市生产总值逐年增长，而且增长率保持在 7% 以上，2015 年生产总值是 5 810.03 亿元，2019 年生产总值达到 9 321.19 亿元。说明西安市国民经济生产发展势头较好。

表 7.2　2015~2019 年西安市旅游效益与地区生产总值

年份	旅游总人数/万人次	同比增长	旅游总收入/亿元	同比增长	生产总值/亿元	同比增长	旅游总收入占生产总值比
2015	13 600.80	13.6%	1 073.69	13.0%	5 810.03	8.2%	18.48%
2016	15 012.56	10.38%	1 213.81	13.05%	6 257.18	8.5%	19.40%
2017	18 093.14	20.52%	1 633.30	34.56%	7 469.85	7.7%	21.87%
2018	24 738.75	36.73%	2 554.81	56.42%	8 349.86	8.2%	30.60%
2019	30 110.43	21.71%	3 146.05	23.14%	9 321.19	7.0%	33.75%

资料来源：西安市国民经济统计公报

2015 年以来，西安市旅游总收入占生产总值的百分比逐年提升，由 2015 年的 18.48% 上涨到 2019 年的 33.75%。说明西安市旅游业逐步成为西安市国民经济的支柱产业，尤其是 2019 年旅游总收入超过生产总值的三分之一。

2015 年以来，西安市的旅游人数、旅游收入逐年同步增长，2017 年 7 月 9 日西安—兰州高铁开通，2017 年 12 月 6 日西安—成都高铁开通，旅游人数大量增加，旅游收入占生产总值比快速提升，这表明西安市的旅游业发展态势迅猛。

（2）交通运输业发展状况分析。2015 年来，西安市旅游人数快速增加，这与交通格局发生变化密切相关。

由表 7.3 可知，2019 年西安市铁路客运量为 6 331.54 万人次，同比增长 4.9%；民航客运量 4 722.07 万人次，同比增长 5.7%。高铁的开通，改变了人们出行的方式，公路客运量开始呈下降趋势。2019 年公路客运量为 14 361 万人次，下降 1.9%[①]。

表 7.3　2015~2019 年西安市旅游与交通基本数据

年份	旅游人数/ 万人次	旅游收入/ 亿元	公路客运量/ 万人次	铁路客运量/ 万人次	民航客运量/ 万人次	地铁客运量/ 万人次
2015	13 600.8	1 073.69	18 048	3 982	3 297	32 522
2016	15 012.56	1 213.81	15 773	4 016.66	3 970.34	40 816
2017	18 093.14	1 530.52	15 601	4 499.79	4 185.74	60 500
2018	24 738.75	2 554.81	15 556.57	6 021.29	4 467.42	67 900
2019	30 110.43	3 146.05	14 361	6 331.54	4 722.07	94 300

资料来源：数据根据西安市统计局及《西安统计年鉴》整理

从表 7.4 可以看出，西安市旅游人数、旅游收入与交通客运量的关联度从强到弱顺序依次是铁路客运量、地铁客运量、民航客运量、公路客运量。但是，从 2019 年市交通客运量总人次看，目前公路排第一位、铁路排第二位、航空排第三位。即未来公路、铁路、航空仍然是西安旅游交通工具的主要选择，说明在长途运输中，铁路、航空仍然具有优势；在短途运输中，公路仍然有一定优势，同时，在西安市内，地铁作用巨大。

表 7.4　交通客运与旅游效益的相关关系

	变量	旅游人数	旅游收入	公路客运量	铁路客运	民航客运量	地铁客运量
旅游人数	皮尔森（Pearson）相关	1	0.998**	−0.795	0.981**	0.898*	0.971**
	显著性（双尾）		0.000	0.108	0.003	0.039	0.006
	N	5	5	5	5	5	5
旅游收入	皮尔森（Pearson）相关	0.998**	1	−0.766	0.990**	0.881*	0.952*
	显著性（双尾）	0.000		0.131	0.001	0.048	0.013
	N	5	5	5	5	5	5

**相关性在 0.01 显著（双尾）；*相关性在 0.05 显著（双尾）

7.1.4　西安市旅游效益的交通因素分析

西安市旅游景区品质高、数量多。截至 2019 年，有 5A 级旅游景区 4 处：秦始皇兵马俑、大雁塔·大唐芙蓉园、华清池、城墙·碑林，2020 年又新增加 1 处大明宫国家遗址公园，占陕西省 5A 级旅游景区 11 处的 45%，而且这些景区都与

---

① 统计局服务业处. 2019 年西安交通运输经济总体运行平稳[EB/OL]. 西安市统计局网页，http://tjj.xa.gov.cn/tjsj/tjxx/5e5f7beefd8508098dcdc8e5.html，2020-03-04.

地铁交通相连，旅行非常方便。因此，可以将地铁作为西安市区内旅游的重要交通工具，进行旅游效益的评价分析（正常情况下，地铁人数年增长数，市民增长数远低于外来的旅游增长数，可以将市民人数视为常量）。

（1）旅游效益指标和交通变量的选取。如表 7.4 所示，选择旅游人数 R、旅游收入 S 及公路客运量 G、铁路客运量 T、民航客运量 M、地铁客运量 D 等指标，将旅游人数 R（万人次）和旅游收入 S（亿元）作为因变量，把 G、T、M 和 D（万人次）作为预测变量。

（2）交通与旅游效益的回归分析。采用岭回归来研究，利用 SPSS 25.0 对 R、G、T、M 与 D 进行岭回归分析得出输出结果，见表 7.5。

表 7.5　回归分析结果（一）

客运量	B	SE（B）	Beta	B/SE（B）
公路客运量	−0.527 833	0.571 925	−0.087 876	−0.922 906
铁路客运量	2.093 653	0.633 548	0.294 135	3.304 649
民航客运量	2.081 377	1.208 552	0.149 702	1.722 208
地铁客运量	0.083 890	0.024 718	0.248 488	3.393 811
Constant	2 296.125 701	5 813.866 763	0.000 000	0.394 940

从中得到 R 对 G，T，M，D 的标准化岭回归方程为
$$R = -0.087\,9 \times G + 0.294\,1 \times T + 0.149\,7 \times M + 0.248\,5 \times D \qquad (7.1)$$
未标准化的岭回归方程为
$$R = -2\,296.13 - 0.527\,8 \times G + 2.093\,7 \times T + 2.081\,4 \times M + 0.083\,9 \times D \qquad (7.2)$$

由公式（7.2）可以分析出，铁路对西安市旅游人数发展贡献最大，其次是民航客运，最后是地铁客运（这也能看出将地铁客运量作为旅游效益预测变量的合理性）。

由表 7.2 数据，利用 SPSS 25.0 对 S、G、T、M 与 D 进行岭回归分析分别得出输出结果，见表 7.6。

表 7.6　回归分析结果（二）

客运量	B	SE（B）	Beta	B/SE（B）
公路客运量	−0.070 915 9	0.045 991 6	−0.109 548 8	−1.541 932 8
铁路客运量	0.244 800 4	0.050 847 0	0.319 112 3	4.804 999 0
民航客运量	0.248 392 7	0.097 186 2	0.165 769 1	2.555 842 8
地铁客运量	0.008 428 2	0.001 987 7	0.231 644 0	4.240 089 2
Constant	143.912 107 4	467.524 748 2	0.000 000	0.307 817 1

从中得到 S 对 G，T，M，D 的标准化岭回归方程为

$$S = -0.109\,5 \times G + 0.319\,1 \times T + 0.165\,8 \times M + 0.231\,6 \times D \qquad (7.3)$$

未标准化的岭回归方程为

$$S = 143.912\,107\,4 - 0.070\,9 \times G + 0.244\,8 \times T + 0.248\,4 \times M + 0.008\,4 \times D \qquad (7.4)$$

对于西安市旅游发展来说，民航对旅游收入发展贡献最大，其次是铁路客运，最后是地铁客运。

7.1.5　基于灰色系统理论对西安市旅游效益的预测

1. 西安市"十三五"末游客接待人数的预测

（1）初始数据进行一次累加处理。设 $x^{(0)}$ 为原始数据序列，$x^{(1)}$ 为 $x^{(0)}$ 一次累加生成序列，$z^{(1)}$ 为 $x^{(1)}$ 的紧邻均值生成序列，ε 为 $x^{(0)}$ 的光滑度检验值。其中，$\varepsilon = x^{(0)}(k+1)\big/ x^{(1)}(k)$、$z^{(1)}(k) = \left(x^{(1)}(k) + x^{(1)}(k-1)\right)\big/2$。从而给出西安市"十三五"末游客接待人数的一次累加生成和均值生成序列，见表 7.7。

表 7.7　一次累加生成和均值生成序列　　　　　　　　　单位：万人次

k	1	2	3	4
$x^{(0)}$	15 012.56	17 450.61	24 738.75	30 110.43
$x^{(1)}$	15 012.56	32 463.71	57 201.92	87 312.35
ε	1.162 4	0.762 0	0.526 4	
$z^{(1)}$		23 828.14	44 832.82	72 257.14

（2）构造矩阵。构造矩阵 $\boldsymbol{Y} = \boldsymbol{B\theta}$，式中有

$$\boldsymbol{Y} = \begin{bmatrix} 17\,450.61 \\ 24\,738.75 \\ 30\,110.43 \end{bmatrix} \quad \boldsymbol{B} = \begin{bmatrix} -23\,828.14 & 1 \\ -44\,832.82 & 1 \\ -72\,257.14 & 1 \end{bmatrix} \quad \boldsymbol{\theta} = \begin{bmatrix} a \\ b \end{bmatrix} \qquad (7.5)$$

上述方程组中，$\boldsymbol{Y}$ 和 $\boldsymbol{B}$ 是已知的量，$\boldsymbol{\theta}$ 是未确定的参数。

（3）确定参数。由于变量只有 a、b 两个，方程却有 4 个，故用最小二乘法。当 $\left|\boldsymbol{B}^T\boldsymbol{B}\right| \neq 0$ 时，利用 MATLAB 求解得到最小二乘解：

$$\begin{bmatrix} a \\ b \end{bmatrix} = \left(\boldsymbol{B}^T\boldsymbol{B}\right)^{-1}\boldsymbol{B}^T\boldsymbol{Y} \begin{bmatrix} -0.258\,1 \\ 11\,973.96 \end{bmatrix} \qquad (7.6)$$

（4）解白化方程。由白化方程：

$$x^{(1)}(t) = \left[x^{(1)}(0) - \frac{b}{a}\right]\mathrm{e}^{-at} + \frac{b}{a}$$ 得灰色微分方程 $x^{(0)}(k) + az^{(1)}(k) = b$ 的时间响应序列为

$$\hat{x}^{(1)}(k+1)=\left[x^{(1)}(0)-\frac{b}{a}\right]e^{-ak}+\frac{b}{a}(k=1,2,\cdots,n-1) \quad (7.7)$$

取 $x^{(1)}(0)=x^{(0)}(1)$，求解白化方程，得预测模型为

$$\hat{x}^{(1)}(k+1)=61\,405.291\,5e^{0.2581k}-46\,392.731\,5(k=1,2,\cdots,n) \quad (7.8)$$

（5）对模型进行检验。由上述模型算出：

$$\hat{x}^{(1)}=\left(\hat{x}^{(1)}(2),\hat{x}^{(1)}(3),\hat{x}^{(1)}(4)\right)=(33\,094.47,56\,500.93,86\,799.84) \quad (7.9)$$

（6）利用模型进行预测。将 $k=4$ 代入模型中求得

$$\hat{x}^{(0)}(4+1)=\hat{x}^{(1)}(4+1)-\hat{x}^{(1)}(4) \quad (7.10)$$

$$\hat{x}^{(0)}(5)=38\,708.479 \quad (7.11)$$

理论上预测西安市"十三五"末的游客数为 38 708.48 万人。

2. 西安市"十三五"末旅游收入的预测

（1）初始数据进行一次累加处理。设 $x^{(0)}$ 为原始数据序列，$x^{(1)}$ 为 $x^{(0)}$ 一次累加生成序列，$z^{(1)}$ 为 $x^{(1)}$ 的紧邻均值生成序列，ε 为 $x^{(0)}$ 的光滑度检验值。其中，$\varepsilon=x^{(0)}(k+1)\big/x^{(1)}(k)$、$z^{(1)}(k)=\left(x^{(1)}(k)+x^{(1)}(k-1)\right)\big/2$。从而给出西安市"十三五"末旅游收入的一次累加生成和均值生成序列，见表 7.8。

表 7.8　一次累加生成和均值生成序列　　　　　　　单位：亿万元

k	1	2	3	4
$x^{(0)}$	1 213.81	1 530.52	2 554.81	3 146.05
$x^{(1)}$	1 213.81	2 744.33	5 299.14	8 445.19
ε	1.26	0.93	0.59	
$z^{(1)}$		1 979.07	4 021.735	6 872.165

（2）构造矩阵。构造矩阵 $\boldsymbol{Y}=\boldsymbol{B\theta}$，式中有

$$\boldsymbol{Y}=\begin{bmatrix}1\,530.52\\2\,554.81\\3\,146.05\end{bmatrix}\quad \boldsymbol{B}=\begin{bmatrix}-1\,979.070 & 1\\-4\,021.735 & 1\\-6\,872.165 & 1\end{bmatrix}\quad \boldsymbol{\theta}=\begin{bmatrix}a\\b\end{bmatrix} \quad (7.12)$$

上述方程组中，$\boldsymbol{Y}$ 和 $\boldsymbol{B}$ 是已知的量，$\boldsymbol{\theta}$ 是未确定的参数。

（3）用最小二乘法得到最小二乘解。

当 $\left|\boldsymbol{B}^{T}\boldsymbol{B}\right|\neq0$ 时，利用 MATLAB 求解得到最小二乘解：

$$\begin{bmatrix}a\\b\end{bmatrix}=\left(\boldsymbol{B}^{T}\boldsymbol{B}\right)^{-1}\boldsymbol{B}^{T}\boldsymbol{Y}=\begin{bmatrix}-0.318\,4\\1\,049.04\end{bmatrix} \quad (7.13)$$

（4）解白化方程。由白化方程：

$$x^{(1)}(t)=\left[x^{(1)}(0)-\frac{b}{a}\right]\mathrm{e}^{-at}+\frac{b}{a}$$ 得灰色微分方程 $x^{(0)}(k)+az^{(1)}(k)=b$ 的时间响应序列为

$$\hat{x}^{(1)}(k+1)=\left[x^{(1)}(0)-\frac{b}{a}\right]\mathrm{e}^{-ak}+\frac{b}{a}(k=1,2,\cdots,n-1)\qquad（7.14）$$

取 $x^{(1)}(0)=x^{(0)}(1)$，求解白化方程，得预测模型为

$$\hat{x}^{(1)}(k+1)=4\,508.533\,6\mathrm{e}^{0.3184k}-3\,294.723\,6(k=1,2,\cdots,n)\qquad（7.15）$$

（5）对模型进行检验。由上述模型算出：

$$\hat{x}^{(1)}=\left(\hat{x}^{(1)}(2),\hat{x}^{(1)}(3),\hat{x}^{(1)}(4)\right)=(2\,904.177,5\,228.306\,8,8\,423.813\,5)\qquad（7.16）$$

（6）利用模型进行预测。将 $k=4$ 代入模型中求得

$$\hat{x}^{(0)}(4+1)=\hat{x}^{(1)}(4+1)-\hat{x}^{(1)}(4)\qquad（7.17）$$

$$\hat{x}^{(0)}(5)=4\,372.209\,1\qquad（7.18）$$

理论上预测西安市"十三五"末的旅游收入为 4 372.209 1 亿元。

7.1.6　西安市"十三五"期间旅游发展效益分析

《西安市全域旅游示范市创建实施方案》提出到"十三五"末，旅游业将成为西安市经济社会发展的战略性支柱产业，年接待国内外游客 2.6 亿人次，旅游总收入超过 3 100 亿元。

预测到"十三五"末，西安市的旅游接待人数为 3.87 亿人次，旅游收入为 4 372.21 亿元，预测值高于目标值旅游接待人数 2.6 亿人次，旅游收入 3 100 亿元。

2019 年西安市实际游客接待量达到 3.0 亿人次，旅游收入 3 146.05 亿元，超过规划目标。

2020 年，受新型冠状病毒肺炎疫情影响，旅游出现前所未有的状况。但 2020 年"十一"国庆节旅游黄金周假期，西安市位列全国十大热门旅游目的地第二名（仅次于北京市），其中大唐不夜城共接待游客 140.09 万人次，成为西安旅游接待游客最多的景区[①]。

2020 年"十一"国庆节旅游黄金周，西安共接待游客 1 474.81 万人次，较 2019 年同比恢复近八成，旅游收入 111.40 亿元，较 2019 年同比恢复近七成。全国共

---

① 田蕾. 全西安双节期间接待游客 1474.81 万人次 旅游收入 111.40 亿元[EB/OL]. 光明网，https://m.gmw.cn/baijia/2020-10/10/1301652271.html，2020-10-10.

接待国内游客 6.37 亿人次,按可比口径同比恢复 79.0%;实现国内旅游收入 4 665.6 亿元,按可比口径同比恢复 69.9%。说明西安旅游业在全国具有较强的吸引力。

如果西安游客接待量维持在"十三五"期间的水平上,就可以在"十四五"期间保持较高的发展水平。

7.2　西安市旅游发展的策略

7.2.1　旅游发展的优势

（1）交通优势延伸到旅游景区。过去由于交通和时间的限制,旅客基本上是乘飞机到交通繁忙的地区或附近地区。现在随着西安高铁的开通,市内地铁多条线路开通,大大促进了西安客运和旅游业的发展。尤其是高速运输改变了客流来源,远距离游客不断来到古都西安游览,使旅游人数大大增长。根据岭回归得出的回归方程,可知铁路对西安市旅游人数发展贡献最大,民航对西安市旅游收入发展贡献最大,但地铁在大部分旅游景区都有站点,使游客出行旅游更加方便。

西安市在西延高铁建设的基础上,又有西十高铁、西渝高铁开工修建,以及关中地区的城际铁路和地铁开工建设,在《国家综合立体交通网规划纲要》中,京津冀—成渝主轴:北京—石家庄—太原—延安—西安—汉中/安康—成都/重庆,大陆桥走廊:连云港—郑州—渭南—西安—宝鸡—兰州—乌鲁木齐—霍尔果斯,福银通道:福州—南昌—武汉—商洛—西安（—榆林—包头）—咸阳地区—银川等线路,尤其是榆林—西安—安康架起陕西的南北旅游通道,使旅游要素中的"行"更加方便。

（2）优质旅游资源打造世界著名旅游城市。西安市优质旅游资源不仅丰富,而且品质极高,在陕西省 10 大优质旅游资源中占了 9 类（除国家历史文化名镇名村外,其他都有）,其中世界遗产名录 2 处:秦始皇兵马俑博物馆、丝绸之路,5A级旅游景区 5 家:秦始皇兵马俑、大雁塔·大唐芙蓉园、华清池、城墙·碑林、大明宫,国家一级博物馆 7 个:西安半坡博物馆、西安博物院、汉阳陵博物馆、西安碑林博物馆、陕西历史博物馆、西安大唐西市博物馆、秦始皇帝陵博物院等。秦始皇兵马俑被称为世界"八大奇迹"之一,大唐芙蓉园成为"中国旅游网红城市",打造出世界著名旅游城市——西安市。

（3）世界古都文化品牌成为靓丽的名片。世界古都推出的《长恨歌》等文化演艺,呈现西安深厚的帝都文化,城区特色街区推出的地方戏——秦腔,关中民俗推出的关中饮食文化——"遴遴面"（biangbiang 面），都成为城市的亮点；八水绕长安形成的城市生态公园——世博园等，秦岭文化形成的自然与人文合一的翠华山地质公园、南五台森林公园等成为西安旅游新亮点。西安正在成为融人文与自然于一体的世界新"古都"。

7.2.2　旅游发展中存在的主要问题

（1）高铁网络还没有完全建立。西安—延安—榆林高铁、西安—安康高铁刚刚开工（实际延安—榆林没有正式进入开工阶段），西十高铁也刚刚进入开工阶段。还需要较长时间来建立完整的高铁网络。

（2）公路交通旅游效益不理想。从交通客运与旅游效益的相关性可以发现近几年来公路客运量对旅游人数的影响不太明显，更多的游客会选择铁路和民航，这是快捷方便的交通带来的结果。但另一方面也说明，西安市区内及周边城市对高速公路的完善力度还不强，交通工具之间连通性不强。这也是 5 种交通工具最薄弱的地方。

（3）交通零换乘还未实现。从西安市咸阳机场下飞机后，缺少直达旅游景区的专线车，只能换乘机场大巴到各县区，再换车到各个旅游景区，交通换乘很不方便。火车南站位于西安市长安区引镇，四周偏僻，换乘的交通工具只有公交车，乘坐公交车到市区大约 1 小时，比较费时且不方便。因此交通零换乘还未实现，有待加强。

（4）5A 级旅游景区还不均衡。目前，西安市 5 个 5A 级旅游景区都为人文景观，缺少自然的 5A 级旅游景区，不利于"人文陕西，山水秦岭"的旅游品牌打造。2011 年陕西省提出了景区整合计划，第一个项目就是要将翠华山景区和五台山景区整合形成翠华山·南五台国家 5A 级旅游景区，但至今出于某些原因还没有成功实现，导致秦岭终南山地质公园在全国知名度不高，甚至在西安市内也如此。四周的交通设施也不完善，地铁还未通至秦岭脚下，也还没有旅游专线交通车进出自由。

7.2.3　西安市旅游发展的建议

（1）全力推进陕西境内的包海高铁尽快开工建设贯通南北通道。构建陕西完善的高铁网络，尤其是建设西康高铁和西安—延安—榆林高铁，贯通南北旅游大通道，早日形成西安到陕南陕北一日游。积极与内蒙古和重庆市加强联系，推进包头—陕北榆林高铁、陕南安康—重庆奉节高铁接郑万高铁，实现包海高铁直线线路早日贯通，凸显西安在包海高铁的领头羊作用。

（2）继续完善公路和旅游景区的互通，做到城市与旅游景区的一站式抵达。为了提高公路交通旅游效益，应进一步加快公路建设，促进旅游和交通协调发展。旅客在进入西安后通过地铁和公路到达具体的旅游景点，所以公路更能体现西安市区内的交通状况，因此应首先提高公路道路等级标准，加强交通通行区和旅游景点的连接，实现公路和旅游景区的互通，增强旅游景点的通达率，保证每一个旅游景点都有公路交通站。

（3）不断延伸地铁，实现地铁与车站及旅游景区的零换乘。将地铁引向西安火车南站和相关汽车站及离城中心较远的繁华区域，以城市发展带动郊区发展，使地铁站更容易实现交通零换乘，确保每个交通站和人气较旺的景区有两个或两个以上的交通工具，让西安市更快实现交通零换乘，促使交通带动旅游发展。这样也才能让游客更方便地在西安旅游，最终让旅游业成为西安市的卖点。

（4）协调旅游人文景观与自然景观实现和谐发展。当前，西安市在5A级旅游景区建设中，要突出自然风光资源的利用，以弥补5A级旅游景区缺少自然景观的缺陷。西安市应该加快推进翠华山·南五台5A级旅游景区建设步伐，从景区文化内涵挖掘和自然环境保护，以及完善交通设施方面着手。让游客更加方便地到秦岭自然景区旅游，将地铁2号线延伸至秦岭山脚下，做到进出更加快捷方便，尽早建成翠华山·南五台国家5A级旅游景区，营造"人文陕西，山水秦岭"的旅游氛围，扩大秦岭旅游的影响力，丰富西安市旅游的内涵。

第8章　重庆市中心城区旅游状况的
分析与发展策略

重庆别称山城，也以江城、雾都、桥都著称。重庆是国务院批复确定的中国重要的中心城市之一，为国家超大城市，是长江上游地区经济中心、国家重要的现代制造业基地、西南地区综合交通枢纽。重庆是西部大开发重要的战略支点、"一带一路"和长江经济带重要联结点及内陆开放高地。

重庆是国家历史文化名城，巴渝文化发祥地，曾三次为国都，四次筑城，史称"巴渝"。重庆是"红岩精神"起源地，抗战时期为国民政府陪都。重庆被称为"中国火锅之都"，"火锅"成为重庆的代名词。重庆先后获得城市荣誉：中国特色魅力城市、中国最具投资潜力城市、世界特色魅力城市，2019 年入选全球城市经济竞争力第 81 位、新时代中国繁荣城市、中国康养城市排行榜 50 强、"中国十大夜经济影响力城市"榜首，2019 年全球城市 500 强排名第 106，2020 年新一线城市排名第二。

重庆主城区是将重庆作为一个由城乡二元体构成的城市意义上的地域范围，区别于行政意义上的重庆直辖市。重庆主城区由渝中区、江北区、南岸区、九龙坡区、沙坪坝区、大渡口区、北碚区、渝北区、巴南区 9 个中心城区，以及合川区、江津区、永川区、长寿区、涪陵区、南川区、潼南区、铜梁区、大足区、荣昌区、綦江区、璧山区 12 个主城新区共计 21 个市辖区构成。现主要讨论重庆主城区 9 个中心城区。截至 2019 年，重庆市 9 个中心城区面积合计 5 472.48 平方千米，常住人口 875 万人①。

---

① 熊鹏飞. 重庆主城区人口（重庆主城区人口 2021 总人数口是多少）[EB/OL]. 竞价网，https://www.jingjia.net/article/yingxiao155627.html，2022-04-23.

8.1　重庆市中心城区旅游状况的分析

8.1.1　重庆市中心城区的优质旅游资源

重庆主城区 9 个中心城区优质旅游资源比较丰富。截至 2019 年，重庆主城区在重庆市 10 大优质旅游资源中占 9 类（除中国国家地质公园外，其他都有）（表 8.1），其中中国国家历史文化名镇名村有 3 个：渝北区龙兴镇、北碚区金刀峡镇、巴南区丰盛镇，彰显了主城区 9 个中心城区旅游的资源优势。

表 8.1　重庆市中心城区优质旅游资源情况

地区	国家风景名胜区	国家历史文化名城	国家一级博物馆	国家级水利风景区	5A 级旅游景区	国家自然保护区	国家森林公园	国家五星级温泉
重庆	6	1	3	15	9	7	26	2
重庆中心城区	1.金佛山 2.缙云山	1.重庆	1.重庆自然博物馆 2.重庆红岩革命历史博物馆 3.重庆中国三峡博物馆	1.重庆南滨路景区	1.金佛山	1.缙云山 2.长江上游珍稀特有鱼类（共有）	1.歌乐山 2.观音峡 3.南山 4.桥口坝 5.金佛山	1.重庆融汇
占比	33.33%	100%	100%	6.67%	11.11%	28.57%	19.23%	50%

8.1.2　重庆市中心城区的交通格局

重庆市中心城区现代化交通网络形成。高速公路四通八达，铁路"十"字形通往全国东西南北，高铁连接成都、贵阳、万州，快速列车连接兰州，轨道交通将主城区连接起来，航空通往世界各地，水路以长江、嘉陵江为主渠道通达各地。

公路：截至 2019 年底，全市高速公路通车总里程 3 233 千米，公路路网密度 211 千米/百平方千米，客运量 50 990 万人次。

铁路运输：重庆中心城区铁路枢纽规划形成"三主两辅"的客运系统，其中重庆北站、重庆西站、重庆东站（规划）为主客运站，重庆站和沙坪坝站为辅助客运站。截至 2019 年底，铁路里程达 2 371 千米，客运量 8 406.80 万人次。

轨道交通：截至 2019 年，已开通市区环线、1 号线、2 号线、3 号线（含空港线）、4 号线、5 号线、6 号线（含国博线）、10 号线共 8 条线路，通车里程 329

千米，覆盖中心九区，并延伸至璧山区。2019 年日均客流已突破 300 万人次。

客运索道：重庆是国内唯一有客运索道系统的城市。长江索道全长 1 598 米，从 1983 年长江索道运营起，已运送旅客超过 3 亿人次。

航空运输：重庆江北国际机场是一座大型复合型枢纽机场，共开通国内外航线 258 条，通航城市 158 个，其中直飞 33 个国际大都市。2019 年重庆江北国际机场旅客吞吐量 3 405.12 万人次。

水路：重庆是长江上游乃至中国西部最大的内陆港口城市，也是长江上游的航运中心。域内长江、嘉陵江及其支流形成了以重庆市区为中心的长江上游水运网，通航河流达 136 条，2019 年水路客运量 756.34 万人次。

《国家综合立体交通网规划纲要》提出构建 6 条主轴、7 条走廊、8 条通道的交通框架。其中 6 条主轴中，有京津冀—成渝主轴、长三角—成渝主轴、粤港澳—成渝主轴；7 条走廊中，有西部陆海走廊、成渝昆走廊，8 条通道中，有厦蓉通道过重庆等线路。

8.1.3　重庆市的旅游效益分析

（1）重庆市的旅游状况分析。由于《2011 年重庆市国民经济和社会发展统计公报》是以全市作为统计单位，这里对重庆市旅游效益做分析。

从表 8.2 可以看出，2011 年以来，重庆市地区生产总值逐年增长，而且净增加数量逐渐变大，由 2012 年净增加 1 447.87 亿元，到 2019 年净增加 3 242.58 亿元。说明重庆市国民经济生产发展势头较好。

表 8.2　2011~2019 年重庆市旅游效益与地区生产总值

年份	旅游总人数/亿人次	海外旅游人数/万人次	旅游总收入/亿元	旅游外汇收入/亿美元	生产总值/亿元	旅游总收入占生产总值比
2011	2.22	186.40	1 268.62	9.68	10 011.13	12.67%
2012	2.91	224.28	1 662.15	11.68	11 459.00	14.51%
2013	3.03	242.26	1 771.02	12.68	12 656.69	13.99%
2014	3.49	263.76	1 912.57	13.54	14 265.40	13.41%
2015	3.83	282.53	2 182.23	14.69	15 719.72	13.88%
2016	4.51	316.58	2 645.21	16.87	17 558.76	15.06%
2017	5.42	358.35	3 308.00	19.48	19 500.27	16.96%
2018	5.98	388.02	4 344.15	21.90	20 363.19	21.33%
2019	6.57	411.34	5 739.07	25.25	23 605.77	24.31%

资料来源：重庆市国民经济统计公报

　　2011 年以来，重庆市旅游总收入占地区生产总值的百分比从 2015 年开始逐年增长，由 2011 年的 12.67%上涨到 2019 年的 24.31%。说明重庆市旅游业逐步成为重庆市国民经济的支柱产业，尤其是 2019 年旅游总收入几乎占到地区生产总值的四分之一。

　　从 2011 年开始，重庆市的旅游总人数、海外旅游人数、旅游总收入、旅游外汇收入都是逐年同步增长的，从 2015 年开始，旅游效益增速较快。这是由于交通格局发生了重大变化，2015 年 12 月 26 日，成渝高速铁路开通运营，2016 年 11 月 28 日，郑渝高铁渝万段开通运营，2017 年 9 月 29 日，兰渝铁路快速列车全线投入运营，2018 年 1 月 25 日，渝贵高铁开通运营，国外旅游人数大量增加，这表明重庆市的旅游业发展增速较快。

　　（2）重庆市的交通状况分析。从表 8.3 可以看出，2011 年以来民航客运量逐年增加，年增长率在 10%左右，其中 2013 年增长率达到最高 16.4%，2019 年民航客运量达到 3 405.12 万人次，表明航空运输前景看好；2011 年以来铁路客运量基本逐年增加（除 2015 年略微有所下降外），尤其是 2015 年底进入高铁时代，成渝高铁、郑渝高铁渝万段、兰渝快速列车、西成渝高铁、渝贵高铁（时速 250 千米）等相继开通以来，客运量逐年增加较快，2016~2018 年连续 3 年增长率都在 20%以上，2019 年客运量达到 8 406.80 万人次；同时，由于高铁的开通，从 2016 年开始，公路客运量不断下降，至 2019 年下降到 50 990 万人次；2011 年以来，水路客运量处于波动状态，但总体处于下降趋势，由 2011 年客运量 1 322 万人次下降到 2019 年客运量 756.34 万人次。

表 8.3　2011~2019 年重庆市交通客运量情况　　　　　单位：万人次

年份	铁路客运量	同比	公路客运量	同比	水路客运量	同比	民航客运量	同比
2011	2 933.28	10.1%	136 142.00	11.5%	1 322.00	3.5%	806.85	9.2%
2012	3 040.33	3.65%	152 249.00	11.83%	1 255.64	−5.02%	1 252.94	13.7%
2013	3 251.43	6.94%	165 445.00	8.67%	1 230.07	−2.04%	1 461.32	16.4%
2014	4 056.70	24.77%	63 630.00	3.9%	712.13	−3.3%	1 657.92	13.4%
2015	3 987.31	−0.4%	64 781.00	1.8%	732.03	2.8%	1 881.96	13.6%
2016	4 910.95	23.16%	55 594.00	−3.4%	751.55	2.7%	2 147.47	14.11%
2017	6 349.24	29.29%	53 307.00	−4.3%	865.61	15.4%	2 776.15	13.4%
2018	7 706.79	21.38%	52 150.00	−2.2%	730.64	−15.6%	3 047.05	9.76%
2019	8 406.80	9.08%	50 990.00	−2.2%	756.34	3.5%	3 405.12	11.75%

　　资料来源：重庆市国民经济和社会发展统计公报

　　从表 8.4 可以看出，重庆市旅游收入与交通客运量的关联度由强到弱依次是铁路客运量、民航客运量、水路客运量、公路客运量。但 2019 年客运量总人数，公路排第一位、铁路排二位、航空排第三位、水路排第四位。即未来公路、铁路、航空、水路依然是重庆旅游交通工具的主要选择，同时在短途运输中，公路仍然有优势，水路也有一定市场，铁路、航空发展后劲较大。

表 8.4　重庆市旅游收入与交通客运量相关关系

	变量	旅游收入	铁路客运量	公路客运量	水路客运量	民航客运量
旅游收入	皮尔森（Pearson）相关	1	0.977**	−0.652	−0.586	0.954**
	显著性（双尾）		0.000	0.057	0.097	0.000
	N	9	9	9	9	9

**相关性在 0.01 显著（双尾）

（3）重庆市"十三五"旅游效益预测。《重庆市建设国际知名旅游目的地"十三五"规划》指出，到"十三五"末重庆全市旅游接待人次达 5.26 亿人次，比 2015 年增长 34% 以上；接待入境旅游人次 500 万人次，年均增长 15%；全市旅游总收入达到 4 500 亿元，年均增长 15%，旅游增加值占全市生产总值比重的 8%。

2017 年重庆全市旅游接待人次达 5.42 亿人次，超出"十三五"末重庆全市旅游接待人次 5.26 亿人次；2019 年重庆市旅游总收入达到 5 739.07 亿元，超出"十三五"末重庆全市旅游总收入 4 500 亿元，而且旅游增加值占全市生产总值比重的 10.43%，超过规划指标。

对于入境旅游人数，按重庆市 2011 年入境旅游人数 186.40 万人次，到 2019 年入境游客数量 411.34 万人次，按年平均增长率 10.4% 计算，理论上测算到"十三五"末重庆市入境旅游人数 454.12 万人次，达不到规划指标的 500 万人次。

这表明在"十四五"期间，重庆市要将入境旅游作为重要的攻关问题加以研究解决。《重庆市国民经济和社会发展第十四个五年规划和 2035 年远景目标纲要》没有提出入境旅游相关指标，但地区生产总值年均增速为 6%。重庆市入境旅游按此速度增长，到 2025 年达到 631 万人次。重庆市在 2019 年基础上，按年平均增长率 8.94% 计算，"十四五"末入境游客数量达到 631 万人次的要求。

8.2　重庆市中心城区旅游发展的策略

8.2.1　重庆市中心城区旅游的优势

（1）优质旅游资源极其丰富。重庆市中心城区优质旅游资源种类繁多，在重庆市 10 大优质旅游资源中占 9 类（只有中国国家地质公园未在其列）（见表 8.1），其中 3 个国家一级博物馆在整个中西部结合区域城市中数量较多，国家五星级温泉品牌是整个中西部结合区域唯一的一家，彰显了重庆市主城区 9 个中心城区旅游的资源优势。

（2）西南地区的交通枢纽地位优势明显。以重庆市城区为中心的立体化交通网络形成，西部地区西安、兰州、成都、贵阳、昆明、南宁直达重庆的高铁网络四通八达，使重庆成为中国西南地区的综合交通枢纽城市；截至 2019 年，重庆江北国际机场共开通国内外航线 258 条通航城市 158 个，其中直飞国际大都市 33 个。

在《国家综合立体交通网规划纲要》中，涉及京津冀—成渝主轴：北京—石家庄—太原—西安—重庆，长三角—成渝主轴：上海—南京—合肥—武汉—重庆—成都、粤港澳—成渝主轴：广州—重庆，西部陆海走廊：甘其毛都—银川—重庆—贵阳—南宁—海口—三亚，成渝昆走廊：成都—重庆—昆明—磨憨，厦蓉通道：厦门—长沙—重庆—成都等线路。更重要的是重庆成为我国交通的四大极点：北京、上海、广州、成都（重庆）之一，极大地提升重庆市在我国西南地区的交通枢纽地位。

（3）重庆江城"火锅"川味饮食文化品牌世界影响力大。重庆作为国家超大城市，国务院确定的中国重要中心城市，是西部大开发重要的战略支点、"一带一路"和长江经济带重要联结点及内陆开放高地。同时，重庆是国家历史文化名城，是巴渝文化的发祥地。彰显川菜文化的火锅是重庆饮食文化的杰出代表，重庆火锅又称为毛肚火锅或麻辣火锅，源于明末清初的重庆嘉陵江畔、朝天门等码头船工纤夫的粗放餐饮方式，后随着社会的发展，历史的变迁，演变为现代的重庆火锅。2016 年 5 月，"重庆火锅"被评为"重庆十大文化符号"之首，成为重庆的代名词。2007 年 3 月，中国烹饪协会授予重庆市"中国火锅之都"称号。重庆火锅不仅风靡全国，进入国内大中城市、边陲小镇，而且作为川菜烹饪文化远渡重洋，在日本东京、美国纽约、俄罗斯莫斯科等地，也受到人们青睐，成为重庆影响世界的重要饮食文化品牌。

8.2.2　重庆市中心城区旅游发展中的主要问题

（1）重庆境内存在中西部南北旅游大通道构建的瓶颈地段。重庆作为西南地区的交通枢纽城市，以重庆市城区为中心的连接西部地区西安、兰州、成都、贵阳、昆明、南宁直达重庆的高铁网络四通八达。但包海高铁省会线：包头—西安—重庆—贵州—南宁—北海—湛江—海口，其中西安—重庆高铁线没有进入开工阶段，将影响包海高铁通道的整体建设。

同时，我国中西部南北旅游大通道的包海高铁直线走向：包头—西安—安康—张家界—桂林—湛江—海口，尽管郑万高铁奉节—巫溪开工修建，但直线段陕西安康—重庆奉节—湖北恩施—湖南张家界高铁还没有进入国家规划。我国中西部南北旅游大通道的高速公路，只有重庆巫溪—陕西界和重庆奉节—湖北界正在新建，其他路段贯通，尤其是重庆奉节—湖北界 50 千米，需要 6 年建设期（平均每年修建不到 10 千米），使整个南北大通道在重庆境内成为瓶颈地段。

（2）重庆中心城区旅游效益的优势未能扩大到全市范围。重庆中心城区的立体化交通，尤其是轨道交通覆盖重庆中心城区，并延伸至璧山区，为重庆市中心城区旅游活动带来极大方便，旅游效益也得到提升。2019 年渝中区接待游客人数达 6 744.2 万人次，旅游业总收入 463.5 亿元，在重庆市处于领先地位，是其他旅游资源优势区县无法相比的。重庆大足区拥有世界文化遗产大足石刻和国家 5A级旅游景区大足石刻旅游景区。2019 年大足区接待海内外游客 2 414.5 万人次，旅游总收入 112.9 亿元。

重庆市拥有全国 10 大优质旅游资源中的 9 类（只有中国国家地质公园未在其列），在中西部结合区域城市中名列前茅。但重庆市旅游优势资源利用的效益并没有在南北旅游大通道中处于领先地位。2019 年重庆市接待境内外游客 6.57 亿人次，旅游总收入 5 739.07 亿元。2019 年陕西省接待境内外游客 7.07 亿人次，旅游总收入 7 211.59 亿元；2019 年贵州省旅游业持续"井喷"，旅游总人数达 11.34 亿人次，实现旅游总收入 12 313.2 亿元。重庆市旅游人数和旅游收入都低于南北两省的旅游效益。

（3）重庆江城"火锅"美食城旅游产业链还需要延伸。重庆中心城区的朝天门码头不仅是长江上游最大的码头，也是嘉陵江的汇入口。码头的市井形成繁华的都市，造就了重庆火锅的品牌成为重庆的代名词。由重庆火锅引发的重庆饮食文化，成为打造重庆美食城的重要文化标识，美食与码头形成的夜间经济，既可以使人们品重庆美食尝重庆美酒，也可以夜旅两江观重庆中心城区美景，还可以开展文艺演出等活动。

重庆素有"美食、美女、美景"三美之称，"美女"的山歌、歌舞、方言、走秀、时装等表演，是"世界小姐"评选的靓丽看点，尤其是中国旗袍穿在重庆俏女身上更是一大亮点。演艺经济、会展经济等旅游产业链都需要延伸。

（4）重庆市入境游客数量扩大具有挑战性。2019 年重庆市入境游客数量411.34 万人次，按 2019 年增长水平 6%增长，达不到"十三五"末重庆市入境旅游人数规划指标的 500 万人次。在"十四五"期间，重庆市入境游客按年平均增长率 6%计算，"十四五"末入境游客数量达到 631 万人次。即在 411 万人次的基础上，增加 200 多万人次，具有一定的挑战性。

8.2.3　重庆市中心城区旅游发展的建议

（1）以新时代西部大开发新格局建设重庆战略支点的交通枢纽。重庆是西部大开发的重要战略支点。2019 年 8 月 2 日出台的《西部陆海新通道总体规划》[1]提出，建设自重庆经贵阳、南宁至北部湾出海口（北部湾港、洋浦港），自重庆经怀化、柳州至北部湾出海口，以及自成都经泸州（宜宾）、百色至北部湾出海口三条通路，共同形成西部陆海新通道的主通道。其中重庆占三大主通道的两条：自重庆经贵阳、南宁至北部湾出海口（北部湾港、洋浦港），自重庆经怀化、柳州至北部湾出海口，另一条主通道是自成都经泸州（宜宾）、百色至北部湾出海口，并且重庆还是经怀化北上连接南北旅游大通道北段：包头—西安—安康—张家界—怀化的重要通道。

2020 年 5 月 17 日发布的《中共中央 国务院关于新时代推进西部大开发形成新格局的指导意见》明确提出，以共建"一带一路"为引领，加大西部开放力度。加强横贯东西、纵贯南北的运输通道建设，拓展区域开发轴线。打通断头路、瓶颈路，加强扶贫通道和旅游交通基础设施建设。

因此，重庆市要尽快解决南北大通道的瓶颈问题，加快巫溪至陕西界和奉节至湖北界高速公路的建设步伐，积极呼吁安奉张高铁尽早纳入国家规划并且开工建设，重庆市可以与陕西省协商，率先将奉节—巫溪高铁支线向北延伸 200 余千米到陕西省安康市，打通这断头路、瓶颈路、扶贫和旅游通道，然后借沿江高铁万州至宜昌段和呼南高铁支线：宜昌至张家界段，间接实现安康—奉节—张家界高铁贯通。

在渝湘高铁（重庆中心城区—黔江）开工基础上，推进黔江—重庆酉阳—秀山—湖南吉首高铁连接线开工，形成直达武陵山地区的旅游通道。

同时，尽快开工修建由重庆中心城区发出的渝西高铁，尽早实现包海高铁省会线贯通，使重庆成为中西部地区的交通枢纽中心城市。

（2）以重庆中心城区旅游优势辐射带动整个重庆旅游和谐发展。《重庆市国民经济和社会发展第十四个五年规划和二〇三五年远景目标纲要》在区域协调发展中，提出：高质量规划建设万达开川渝统筹发展示范区，打造川渝鄂陕结合部核心增长极和动力源，引领带动渝东北与川东北地区一体化发展。促进渝西地区与川南地区融合发展。

重庆中心城区，围绕都市观光、抗战（陪都）文化、世界遗产、休闲度假、温泉养生、红色旅游等主题，把大都市区建设成为国家旅游中心城市的核心载体和国际知名旅游目的地的战略平台。

① 国家发展改革委关于印发《西部陆海新通道总体规划》的通知 发改基础〔2019〕1333 号[EB/OL]. 广西壮族自治区北部湾经济区规划建设管理办公室网站，http://bbwb.gxzf.gov.cn/wjk/t6118681.shtml,2019-08-15.

渝东北三峡库区城镇群，依托长江雄奇的自然山川、丰富的历史积淀、深厚的生态底蕴，加快沿江精品景区扩容和提档升级，把长江三峡建设成为具有世界影响力、吸引力、竞争力的大三峡旅游目的地。

渝东南武陵山区城镇群，要突出"神奇武陵风光，隽秀乌江画廊"等自然生态和"土家族苗族风情、淳朴古镇边乡"等本土民俗文化，构建"以点带片，集聚集约"的旅游空间发展格局，把渝东南生态保护发展区建设成为自然生态与民族风情相融合的生态民俗旅游目的地。

2019 年主城都市区旅游接待 41 816.35 万人次、旅游收入 3 495.84 亿元；渝东北三峡库区城镇群旅游接待 12 337.69 万人次、旅游收入 1 126.95 亿元，渝东南武陵山区城镇群旅游接待 11 553.99 万人次、旅游收入 1 116.28 亿元，主城都市区旅游效益远远高于渝东两地旅游效益的和。

重庆中心城区对渝东地区的旅游辐射，首要是解决旅游通道，推进郑万高铁万县—奉节—巫山旅游通道建设，延伸黔江至湖南吉首的渝湘高铁开工，形成直达武陵山地区的旅游通道；以及延伸奉节至陕西安康的包海高铁支线，形成渝东地区北上的旅游通道。

重庆中心城区要与渝东地区形成旅游双向辐射线路，从重庆中心城区经长江水路、公路及铁路旅游辐射线路，将游客引向渝东北地区，开展深度的小三峡区域旅游活动；同时，从重庆中心城区经铁路或公路旅游辐射线路，将游客引向渝东南地区，开展广泛的民风民俗区域旅游活动，开拓渝东地区的旅游市场，扩大渝东地区的旅游效益。

（3）以世界一流旅游目的地打造中国火锅之都的城市魅力。《重庆市旅游发展总体规划（2016—2030 年）》提出，将重庆市建成具有世界吸引力和竞争力的国际知名旅游目的地。对于世界一流旅游目的城市的建设，要充分发挥城市文化底蕴，利用其优质的旅游资源，塑造具有地域特色的城市风光。

重庆码头城市的"美食、美女、美景"名片，是塑造具有地域特色的城市风光的重要元素。以重庆"中国火锅之都"打造重庆美食城。码头使重庆中心城区成为一座移民城市，重庆火锅就是海纳百川、包容天下，富有幻想、开拓创新的大市场。这里聚集了南粉北面的各种小吃：重庆毛血旺、重庆酸菜鱼、重庆小面、重庆酸辣粉等，成为品重庆美食尝重庆美酒，构建重庆美食城的重要因素。美食城的不夜天，是打造夜间经济的重要场所，重庆具有地摊经济的巨大市场。

2020 年 6 月 1 日，李克强总理在山东烟台考察时指出，地摊经济、小店经济是就业岗位的重要来源，是中国的生机[①]。中央文明办在全国文明城市测评指标中，

---

① 张玉胜. 松绑"地摊经济"，激活中国生机[EB/OL]. 东方网，http://views.ce.cn/view/ent/202006/04/t20200604_35041875.shtml，2020-06-04.

明确要求不将占道经营、马路市场、流动商贩列为文明城市测评考核内容。这为重庆夜间经济的地摊经济带来生机，促使重庆成为世界美食不夜城。

以重庆"美女"打造"世界小姐"的重庆元素。重庆既是江城也是山城，还是巴人的聚集地，山歌、歌舞、方言、风俗都具地域特色，开展以重庆"美女"主打的文艺演出活动，唱山歌、观歌舞、说方言、悟风俗；并且可以通过时装走秀等表演，展示中国旗袍与重庆俏女的完美结合，使它成为重庆的一大亮点。同时，将重庆"美女"演艺活动，延伸到"世界小姐"评选活动之中，使重庆"美女"走向世界，成为重庆展示给世界的亮丽名片。

以重庆"美景"打造重庆码头城市的国际化。国际大都市的第一印象从入门做起，从到达重庆中心城区的机场、车站、码头开始，能尽快实现从到达地到宾馆或旅游景区乘车的"零"换乘，体现国际大都市的水准。同时，形成完善的旅游智慧平台，使其成为旅客的"导游"，国际旅游大都市自由行的导航，体现国际化的平安旅游的优质服务水准。

重庆的山水之城，要突出山水园林城市的特征，宾馆要成为游客宜居的花园，城市建筑成为滨江大道景观的风景线，城市森林成为绿化的生态乐园，打造出世界旅游城市美丽和谐的生态宜居环境。

重庆作为国家历史文化名城，要从优质旅游资源到城市旅游景点、自然生态环境到城市人文景观，彰显重庆中心城区的国际化亮点。从国家一级博物馆重庆红岩革命历史博物馆、重庆自然博物馆，到 4A 级旅游景区磁器口古镇、洪崖洞民俗风貌区、湖广会馆、长江索道景区、重庆人民大礼堂及人民广场，以及全国重点文物重庆解放碑，从历史到现代感受重庆中心城区的巨变，从平地景点游览到摩天大楼全景观光，感受重庆国际大都市的气派；从南山国家森林公园到南山一棵树观景台，俯视重庆中心城区半岛环抱的两江奇观；从国家级水利风景区重庆南滨路景区到朝天门码头游轮，近距离感受一江两岸城市群的美景，再观"天下夜景在渝州，万家灯火不夜城"的景象。

因此，完全可以打造《川味·重庆》的印象剧，"川味"就是重庆火锅美食、重庆方言俏语、重庆川剧幽默、重庆美女俊俏、重庆民风豪爽、重庆广走江湖、重庆朝天门码头……通过《川味·重庆》的印象剧，将重庆"川味"推向世界。

（4）以民俗特色打造重庆巴人古迹的世界影响品牌。重庆是巴人的故乡，历史上长江三峡一带是巴人重要的集聚地。重庆巫溪素有"巫咸古国，上古盐都"的称谓，大宁盐场古老的制盐业堪称世界手工作坊的鼻祖。巴人曾经垄断了长江三峡一带的盐场：忠县涂井盐场、彭水县郁山盐场、云阳县云安盐场等，过着"不稼不穑，食也；不绩不经，服也"的富裕生活[①]。

---

① 朱世学. 三峡盐业与巴文化的关系[J]. 湖北民族学院学报（哲学社会科学版），2013，31（5）：17-20.

通过水路和陆路，形成了长江三峡一带的"古盐道"。巫盐沿大宁河北上，通过陆路运至鄂西北的庸国、江汉平原的楚国、关中平原的秦国；或沿大宁河南下直达长江运往各国，以及南下运往武陵山地区。郁盐沿郁江下至彭水，顺乌江而下到涪陵往江州（今重庆），溯乌江而上贵州夜郎等地。人们也把郁盐运到西阳顺西水发送到沅陵而达洞庭湖；郁盐的陆运主要是往西南到播州（今遵义），或沿中井河谷至黔江至咸丰，沿中建河入清江至宜都入长江[①]，形成遍布川渝、陕、鄂、湘、黔的盐运网络通道。

不同历史时期的"古盐道"也形成了不同的"盐道文化"。渝东北巫溪盐文化体现在盐的制作工艺，巫咸国人用煎煮盐卤的方法神奇地将卤水制作成结晶盐，成为神奇的"巫文化"。渝东南彭水郁山制盐技术不断改良，将工艺用在炼丹之中，形成彭水的"盐丹文化"。

今天古盐道保存尚好，重庆市要与盐道相关省市共同申报世界文化遗产和自然遗产，争取早日进入《中国世界文化遗产预备名单》，让更多的人从另一种视角认识渝东地区神秘的巴文化。

这些重要的巴人文化旅游资源，是打造渝东旅游文化品牌的极品，也是吸引重庆中心城区和全国各地旅客的卖点，要吸引重庆中心城区和全国各地的旅客到此一游。

更重要的是作为将重庆市推向世界的一张精致名片，古盐道不仅保存完整，而且历史古迹震撼力极强。距巫溪县（古称大宁县）城北 10 千米的大宁盐厂有四五千年制盐史，是中国有文献记载的最早的盐厂，被称为"上古盐都"，并且在明清时跻身"中国十大盐都"[②]。

因盐而兴的盐道被称为南方的"盐马古道"。盐道沿大宁河北上通往古代鄂西北的庸国、江汉平原的楚国、关中平原的秦国。距离大宁盐厂北 11 千米的巫溪荆竹峡悬棺，至今摆在悬崖绝壁石缝里的岩棺群是三峡地区分布最集中，保存最完好的古代岩棺群，在世界上具有轰动效应。沿荆竹峡继续北上 45 千米，攀登渝鄂陕三地交界的大巴山边关制高点鸡心岭，是盐道分界的关卡，往北直达关中平原的秦国，由北往西到达蜀国的边关葛城镇；往东直到鄂西北的庸国、江汉平原的楚国。而今，鸡心岭作为我国西南、华中、西北三大区域的交汇处，被称为"自然国心"。2021 年宁厂镇、鸡心岭入选重庆市第一批历史地名保护名录，这也是巫溪县仅有的两处。

沿长江入口的天下第一溪大宁河北上，从小小三峡（5A 级景区）—上古盐都—荆竹峡悬棺群—中国"自然国心"鸡心岭，是具有世界影响力的生态和人文旅游精品线，是打开重庆市旅游世界之门的极致品牌。

---

① 彭福荣. 古代重庆彭水郁盐初探[J]. 西南交通大学学报（社会科学版），2006，（5）：119-123.

② 赵临龙. 基于中西部南北旅游大通道的"盐道文化"廊道的旅游发展[J]. 社会科学家，2019，（3）：97-105.

第9章　贵阳市旅游状况的分析
与发展策略

  贵阳别称林城、筑城，是贵州省省会。贵阳市是国务院批复确定的中国西南地区重要的区域创新中心，是西南地区重要的交通、通信枢纽、工业基地及商贸旅游服务中心，中国重要的生态休闲度假旅游城市，中国避暑之都，荣登"中国十大避暑旅游城市"榜首。截至 2019 年，贵阳市总面积 8 034 平方千米，常住人口 497.14 万人[①]。

  贵阳市又是全国综合性铁路枢纽，国家级大数据产业发展集聚区。贵阳是首个国家森林城市、国家循环经济试点城市，先后获得城市荣誉：全球避暑旅游名城、亚洲金旅奖首批最美生态旅游目的地、世界越野之乡、中国优秀旅游城市、中国十佳宜居城市、中国十大特色休闲城市、全国十佳生态文明城市、中国十大美丽城市、中国魅力城市、中国温泉之城、国家卫生城市、最佳生态文化旅游名市、中国舞蹈之都等，并且入选"2018 畅游中国 100 城"榜单，2019 年中国地级市全面小康指数前 100 名、2019 年中国康养城市排行榜 50 强第 4 位、2019 年"中国百强城市排行榜"第 43 位。

9.1　贵阳市旅游状况的分析

9.1.1　贵阳市的优质旅游资源

  自然山水与人文古镇兼有的优质旅游资源突出贵阳市的特色。截至 2019

---

  ① 2019 年贵州各市（州）常住人口排行榜：贵州人口增量最大[EB/OL]. 中商情报网，https://baijiahao.baidu.com/s?id=16728214791537717771&wfr=spider&for=pc，2020-07-21.

年，贵阳市有 5A 级景区 1 家，4A 级景区 21 家占贵州 111 家的 18.92%，在贵州 10 大优质旅游资源中占 4 类，其中国家级水利风景区 5 处和国家风景名胜区 1 处（表 9.1），彰显了贵阳市旅游的特色资源优势。

表 9.1　贵阳市优质旅游资源情况

地区	国家风景名胜区	国家级水利风景区	5A 级旅游景区	国家历史文化名镇名村
贵州	19	32	7	23
贵阳市	1.红枫湖	1.花溪天河潭 2.开阳清龙河 3.永乐湖 4.金茫林海 5.松柏山	1.花溪青岩古镇	1.花溪区青岩镇 2.开阳县禾丰布依族苗族乡马头村
占比	5.26%	15.63%	14.29%	8.70%

9.1.2　贵阳市的交通格局

贵阳是中国西南地区沟通珠三角、长三角的重要交通枢纽和区域性商贸物流中心，公路、铁路、航空都为西南地区的交通枢纽。以贵阳城区为中心的立体化"米"字形交通网络形成，有 8 条出境公路，有 4 条铁路：川黔、湘黔、黔桂、贵昆在贵阳形成"十"字交叉，贵广、沪昆、渝黔、成贵、贵南等高铁架起"米"字形的骨架，轨道交通 1 号线全线运营、轨道交通 2 号线部分路段运营，交通优势进入全国前列。

1991 年贵阳市第一条高速公路通车，2015 年实现县县通高速，2018 年高速公路里程达到 602 千米。

2014 年贵广高铁开通运行，标志着贵阳迈入"高铁时代"，目前 5 条高铁 4 000 多千米通往全国的东西南北；2018 年轨道交通 1 号线全线运营，贵阳步入"轨道交通时代"。

1997 年贵阳龙洞堡机场建成通航，2005 年升格为国际机场，2008 年机场由 4D 级升为 4E 级国际机场，2013 年二期扩建工程全面竣工，2020 年 4 月 30 日，三期扩建工程机场东跑道正式竣工。截至 2018 年，贵阳龙洞堡国际机场共开辟航线 241 条，其中国内航线 221 条通航点 99 个，国际和地区航线 20 条通航点 19 个。

在《国家综合立体交通网规划纲要》中，构建"678"综合交通网主骨架，其中粤港澳—成渝主轴，西部陆海走廊、沪昆走廊过贵阳等线路。

9.1.3　贵阳市的旅游效益分析

（1）贵阳市的旅游状况分析。贵阳市旅游效益基本与国民经济生产总值同步增长，但也有所不同。在 2012 年和 2013 年，贵阳市旅游收入和旅游接待量分别出现负增长。

从表 9.2 可以看出，从 2011 年来，贵阳市地区生产总值逐年增长，增长速度趋于平稳，年增长率保持在 7% 以上。说明贵阳市国民经济生产发展势头良好。

表 9.2　2011~2019 年贵阳市旅游效益与地区生产总值

年份	旅游总人数/万人次	同比	旅游总收入/亿元	同比	海外旅游人数/万人次	旅游外汇收入/亿美元	生产总值/亿元	同比	旅游总收入占生产总值比
2011	5 240.64	33.00%	609.93	43.80%	9.78	0.37	1 383.07	17.1%	44.10%
2012	6 332.59	20.84%	602.70	−1.19%	11.62	0.45	1 700.30	15.9%	35.45%
2013	6 009.08	−5.11%	728.66	20.90%	13.42	0.53	2 085.42	16.0%	34.94%
2014	7 240.10	20.49%	874.39	20.00%	14.59	0.57	2 497.27	13.9%	35.01%
2015	8 477.80	17.10%	1 040.53	19.00%	15.85	0.61	2 891.16	12.5%	35.99%
2016	11 091.79	30.83%	1 389.51	33.54%	17.52	0.79	3 157.70	11.7%	44.00%
2017	14 877.54	34.13%	1 871.95	34.72%	40.95	1.86	3 537.96	11.3%	52.91%
2018	18 846.25	26.68%	2 456.56	31.23%	54.06	2.34	3 798.45	9.9%	64.67%
2019	22 901.20	21.52%	3 098.79	26.14%	70.99	3.57	4 039.60	7.4%	76.71%

资料来源：贵阳市国民经济统计公报

从 2011 年来，贵阳市旅游总人数（除 2013 年负增长外）、旅游总收入基本也是逐渐同步增长（除 2012 年负增长外），而且旅游总收入占地区生产总值的百分比从 2013 年来也是逐年增长。2014 年来，旅游总人数年增长率、旅游收入年增长率较高，年增长率在 20% 左右，2019 年旅游总收入占到地区生产总值的 76.71%，即旅游总收入占到国民经济地区生产总值的三分之二以上。说明贵阳市旅游业逐步成为贵阳市国民经济的强势产业。

（2）贵阳市的交通状况分析。由表 9.2 可以看出，从 2013 年来，贵阳市的旅游人数、旅游总收入，海外旅游人数、旅游外汇收入和地区生产总值，在逐渐同步增长，旅游收入占地区生产总值的百分比由 2012 年的 35.45% 上涨到 2019 年的 76.71%，其中，2014 年底贵广高铁通车运营、2015 年贵阳—贵州开阳县城际列车开通运营、2016 年沪昆高铁贵昆段开通运营，国外旅游人数大量增加，尤其是海外旅游人数猛增，至 2017 年海外旅游人数由 17 万人次上升到 40 万人次，旅游总收入占地区生产总值的百分比超过 50%，2018 年初渝贵高铁投入运营、2019 年底成贵高铁宜宾至贵阳段开通运营，旅游效益继续飙升，这表明贵阳市的旅游业发展势态看好。

从表 9.3 可以看出，从 2011 年开始民航旅客发送量逐年增加，至 2019 年达到 2 191 万人次；2013 年来铁路客运量逐渐增加，至 2018 年达到 3 962 万人次，但 2019 年出现下降，较 2018 年减少 610 万人次；由于 2014 年底贵广高铁开通、2015 年贵开城际列车开通、2016 年沪昆高铁开通运营，公路客运量开始减少，至 2017 年客运量为 68 522 万人次，低于高铁开通前 2014 年的 69 659 万人次。但从 2017 年开始，又出现增长，至 2019 年增加到 83 823 万人次。即航空、铁路、公路未来的客运量前景依然看好。

表 9.3　2011~2019 年贵阳市交通客运发送量　　　单位：万人次

年份	铁路运输量	同比	公路运输量	同比	民航发送量	同比
2011	1 300	23.50%	36 091	26.50%	734	17.00%
2012	1 284	−1.23%	44 299	22.74%	875	19.21%
2013	1 471	14.56%	57 872	30.64%	1 048	19.77%
2014	1 575	7.07%	69 659	20.37%	1 253	19.56%
2015	2 020	28.25%	63 580	−8.73%	1 325	5.75%
2016	2 204	9.11%	62 385	−1.88%	1 511	14.01%
2017	2 843	28.99%	68 522	9.84%	1 811	19.85%
2018	3 962	39.36%	76 415	11.52%	2 009	10.93%
2019	3 352	−15.40%	83 823	9.69%	2 191	9.06%

资料来源：贵阳市国民经济和社会发展统计公报

从表 9.4 看到，贵阳市旅游收入与交通客运量的关联度由强到弱依次是民航客运量、铁路客运量、公路客运量。但 2019 年客运量总人次，公路排第一位、铁路排二位、航空排第三位。即未来公路、铁路、航空依然是贵阳旅游交通工具的主要选择，同时在短途运输中，公路仍然具有优势，铁路、航空发展后劲较大。

表 9.4　贵阳市旅游收入与交通客运量相关关系

	变量	旅游收入	铁路运输量	公路运输量	民航运输量
旅游收入	皮尔森（Pearson）相关	1	0.943**	0.818**	0.962**
	显著性（双尾）		0.000	0.007	0.000
	N	9	9	9	9

**相关性在 0.01 显著（双尾）

（3）贵阳市"十三五"旅游效益预测。《贵阳市"十三五"旅游业发展专项规划》指出，到 2020 年贵阳全市入境游客数量力争突破 50 万人次，旅游外汇收入 2.24 亿元；旅游接待总人数突破 2.36 亿人次，旅游总收入超过 3 241 亿元，旅游收入增加值占地区生产总值的 15%（2019 年为 10%）。

2018 年贵阳全市海外旅游人数达到 54 万人次，2019 年贵阳市旅游外汇收入达到 3.57 亿元，超过规划指标。即贵阳市"十三五"期间海外旅游效益指标达成。

对于旅游总人数、旅游总收入，按贵阳市 2011 年旅游总人数 5 240.64 万人次、旅游总收入 609.93 亿元，到 2019 年旅游总人数 22 901.20 万人次、旅游总收入 3 098.79 亿元，接近规划指标，其年平均增长率分别是 20.24%、25.53%，理论上测算到 2020 年贵阳市旅游总人数 2.75 亿人次、旅游总收入 3 889.91 亿元，即超过规划指标。另外，2019 年贵阳市旅游收入增加值占地区生产总值超过 12%，达到专项规划的要求。

2020 年"国庆、中秋"期间，贵阳市累计接待旅游人数 1 437.78 万人次，恢复到 2019 年同期水平的 96%；实现旅游收入 106.33 亿元，恢复到 2019 年同期水平的 88%，超出全国平均水平。可见贵阳市旅游发展前景非常乐观。

"十四五"期间，贵阳市旅游发展保持"十三五"期间的发展水平，就可以取得较好的效益。

9.2　贵阳市旅游发展的策略

9.2.1　贵阳市旅游的优势

（1）优质旅游资源呈现绿水青山的特色。南明河是贵阳的母亲河，也造就了贵阳的旅游水色景区。贵阳国家风景名胜区红枫湖景区，国家级水利风景区：花溪天河潭景区、开阳清龙河景区、永乐湖景区、松柏山水利风景区、金茫林海景区等都是山水风景。其中松柏山水利风景区位于松柏山水库侧畔，为解决水土流失的石漠化现象，该景区在岩石上凿坑植土种树，绿化林成为一大景色；金茫林海水利风景区为典型的喀斯特地貌，森林植被繁茂，呈现出大自然的山色风光。

贵阳国家 5A 级景区和国家历史文化名镇花溪青岩古镇景区，始建于明洪武十一年（公元 1378 年），因明朝屯兵而建镇，以青色的岩石而得名。古镇四周都是山，被山所包围。因此，花溪青岩古镇又成为山色风光中的美景。

（2）西南地区的交通枢纽地位凸显。以贵阳市城区为中心的立体化交通网络形成，西部地区西安、成都、重庆、昆明、南宁直达贵阳的高铁网络四通八达，使贵阳成为中国西南地区的综合交通枢纽城市；截至 2018 年，贵阳龙洞堡国际机场共开辟航线 241 条，其中国际和地区航线 20 条通航点 19 个，2019 年开通第 5 条洲际航线，初步形成覆盖五大洲的国际航线网。

在《国家综合立体交通网规划纲要》中，涉及贵阳的有西部陆海走廊：粤港澳—成渝主轴：广州—贵阳—成都—重庆；西部陆海走廊：甘其毛都—银川—重庆—贵阳—南宁—海口—三亚，沪昆走廊：上海—杭州—南昌—长沙—贵阳—昆明—磨憨等线路，凸显贵阳市在西南地区的交通枢纽地位。

（3）中国森林城市中的避暑之都。贵阳处在云贵高原，特殊的地理位置和气候，使它成为中国避暑之都，荣登"中国十大避暑旅游城市"榜首，并获得全球避暑旅游名城、亚洲金旅奖首批最美生态旅游目的地、世界越野之乡美誉。

贵阳气候温和，雨水充沛，植物得以茂盛生长，城市被森林簇拥着，处处张扬着浓浓的绿意，形成"山中有城，城中有山，城在林中，林在城里"的画中美景。贵阳是世界上喀斯特地区植被最好的中心城市之一，贵阳被国家林业局授予中国第一个"国家森林城市"称号。

贵阳尤为被称道的是其得天独厚的生态优势和凉爽气候。这里年平均气温15℃，夏季最热时的平均气温在24℃，凉风习习极其舒适，贵阳被中国气象学会授予"中国避暑之都"称号。

9.2.2　贵阳市旅游发展中的主要问题

（1）贵阳在中西部南北旅游大通道的交通枢纽地位有待提升。贵阳作为西南地区交通枢纽城市，与西部地区西安、成都、重庆、昆明、南宁开通直达高铁，并有力推动中西部南北旅游大通道的构建。但目前贵南高铁正在建设，预计 2023年底开通；包海高铁中的西安—安康—重庆高铁还没有开工；包海高铁直线走向连接线安康—张家界高铁还没有进入国家规划等等，这对于贵阳打造西南地区交通枢纽城市有一定影响。

（2）优质旅游资源从质到量都需要极大提高。贵阳市旅游资源在贵州省内，仅有 1 个 5A 级景区，并且在贵州省十大旅游品牌中仅占 4 类。这与同省内的旅游城市铜仁市形成极大的反差，不论是旅游资源的质量，还是旅游资源的数量都与铜仁市有差距。

铜仁市在贵州省十大旅游品牌中占 7 类，有世界自然遗产 1 处，还有国家风景名胜区 3 处、国家地质公园 1 个，这是贵阳市不具有的旅游优势资源。这对贵阳森林城市形象，发展旅游都有影响。

（3）中国森林城市中避暑之都的国际影响力还需扩大。贵阳为西南地区交通枢纽城市，是西南地区通江达海通道的关键点。在西南通海大道建设中，贵阳市抢抓机遇，以国家森林公园建设为基础，打造中国避暑之都品牌，城市得到较好发展。2019 年贵阳市获得城市荣誉：中国地级市全面小康指数前 100 名、中国康养城市排行榜 50 强第 4 位、中国百强城市排行榜第 43 位。

在 2019 年中国百强城市排行榜中，列贵阳市前列的西部省会城市西安市（排名 17），全年接待国内外游客 30 110.43 万人次，旅游业总收入 3 146.05 亿元，全年地区生产总值 9 321.19 亿元；2019 年贵阳市全年接待国内外游客 22 901.20 万人次，旅游业总收入 3 098.79 亿元，全年地区生产总值 4 039.60 亿元。尤其是，2019 年贵阳市海外旅游人数 70.99 万人次，旅游外汇收入 3.57 亿美元，而西安市接待海内外游客约 200 万人次，旅游外汇收入约 14 亿美元。从中可以看出，贵阳市与西安市的国际旅游收入差距还较大。

贵阳市在接待国内外游客、旅游业收入、地区生产总值方面都与西安有差距，这与西安市是国际大都市有直接关系。贵阳市"中国森林城市避暑之都"品牌的打造，必须面向世界扩大影响，提升国际旅游知名度。

9.2.3　贵阳市旅游发展的建议

（1）以"一带一路"引领贵阳中西部地区交通枢纽城市建设。2019 年 8 月 2 日出台的《西部陆海新通道总体规划》提出，建设西部陆海新通道（三条）：自重庆经贵阳、南宁至北部湾出海口（北部湾港、洋浦港），自重庆经怀化、柳州至北部湾出海口，以及自成都经泸州（宜宾）、百色至北部湾出海口，其中贵阳通道是三大主通道中最直的出海通道，并且经怀化、柳州南下至北部湾出海口，同时，还是怀化北上连接南北旅游大通道北段：包头—西安—安康—张家界—怀化与贵阳的重要通道。

2020 年 5 月 17 日发布的《中共中央 国务院关于新时代推进西部大开发形成新格局的指导意见》明确提出，以共建"一带一路"为引领，加大西部开放力度。加强横贯东西、纵贯南北的运输通道建设，拓展区域开发轴线。打通断头路、瓶颈路，加强扶贫通道和旅游交通基础设施建设。

因此，贵阳市要站在全国全局中，本着打通断头路、瓶颈路的思路，从构建全国南北大通道的角度，积极促进合浦—湛江高铁尽早全线开工，共同呼吁张海高铁（怀化—桂林—湛江—海口）尽早开工，全力支持安康—张家界高铁被国家立项，形成中西部南北旅游大通道与西部交通枢纽城市贵阳构成新通道：包头—西安—重庆或怀化—贵阳、贵阳—怀化—桂林—湛江—海口，使贵阳成为中西部地区的交通枢纽城。

（2）以文旅融合方式挖掘和提升旅游品牌质与量。贵阳市不论是旅游资源的质量，还是旅游资源的数量都与旅游大市存在差距。首先贵阳市要在优质旅游资源品质上，选择具有一定特色优势的旅游资源，在贵州省十大旅游品牌中有所突破。例如，在国家森林公园、国家自然保护区、国家地质公园及国家一级博物馆中，实现零的突破，如将贵阳非遗博物馆提升为贵阳国家一级博物馆等。

贵阳森林城市品牌与国家森林公园、国家自然保护区等协调一致成为名副其实的森林之城。同时，针对 4A 级旅游景区，选择品质较高而且环境设施较完备的景区，积极创建国家 5A 级景区，扩大优质资源的数量，并且从中提升贵阳市旅游的竞争力。

其次，文旅融合，挖掘文化内涵，采取多元素形式，提升旅游品牌影响力。贵阳市的中国避暑之都品牌的拓展，就应该有贵阳休闲康养之地—贵阳饮食健康城—印象贵阳情景剧大舞台。当前，要挖掘贵阳的民间小吃，打造贵阳饮食文化，使贵阳名菜成为贵阳的标识符；同时，利用贵阳的民俗节庆活动，挖掘其文化艺术经典，结合非物质文化遗产打造印象贵阳，使其成为贵阳的一张精致名片。

最后，根据贵阳市的特色区域优势，将旅游与相关产业发展结合起来，进行双向互动促进协同发展。贵阳的森林城市品牌打造，森林旅游从森林观赏到水果品尝，从山地旅游游览到农家乐体验，从科普旅游到植物园游览等，打造贵阳的水果产品、绿色农产品、园馆产品等，丰富森林城市品牌内涵。

（3）以世界一流旅游目的地提升中国避暑之都城市影响力。贵阳为云贵高原上的森林城市，良好的生态环境和特殊的地理气候，使它成为人类宜居的城市，尤其是夏季热浪灼人难熬的时候，贵阳最热时的平均气温在 24℃，这里凉风习习，空气清爽，极其舒适，荣登"中国十大避暑旅游城市"榜首，并获得全球避暑旅游名城称号。

从"中国避暑之都"到"全球避暑旅游名城"，在彰显民族文化特色时，要挖掘和利用民族传统节日的民风民俗，形成"多彩贵州"的贵阳人文风情：贵阳的少数民族除过春节、清明节、端午节、中元节、中秋节、重阳节等节日外，还有自己独具民族特色的节日，如布依族二月二的"小年"、三月三的"地蚕会"、六月六的"小年"，苗族等民族四月八的"亚鲁节"，仡佬族七月七日的"吃新节"等，这些节日突出了人与自然的和谐，还有斗牛节、杀鱼节等，展示返璞归真的生活，源于生活的芦笙舞，更是融音乐、舞蹈、服饰于一体，展示音乐旋律和健美艺术。1983 年 4 月 28 日，贵阳市委、市政府决定，将每年农历四月八苗族节日前一周定为"贵阳市民族团结周"，将以民族节日庆典活动展示"多彩贵阳"的人文风情。

从"全球避暑旅游名城"品牌考虑，应该将"贵阳市民族团结周"提升为"贵阳国际民族艺术节"，打造出《节庆·贵阳》情景印象剧，并在每年的三伏天季节（相对农闲时期）举行，展示贵阳市民族文化经典艺术，欣赏国内外优秀文化作品，通过文化艺术丰富"全球避暑旅游名城"品牌内涵，提升贵阳市的国际知名度。

贵阳高原之地，山地特色，获得"世界越野之乡"美誉、"亚洲金旅奖首批最美生态旅游目的地"称号。这表明贵阳是户外运动的理想之地,可以开展"贵阳国际马拉松比赛""贵阳自行车山地线路比赛""贵阳汽车拉力比赛"等,有些活动还可以面向世界,使它成为世界比赛的重要一站,扩大贵阳市的国际影响力。

　　2013 年"生态文明贵阳国际论坛"举行,这是中国首次以生态文明为主题的国家级国际性论坛[①]。贵阳市在此基础上,继续开展年度"生态文明贵阳国际论坛",共同讨论生态文化建设与合作交流,推动生态文明建设,唱响贵阳森林城市品牌,打造"中国贵阳森林城市"世界品牌。

---

　　① "生态文明贵阳国际论坛 2013 年年会"在贵阳召开[EB/OL]. 中央政府门户网站,http://www.gov.cn/gzdt/2013-08/26/content_2473942.htm,2013-08-26.

第10章 南宁市旅游状况的分析与发展策略

　　南宁别称绿城、邕城，是广西壮族自治区首府。它地处华南、西南和东南亚经济圈的结合部，是泛北部湾经济合作、大湄公河次区域合作、泛珠三角合作等多区域合作的交汇点。2017年1月，国务院发布《北部湾城市群发展规划》，将南宁定位为面向东盟的核心城市，并且支持南宁建成特大城市和边境国际城市。截至2019年，南宁市总面积22 100平方千米，常住人口734.48万人[①]。

　　南宁是中国北部湾经济区中心城市、西南地区出海通道的综合交通枢纽，"一带一路"的重要门户城市，中国-东盟博览会永久举办地。先后获得荣誉：国家生态园林城市、国家森林城市、全国绿化模范城市、国家卫生城市、全国文明城市、十大最具幸福感省会城市、中国特色魅力城市、中国外贸百强城市、中国优秀旅游城市、中国特色休闲城市—养生休闲之都、中国最佳休闲城市。获得奖项：联合国人居奖（2007年）、中国人居环境奖、国际友好城市交流合作奖等。南宁市2018年入选中国城市全面小康指数前100名，2019年中国百强城市排行榜第47位，2019年中国康养城市排行榜50强第19位。

10.1 南宁市旅游状况的分析

10.1.1 南宁市的优质旅游资源

　　南宁市的优质旅游资源比较丰富，其中广西壮族自治区的2个中国国家一级

---

　　① 2019年南宁市国民经济发展统计公报[EB/OL]. 南宁市人民政府门户网站，https://www.nanning.gov.cn/sjfw/tjgb/t4318547.html，2020-04-26.

博物馆全部在南宁市。截至 2019 年，它有 5A 级景区 1 家，4A 级景区 32 家，占广西 144 家 4A 级景区的 22.22%。在广西 10 大优质旅游资源中占 6 类（表 10.1）。

表 10.1　南宁市优质旅游资源情况

地区	国家级水利风景区名单	国家一级博物馆	5A 级旅游景区	国家自然保护区	国家森林公园	国家历史文化名镇名村
广西	13	2	7	23	23	16
南宁市	1.天雹水库	1.广西民族博物馆 2.广西壮族自治区博物馆	1.青秀山	1.大明山	1.良凤江 2.九龙瀑布群	1.南宁市江南区江西镇扬美村
占比	7.69%	100.00%	14.29%	4.35%	8.70%	6.25%

10.1.2　南宁市的交通格局

南宁被国务院确定为面向东盟的边境国际核心城市。陆海空的交通网络已经形成。铁路、公路呈"十"字形的拓展网络，南北纵向高速公路、铁路有贵阳、张家界、长沙等地经过南宁直达防城港，东西横向高速公路和高铁由广州经南宁直达昆明。

公路，形成以南宁为中心，高效联系中南西南等周边省市及北部湾港口、中越边境的"一环五射三横一纵"高速公路网络。截至 2019 年，南宁市公路里程超过 1.3 万千米，其中高速公路里程 958 千米，公路客运量达 4 972 万人。

铁路，以南宁为中心，通达全国 18 个省会城市和广西 11 个地级市。2014 年 12 月 26 日，南广铁路开通，南宁进入高铁时代。截至 2019 年，南宁市铁路营运里程超过 700 千米，其中复线达到 350 千米，铁路客运量达 3 731.66 万人。

航运，西江二期整治工程完工后，3 000 吨级内河船舶从南宁直达港澳。水路上溯左江、右江可至贵州、云南两省和中越边境，沿邕江顺流而下千吨级轮船可直达港澳。2019 年南宁水路货物运输量 4 221.4 万吨。

地铁，南宁是中国第一个开通地铁的少数民族自治区城市。截至 2019 年，南宁轨道交通运营线路共有 3 条，即南宁轨道交通 1 号线，南宁轨道交通 2 号线，南宁轨道交通 3 号线，里程总长为 81.2 千米。

1962 年 11 月，南宁吴圩国际机场正式建成通航，2019 年全年执飞航线 172 条，覆盖国内外城市 108 个，其中国际城市和地区 31 个，实现东盟 10 国首都城市全通航，全年民航旅客发送量 807.5 万人。

在《国家综合立体交通网规划纲要》中，构建"678"综合交通网主骨架，其中 7 条走廊之二的西部陆海走廊、广昆走廊都过南宁；8 条通道之一的湘桂通道达南宁等。

10.1.3　南宁市的旅游效益分析

（1）南宁市的旅游状况分析。南宁市旅游效益与国民经济生产总值逐年同步增长。

从表 10.2 可以看到，2011 年以来，南宁市地区生产总值逐年增长，增长速度趋于平稳，年增长率基本保持在 5%以上（除 2019 年外）。说明南宁市国民经济生产发展平稳。

表 10.2　2011~2019 年南宁市旅游效益与地区生产总值

年份	国内旅游人数/万人次	同比	国内旅游收入/亿元	同比	生产总值/亿元	同比	旅游总收入占地区生产总值比	入境旅游人次/万人次	入境旅游收入/亿美元
2011	4 374.74	24.50%	307.05	30.80%	2 211.51	11.50%	13.88%	23.61	0.82
2012	5 122.00	17.08%	397.13	29.34%	2 503.55	12.21%	15.86%	30.07	1.07
2013	5 840.26	14.02%	469.64	18.26%	2 803.54	11.98%	16.75%	35.11	1.37
2014	6 905.00	18.23%	585.74	24.72%	3 148.30	12.30%	18.60%	43.30	1.84
2015	8 159.14	18.16%	729.93	24.62%	3 410.09	8.32%	21.41%	51.09	2.05
2016	9 499.62	16.43%	903.24	23.74%	3 703.39	8.60%	24.39%	55.54	2.32
2017	11 001.08	15.81%	1 109.80	22.87%	4 118.83	11.22%	26.94%	59.13	2.60
2018	13 094.60	19.03%	1 368.42	23.30%	4 341.25	5.40%	31.52%	64.43	2.89
2019	15 209.74	16.15%	1 699.02	24.16%	4 506.56	3.81%	37.70%	68.99	3.80

资料来源：南宁市国民经济统计公报

从 2011 年来，南宁市国内旅游人数、旅游总收入也是逐年同步增长，而且是以较高水平增长，国内旅游人数增长率、旅游收入年增长率分别达到 14%以上、20%左右，旅游总收入占地区生产总值的百分比也是逐年增长，2019 年旅游总收入占地区生产总值比达到 37.70%，即旅游总收入占地区生产总值的三分之一以上。说明南宁市旅游业逐步成为南宁市国民经济的支柱产业。

根据表 10.2 可以看出，2011 年以来，南宁市的旅游人数、旅游收入和地区生产总值逐年同步增长，旅游收入占地区生产总值的百分比由 2011 年的 13.88%上涨到 2019 年的 37.70%，其变化是从 2014 年南广铁路开通，国外旅游人数大量增加，2015 年南宁市国内旅游人数超过 8 000 万人次，海外旅游人数超过 50 万人次，旅游外汇收入超过 2 亿美元，旅游收入占地区生产总值的百分比超过 20%，这表明南宁市的旅游业发展势态很好。

（2）南宁市的交通状况分析。从表 10.3 可以看出，2011 年以来民航旅客发送量逐年增加，至 2019 年达到 807.5 万人次；2012 年来铁路客运量逐年增加，至

2019 年达到 3 731.66 万人次;2014 年来由于南广高铁开通使公路客运量逐年减少,至 2019 年下降到 4 972 万人次,航空、铁路未来客运量前景看好。

表 10.3　2011~2019 年南宁市交通客运量情况　　　单位:万人次

年份	铁路客运量	同比	公路客运量	同比	民航客运量	同比
2011	1 088.01	8.00%	974	10.08%	334.2	15.12%
2012	1 052.91	−3.23%	10 618	8.92%	364.9	9.19%
2013	1 073.98	2.00%	11 240	5.86%	423.5	16.06%
2014	1 502.21	39.87%	6 702	−2.40%	492.8	16.36%
2015	2 138.66	42.37%	6 499	−3.03%	547.6	11.12%
2016	2 575.75	20.44%	5 719	−12.00%	602.8	10.08%
2017	3 040.33	18.04%	5 482	−4.14%	722.2	19.81%
2018	3 506.36	15.33%	5 196	−5.22%	771.0	6.76%
2019	3 731.66	6.43%	4 972	−4.31%	807.5	4.73%

资料来源:南宁市国民经济和社会发展统计公报

从表 10.4 可以看出,南宁市旅游收入与交通客运量的关联度由强到弱依次是铁路客运量、民航客运量、公路客运量。但 2019 年客运量总人次,公路排第一位、铁路排二位、航空排第三位。即未来公路、铁路、航空依然是南宁市旅游交通工具的主要选择,说明在短途运输中,公路仍然具有优势,铁路、航空发展后劲较大。

表 10.4　南宁市旅游收入与交通客运量相关关系

	变量	国内旅游人数	海外旅游人数	旅游外汇收入	铁路客运量	公路客运量	民航客运量
国内旅游收入	皮尔森(Pearson)相关	0.998**	0.948**	0.983**	0.975**	−0.259	0.974**
	显著性(双尾)	0.000	0.000	0.000	0.000	0.501	0.000
	N	9	9	9	9	9	9

**相关性在 0.01 显著(双尾)

(3)南宁市"十三五"旅游效益预测。《南宁市全域旅游总体规划(2017 年~2025 年)》指出:到 2020 年南宁全市旅游接待总人数突破 1.37 亿人次,入境游客数量力争突破 85 万人次,国内过夜游客比重达 50%以上。旅游总收入超过 1 300 亿元,旅游业逐步成为南宁战略性支柱产业。

2019 年南宁全市旅游接待总人数达到 1.52 亿人次,超过规划指标,2018 年南宁全市旅游收入达 1 368 亿元,超过规划指标,并且旅游收入占地区生产总值的百分比超过 30%,旅游业成为南宁战略性支柱产业。即南宁市"十三五"旅游效益指标基本达到。

2020 年"国庆、中秋"期间,南宁市累计接待旅游人数 477.04 万人次,恢复到 2019 年同期水平的 87.33%;实现旅游收入 29.81 亿元,恢复到 2019 年同期水平的 86.23%,超出全国平均水平。可见南宁市旅游发展前景非常乐观。

对于入境游客数量,按南宁市 2011 年入境游客数量 23.61 万人次到 2019 年入境游客数量 68.99 万人次,年平均增长率是 14.34%,理论上测算到"十三五"末南宁市入境游客数量 78.89 万人次。与规划入境游客数量 85 万人次,相差 6.11 万人次。

这预示南宁市在"十四五"期间,需要将入境旅游作为重要问题加以研究解决。《南宁市国民经济和社会发展第十四个五年规划和 2035 年远景目标纲要》对整体旅游效益和入境游客指标未提出具体要求,但按南宁市地区生产总值年均增速 7.5% 的要求,到 2025 年,南宁市入境游客数量应达 106 万人次。南宁市在 2019 年基础上,按年平均增长率 8.97% 计算,"十四五"末入境游客数量达到 106 万人次的要求。

10.2　南宁市旅游发展的策略

10.2.1　南宁市旅游的优势

(1)自然与人文兼有的旅游优质资源体现民族特色。截至 2019 年,南宁市 5A 级景区 1 家,4A 级景区 32 家,4A 级以上景区占广西壮族自治区的 1/5 以上,在广西十大优质旅游资源中占 6 类,其中广西民族博物馆、广西壮族自治区博物馆是广西壮族自治区仅有的两个国家一级博物馆,能够很好地突出广西民族特色。

(2)通达国内外的交通优势形成"一带一路"的重要门户城市。以南宁为中心的立体化交通网络形成,并且陆路通达越南等国家,航空覆盖国内外 108 个城市,实现东盟 10 国首都城市全通航。我国西部地区西安、成都、重庆、贵州、昆明直达南宁的高铁,以及普通铁路、高速公路经过南宁通达防城港、北海,使南宁成为中国西南地区出海通道的综合交通枢纽、"海上丝绸之路"的重要门户城市。

在《国家综合立体交通网规划纲要》中,西部陆海走廊西宁经兰州、成都/重庆、贵阳、南宁、湛江至三亚;甘其毛都经银川、宝鸡、重庆、毕节、百色至南宁。广昆走廊:深圳经广州、梧州、南宁、兴义、昆明至瑞丽和深圳经湛江、南宁、文山至昆明。湘桂通道:长沙经过桂林、南宁至凭祥等线路都过南宁,凸显南宁在西南地区的交通枢纽地位。

（3）中国-东盟博览会永久举办地推动边境国际特大城市建设。从 2004 年起，中国-东盟博览会永久举办地落户南宁，极大地提升了南宁市的国际影响力，扩大了城市的建设范围，发展成"一主四副"大格局，其中五象新区不断铸造城市"门面"："一带一路"陆海联动主通道、中国东盟信息港南宁核心基地、中国（广西）自由贸易试验区南宁片区落户城市。同时，南宁人口流量日益增加，大量的物资涌入南宁市场，各种知名品牌展会陆续登台南宁，南宁正朝着边境国际特大城市迈进。

10.2.2　南宁市旅游发展中的主要问题

（1）中西部地区陆海联动主通道还没有形成。南宁市作为西南地区陆海联动主通道交通枢纽城市，有力地推动了出海交通通道形成。但是，目前贵南高铁（时速 350 千米）正在建设，预计 2023 年底开通，北海合浦—湛江高铁还没有全线开建，南宁—深圳高铁、张海高铁（怀化—桂林—海口段）都还没有进入国家规划，对于南宁打造陆海联动主通道交通枢纽城市有一定影响，尤其是北海合浦—湛江高铁和张海高铁，对接海南国家自贸区，对南宁经过玉林至海南岛，以及南宁经过桂林至我国中西部地区影响极大。即南宁作为中西部地区陆海联动主通道的交通枢纽城市，由于包海高铁和南北旅游大通道（包头—西安—安康—怀化—桂林—湛江—海口）还没有贯通，其地位和作用还没有最大限度地发挥出来。

（2）优质旅游资源数量和影响力都需要扩大。南宁市旅游资源方面，广西仅有的两个国家一级博物馆广西民族博物馆、广西壮族自治区博物馆全在南宁市，并且它有 5A 级景区青秀山风景区 1 家，在自治区内有一定优势。但广西壮族自治区 7 家 5A 级景区，桂林就有 4 家，使南宁市与旅游城市桂林形成极大的反差，不论是旅游资源的数量，还是旅游资源的品质都有差距。

桂林市有国家 5A 级景区 4 家，还有世界自然遗产名录中国南方喀斯特、国家风景名胜区漓江名胜区等。2019 年桂林市接待国内游客 1.35 亿人次，海外旅游人数 314.59 万人次，国内旅游收入 1 731.75 亿元，入境旅游收入 20.62 亿美元。2019年南宁市的国内旅游人数 1.52 亿人次，入境旅游人数 68.99 万人次，国内旅游收入 1 699.02 亿元，入境旅游收入 3.8 亿美元。尽管南宁市国内游客较桂林市多 1 700万人次，但旅游收入低于桂林市，尤其是海外旅游效益较桂林市差距较大。

（3）边境国际特大城市品牌打造需要创新。2017 年 2 月，国家发展改革委、住房和城乡建设部印发《北部湾城市群发展规划》，确定南宁为面向东盟的核心城市，并且支持南宁建成特大城市。南宁市抢抓机遇，得到较好发展。2019 年，南宁市位于中国百强城市排行榜第 47 位、中国康养城市排行榜 50 强第 19 位。

但目前南宁市不论是旅游景区建设还是旅游品牌打造方面，都存在数量与质量的问题，在文旅融合和文旅体验方面，不论是《印象南宁》还是南宁"天下民歌眷恋的地方"形象标语，都没有桂林的《印象·刘三姐》影响力大。而且在旅游服务、旅游消费等方面，面对东盟国家的竞争力，与世界一流旅游胜地也有一定差距。因此，南宁市在边境国际特大城市建设中，对于城市品牌打造需要创新。

10.2.3　南宁市旅游发展的建议

（1）以"一带一路"引领中西部地区陆海联动主通道建设。2019 年 8 月《西部陆海新通道总体规划》提出，建设自重庆经贵阳、南宁至北部湾出海口（北部湾港、洋浦港），自重庆经怀化、柳州至北部湾出海口，以及自成都经泸州（宜宾）、百色至北部湾出海口三条通道，共同形成西部陆海新通道的主通道。这三条通道都经过南宁市。

2020 年 5 月 17 日发布的《中共中央　国务院关于新时代推进西部大开发形成新格局的指导意见》明确提出，以共建"一带一路"为引领，加大西部开放力度。强化开放大通道建设，完善北部湾港口建设。打造具有国际竞争力的港口群。

南宁市抓住新时代西部大开发机遇，以"海上丝绸之路"为引领，共同提升防城港、钦州港、合浦港等港口群与陆海联动主通道的标准，彰显南宁市作为陆海联动主通道的交通枢纽城市的辐射作用，成为国家"一带一路"重要的门户城市。

同时，南宁要联合相关城市推进北海合浦—湛江高铁、张海高铁（怀化—桂林—海口段）、南宁—深圳高铁全面开工建设。《中共中央　国务院关于新时代推进西部大开发形成新格局的指导意见》明确指出：强化基础设施规划建设。加强横贯东西、纵贯南北的运输通道建设，拓展区域开发轴线。打通断头路、瓶颈路，加强出海、扶贫通道和旅游交通基础设施建设。

2020 年 6 月 1 日发布的《海南自由贸易港建设总体方案》明确指出：实施高度自由便利开放的运输政策，推动建设西部陆海新通道国际航运枢纽和航空枢纽，加快构建现代综合交通运输体系。

因此，加快建设张海高铁，对于推动西部陆海新通道、北部湾经济区、粤港澳大湾区、海南自贸港等区域战略深度融合、协同发展具有重大意义。张海高铁是一条承担国家战略的快速客运通道，是促进少数民族地区后续发展的重要通道，是促进区域经济合作发展的重要交通命脉，也是开启社会主义现代化强国建设的交通网络体系。在广西与广西南部毗邻地区形成旅游环线：南宁—北海—湛江—海口（—三亚）—湛江—桂林—南宁，与南宁—深圳高铁相交直达香港、澳门，形成泛北部湾的陆路旅游通道。

（2）以全域旅游理念文旅融合方式创建城市品牌。全域旅游是指在一定区域内，以旅游业为优势产业，通过对区域内经济社会资源进行全方位、系统化的优化提升，实现区域资源有机整合、产业融合发展、社会共建共享，以旅游业带动和促进经济社会协调发展的一种新的区域协调发展理念和模式[①]。南宁市要充分发挥人文旅游的优势资源，依托国家一级博物馆广西民族博物馆、广西壮族自治区博物馆在南宁市的优势，结合5A级景区青秀山风景区，用全域旅游文旅融合的方式，提升南宁市国际旅游影响力。

南宁属于南亚热带湿润季风气候，常年无冬，一年四季绿树成荫、瓜果飘香、青山环绕、碧水常流。"绿满南宁""四季皆绿"成为南宁的标识，它素有"中国绿城"的美誉。南宁是一座历史悠久的边陲古城，也是红豆的故乡。唐朝著名诗人王维的《相思》有言："红豆生南国，春来发几枝。愿君多采撷，此物最相思。"南宁就是寻找相思之情的"南国"。

南宁是一座民族之城，壮族是我国人口最多的少数民族，他们能歌善舞，有着灿烂的民族文化。壮乡人民以歌会友、以歌传情，充分展示出南宁是歌的海洋，舞的故乡。南宁是中国情歌之地。

国家级非物质文化遗产《百鸟衣》民间故事非常动人：贫苦农民古卡的妻子依娌被土司抢掠。依娌嘱咐古卡制弓箭射百鸟，用羽毛制成神衣，百天为期到州府相会。古卡历尽艰辛制成百鸟衣后，按时来到州府。古卡借献衣之机杀死土司，夺取骏马，夫妻俩驰骋而去。大型壮族歌舞剧《百鸟衣》成为国家级非物质文化遗产，是广西文化的标识。现在，每年农历正月初八的百鸟衣节，是青年人的"爱情节"。

国家级非物质文化遗产"壮族三月三"：壮族男女青年把三月初三视为"情人节"，是觅得意中人的吉日。表达爱情的方式就是在歌圩对歌。现在歌圩节是广西壮族一种群众性的唱歌活动，也是酷爱唱歌的壮族人民比歌赛智的传统节日。三月三歌圩是在农历三月初三举行的节日歌会。1983年广西壮族自治区人民政府决定：每年农历三月初三为壮族歌节，并在南宁、柳州、桂林等地举行歌节盛会。

1993年起广西开始举办民歌节，人们以歌传情，以歌会友，共同抒发对美好生活的向往和热爱。从1999年开始广西政府把"广西国际民歌节"更名为"南宁国际民歌艺术节"，并定于每年的11月在南宁举行。

"天下民歌眷恋的地方"南宁，是中国的情歌之乡、南方戏剧之地，也就有了国家级非物质文化遗产相关文艺项目：壮族三月三、壮族歌圩、壮族三声部民歌、邕剧、广西粤剧（南派粤剧）等。因此，可以将南宁打造成为"中国绿城，情歌之乡"。

（3）以世界一流旅游目的地提升边境国际特大城市影响力。《中共中央　国务院关于新时代推进西部大开发形成新格局的指导意见》明确提出，提高南宁面向毗邻国家的次区域合作支撑能力。支持在跨境金融、跨境旅游、通关执法合作、人员出入境管理等方面开展创新。

南宁市边境国际特大城市建设，按照国际大都市的标准，从市政建设做起，突出"中国绿城"的山水园林的特征，使宾馆成为旅客宜居的花园和植物园，以满足中国-东盟博览会举办方等机构举行各个旅游相关活动的需求；并从步入南宁的边关、车站、码头、机场等地，建设交通连接线，实现由到达地点到宾馆或旅游景区的"零"换乘。创建"南宁一键游"智慧服务系统，使其成为旅客的"导游"，平安舒适的自由行的导航。

将南宁打造成中国节庆之乡。从农历正月初八的《百鸟衣》"爱情节"，到正月十一的国家级非物质文化遗产"炮龙节"、"壮族三月三"的"情人节"、端午节的赛龙舟，农历六月初一、六月二十四、七月初一，壮族"红饭节"、金秋的"南宁国际民歌艺术节"等，凸显南宁的民俗，以歌为友、以水为伴、以食为本。因此，可以打造《情歌·南宁》印象剧，突出南宁的民族特色；以亚热带水果，突出南宁中国南方绿城；以东南亚风味，突出南宁边境国际城。使南宁成为"四季南宁""情歌南宁""节庆南宁""美食南宁""水果南宁""夜间南宁""边城南宁"。

充分利用中国-东盟博览会永久举办地资源，开展相应的"国际论坛"，共同讨论经济发展与合作交流，推动中国-东盟经济圈协调发展。同时，结合"国际论坛"将文化旅游作为重要议题，进行交流讨论。构建中国南宁-东盟各国的国际旅游线路，实现互利共赢的良好局面；开展中国南宁与东盟各国的文化交流活动，增进各国民众对各国民族文化艺术的了解，弘扬各国民族的优秀文化，扩大城市的国际影响力，提升海外旅游服务质量，吸引海外游客到南宁旅游，提高海外旅游效益。

第 11 章　海口市旅游状况的分析与发展策略

　　海口别称"椰城"，海南省省会，"一带一路"倡议支点城市，中国（海南）自由贸易（港）核心城市。海口市全市总面积 3 126.82 平方千米，其中陆地面积 2 296.82 平方千米，海域面积 830 平方千米①，2020 年常住人口 287.34 万人②。

　　海口市作为国家历史文化名城，是一座拥有温和气候和秀丽风景的热带岛屿城市。它先后获得如下城市荣誉：中国优秀旅游城市、全国旅游标准化示范城市、美丽山水城市、国家园林城市、全国文明城市、国家卫生城市、城市设计试点城市、中国休闲美食名城、中国魅力城市、中国最具幸福感城市、中国人居环境奖、中国特色魅力城市 200 强、中国城市绿色竞争力指数 20 强第 12 位、中国地级市全面小康指数 100 强第 55 位、中国康养城市排行榜 50 强第 2 位、最具创新力国际会展城市，2018 年被联合国国际湿地公约组织评定为全球首批"国际湿地城市"，2019 年海口市空气质量位列全国 168 个地级及以上城市中的第一。

11.1　海口市旅游状况的分析

11.1.1　海口市的优质旅游资源

　　海口市的优质旅游资源比较丰富。海口作为国家历史文化名城，拥有国家级海洋公园 1 处，占海南的 50%。截至 2019 年，海口有 4A 级景区 4 家，占海南 17 家的 23.53%。在海南十大优质旅游资源中海口市优质旅游资源占 4 类（表 11.1）。

---

① 海口概览[EB/OL]. 海口市人民政府网站，http://www.haikou.gov.cn/sq/，2022-01-06.
② 胡国栋. 海南 19 个市县面积及人口分布情况！[EB/OL]. 腾讯网，https://view.inews.qq.com/a/20220325A0B9GZ00，2022-03-25.

表 11.1　海口市优质旅游资源情况

地区	国家历史文化名城	国家级水利风景区	国家自然保护区	国家森林公园
海南	1	5	10	7
海口市	1.海口	1.海口美舍河	1.东寨港	1.海口火山
占比	100.00%	20.00%	10.00%	14.29%

11.1.2　海口市交通和旅游发展现状

（1）海口市交通现状。海口市已经形成了比较完善的陆海空立体交通体系。旅游者可以搭乘飞机直接抵达海口市，还可以乘坐火车抵达湛江海安，再乘坐轮渡穿越琼州海峡抵达海口市，海口市是连接内陆与海南岛的通道要点。

公路交通：海口市公路交通体系由西线高速、东线高速、海口—文昌高速、海口—榆林港西线、海口—榆林港东线、海口—榆林港中线构成。三条国道 G223、G224、G225 和六条省道横贯海口市东西南北，并与周边乡镇连通，使得县道、乡道、村道覆盖整个海口市。

铁路交通：海口市的铁路交通由普速铁路、高速铁路和琼州海峡铁路轮渡组成。首先，普速铁路有湛江至海安铁路、海口至三亚铁路。其次，高速铁路有海南环岛铁路。海南东环铁路于 2007 年动工建设，于 2010 年竣工运行，北起海口市，南至三亚市，途经文昌市、琼海市、万宁市、陵水黎族自治县，全长 308 千米。海南西段铁路于 2012 年动工建设，于 2015 年竣工运行，始于海口站，终到三亚站，途经洋浦经济开发区、昌江黎族自治县、东方市、乐东黎族自治县、崖城镇（现为崖州区），全长 345 千米。最后，琼州海峡铁路轮渡有铁路北港、铁路南港和粤海铁 1~4 号。

水路交通：海口市水路交通的发展也取得了引人瞩目的成就。截至 2019 年，海口有三个码头：海口港（秀英港）、海口新港、南港码头，其中海口港有秀英、新海、马村 3 处港区，有码头泊位 67 个，万吨级泊位 14 个。

继开通海口至越南胡志明市、印度尼西亚巨港直达国际航线后，海口市又新增泰国曼谷、菲律宾马尼拉、柬埔寨西哈努克港 3 条直达班轮航线。

民航交通：海口美兰国际机场于 1999 年正式通航。目前，共有 40 家航空公司在海口美兰国际机场运营 169 条航线，与国内 105 个城市通航。2017 年，海口美兰机场共执行航线 249 条，通航境内外城市 139 个。开通境外航线 27 条，通航境外城市 26 个。2017 年度海口美兰国际机场旅客吞吐量达到 2016 万人次，跻身"2000万级俱乐部"，成为国内第 18 家大型繁忙机场。[1]

---

[1] 海口美兰国际机场年旅客吞吐量突破 2000 万人次[EB/OL]. 搜狐焦点, https://sanya.focus.cn/zixun/fcf8d0b94da3cb0c.html, 2017-11-27.

《国家综合立体交通网规划纲要》提出，布局国家综合立体交通网主骨架。其中 7 条走廊中，有西部陆海走廊过海口，8 条通道中，有二湛通道连接海口等线路。

（2）海口市旅游经济分析。海口市旅游效益与地区生产总值逐渐同步增长。海口市旅游业呈现良好的发展态势，"十三五"期间，全社会大力发展旅游业带动国民经济增长。

从表 11.2 看，2003~2019 年海口市生产总值逐渐增长，增长速度趋于平稳，年增长率保持在 7.5%以上，说明海口市国民经济生产发展势头良好。

表 11.2　2003~2019 年海口市旅游效益与地区生产总值

年份	国内外旅游人数/万人次	同比	旅游总收入/亿元	同比	生产总值/亿元	同比	旅游总收入占生产总值比	入境旅游人数/万人次	外汇收入/亿美元
2003	394.04	0.7%	32.42	−3.9%	238.18	13.6%	13.6%	32.42	1.59
2004	460.63	18.2%	42.76	20.1%	253.01	13.2%	16.9%	42.76	1.90
2005	512.20	11.2%	47.20	10.4%	301.35	12.1%	15.7%	47.20	2.80
2006	536.52	4.8%	51.23	8.5%	350.06	12.9%	14.6%	51.23	2.86
2007	585.65	9.2%	55.39	8.1%	396.40	12.6%	14.0%	55.39	2.91
2008	637.90	8.5%	60.02	8.4%	443.18	10.4%	13.5%	15.87	2.98
2009	672.30	5.4%	65.01	8.3%	489.55	10.8%	13.3%	10.32	2.13
2010	736.13	9.5%	72.09	10.9%	590.55	17.5%	12.2%	13.29	2.59
2011	845.84	14.9%	83.02	15.2%	712.75	12.3%	11.6%	14.68	2.65
2012	952.90	12.7%	101.57	22.3%	820.58	9.4%	12.4%	17.97	3.09
2013	1 044.30	9.6%	120.16	18.3%	904.64	9.9%	13.3%	15.66	2.90
2014	1 130.68	8.3%	142.02	18.2%	1 005.51	9.2%	14.1%	13.69	2.59
2015	1 225.20	8.4%	160.06	12.7%	1 161.28	7.5%	13.8%	12.20	2.82
2016	1 329.19	8.5%	191.24	13.6%	1 257.67	7.7%	15.2%	13.65	3.11
2017	2 427.66	11.1%	265.99	14.3%	1 390.48	7.5%	19.1%	18.19	4.10
2018	2 670.85	10.0%	298.11	12.1%	1 510.51	7.6%	19.7%	26.13	5.74
2019	2 820.39	5.6%	320.61	7.6%	1 671.93	7.5%	19.2%	29.12	7.01

资料来源：海口市国民经济和社会发展统计公报

从 2003~2019 年以来，海口市国内外旅游人数、旅游总收入逐年同步增长，其中 2010 年以来，国内外旅游人数、旅游总收入年增长率分别在 5%左右、7%以上，而且旅游总收入占地区生产总值的百分比都在 11%以上，2019 年旅游总收入占地区生产总值的 19.2%，即旅游总收入约占到国民经济地区生产总值的五分之一。这说明海口市旅游业逐步成为海口市国民经济的新型产业。

由表 11.2 可以看出，国内外旅游人数逐年增长，发展趋势良好；入境旅游人数波动幅度较小，发展趋势平稳；旅游总收入逐年增长，发展趋势良好；外汇收入波动幅度较小，发展趋势平稳。海口市旅游业的快速发展，不仅给海口市旅游业带来巨大的经济效益，还推动了海口市国民经济的发展。

（3）海口市交通状况分析。2018 年海口市交通客运量，民航排第一位、铁路排二位、公路排第三位、水路第四位（表 11.3）。从表 11.4 可以看出，海口市旅游收入与交通客运量的关联度由强到弱依次是民航客运量、铁路客运量、水路客运量、公路客运量。未来航空、铁路、水路、公路依然是海口市旅游交通工具的主要选择，在短途运输中公路依然具有一定优势，铁路、航空发展持续发力，水路仍然具有一定市场。

表 11.3　2003~2018 年海口市交通客运量　　　　单位：万人

年份	公路客运量	铁路客运量	水路客运量	民航客运量
2003	6 378.0	12.5	273.0	726.8
2004	24 368.0	13.0	241.0	1 095.0
2005	25 904.0	32.0	251.0	1 280.0
2006	26 989.0	69.8	410.0	986.5
2007	28 170.0	56.4	283.0	1 017.4
2008	19 110.0	80.0	563.3	1 524.2
2009	26 391.0	86.2	583.0	1 201.1
2010	29 521.0	102.8	705.0	1 285.0
2011	31 532.0	1 065.6	811.0	1 481.2
2012	36 394.0	1 189.4	866.0	1 666.8
2013	41 180.0	1 422.3	974.5	1 961.3
2014	2 100.3	1 582.0	1 006.8	2 208.7
2015	2 170.0	1 669.8	929.0	2 310.2
2016	2 827.0	2 336.8	945.0	2 890.1
2017	2 666.0	2 724.4	1 012.0	3 197.6
2018	2 548.7	2 993.7	930.5	3 641.0

资料来源：《海口统计年鉴》

表 11.4　海口市旅游收入与交通客运量相关关系

	变量	旅游收入	公路客运量	铁路客运量	水路客运量	民航客运量
旅游收入	皮尔森（Pearson）相关	1	-0.600*	0.962**	0.761**	0.979**
	显著性（双尾）		0.014	0.000	0.001	0.000
	N	16	16	16	16	16

**相关性在 0.01 显著（双尾）；*相关性在 0.05 显著（双尾）

11.1.3　海口市交通对旅游发展的分析

（1）数据来源及变量选择。选取了 2003~2018 年《海口统计年鉴》的相关数据，记 Y_1 表示旅游总收入，X_1 表示公路客运量，X_2 表示铁路客运量，X_3 表示水路客运量，X_4 表示民航客运量。运用 Eviews 10.0 软件进行相关性检验、平稳性检验、协整分析，探索海口市交通对旅游业发展的影响。

（2）各种交通运输载体客运量与旅游总收入相关性检验。由表 11.4 可以看出，民航交通、铁路交通对旅游业发展的影响作用最强，其次是水路交通，最后是公路交通。由于 2010 年之后海口市高速铁路的建成运行，铁路客运量呈增加趋势，公路客运量呈减少趋势。因此，初步判断民航交通、铁路交通、水运交通的发展会推动旅游业发展，促使旅游经济快速增长。

（3）各种交通运输载体客运量与旅游总收入平稳性检验。通过 ADF 检验分析变量的平稳性。首先，对旅游总收入、公路客运量、铁路客运量、水路客运量、民航客运量五组数据做对数处理，消除变量的异方差性。但发现 ADF 统计量大于5%临界值，P 值大于 0.05，不拒绝原假设，数据不平稳。

其次，对做对数处理后的旅游总收入、公路客运量、铁路客运量、水路客运量、民航客运量五组数据进行一阶差分后做 ADF 检验，发现 ADF 统计量小于 5%临界值，P 值小于 0.05，拒绝原假设，数据平稳（表 11.5）。

表 11.5　ADF 检验结果

变量	ADF 统计量（t_δ）	5%临界值（τ）	P 值	结论
旅游总收入	2.275 569	−3.098 896	0.999 7	非平稳
公路客运量	−2.644 111	−3.759 743	0.268 8	非平稳
铁路客运量	−2.062 798	−3.759 743	0.523 2	非平稳
水路客运量	−1.837 802	−3.144 920	0.346 8	非平稳
民航客运量	−0.837 490	−3.875 302	0.929 3	非平稳
旅游总收入差分	−5.009 439	−3.791 172	0.007 2	平稳
公路客运量差分	−4.106 077	−1.968 430	0.000 5	平稳
铁路客运量差分	−4.023 797	−3.098 896	0.009 7	平稳
水路客运量差分	−6.044 528	−3.933 364	0.003 2	平稳
民航客运量差分	−8.648 162	−3.828 975	0.000 1	平稳

由表 11.5 可以看出，旅游总收入、公路客运量、铁路客运量、水路客运量、民航客运量，变量不平稳；一阶差分后，变量平稳，且都为同阶变量，可以进行协整分析。

旅游总收入与相关交通工具客运量之间都存在长期协整关系，能建立协整回归方程。

一是旅游总收入与铁路客运量。通过广义差分法消除一阶自相关性，获取回归方程模型：

$$\ln Y_1 = 3.971\,139 + 0.113\,113\ln X_2, (1 - 0.976\,724L)e_t = \hat{v}_t \qquad (11.1)$$
$$R^2=0.942\,209, \quad F=65.214\,51, \quad \text{DW}=1.440\,968$$

因此，回归方程中的铁路客运量的系数是 0.113 113，说明铁路交通每增加 1%，旅游总收入将增加 0.11%，铁路交通对旅游总收入有推动作用。

二是旅游总收入与水路客运量。通过广义差分法消除一阶自相关性，获取回归方程模型：

$$\ln Y_1 = 3.631\,481 + 0.151\,614\ln X_3, (1 - 0.984\,495L)e_t = \hat{v}_t \qquad (11.2)$$
$$R^2=0.933\,637, \quad F=56.274\,93, \quad \text{DW}=0.993\,510$$

因此，回归方程中的水路客运量的系数是 0.151 614，说明水路交通每增加 1%，旅游总收入将增加 0.15%，水路交通对旅游总收入有推动作用。

三是旅游总收入与民航客运量。由于没有一阶自相关性，获取回归方程模型：

$$\ln Y_1 = -5.866\,060 + 1.403\,4691\ln X_4 \qquad (11.3)$$
$$R^2=0.945\,215, \quad F=241.544\,5, \quad \text{DW}=2.270\,748$$

因此，回归方程中的民航客运量的系数是 1.403 469 1，说明民航交通每增加 1%，旅游总收入将增加 1.4%，民航交通对旅游总收入有推动作用。

四是旅游总收入与公路客运量。由于旅游总收入与公路客运量之间不存在长期协整关系，不能建立协整回归方程。

（4）结论。海口市旅游总收入与海口市交通工具有显著关系，尤其是与铁路交通、水路交通、民航交通具有更强的显著关系，证实海口市交通对海口市旅游发展有显著关系。

海口市铁路交通、水路交通、民航交通对海口市旅游总收入有推动作用。但在海口市内，公路在连接旅游景区与各种交通站点方面，还是发挥着重要作用。其中，民航交通对旅游总收入的推动作用最强，其次是水路交通、铁路交通。证实海口市交通对海口市旅游发展有推动作用。

11.1.4　海口市"十三五"旅游效益预测

（1）灰色预测。利用 GM(1,1) 模型预测。

建模步骤如下：设时间序列 $X^{(0)} = \{X^{(0)}(1), X^{(0)}(2), \cdots, X^{(0)}(n)\}$，通过累加生成新序列 $X^{(1)} = \{X^{(1)}(1), X^{(1)}(2), \cdots, X^{(1)}(n)\}$，则 GM(1,1) 模型的微分方程是

$$\frac{\mathrm{d}X^{(1)}}{\mathrm{d}t} + aX^{(1)} = \mu \qquad (11.4)$$

其中，a 是发展灰数；μ 是内生控制灰数。

设 $\hat{a}$ 是待估参数量，$\hat{a} = \begin{pmatrix} \alpha \\ \mu \end{pmatrix}$，利用最小二乘法求解得

$$\hat{\alpha} = \left(\boldsymbol{B}^T \boldsymbol{B} \right)^{-1} \boldsymbol{B}^T \boldsymbol{Y}_n \qquad (11.5)$$

其中：

$$\boldsymbol{B} = \begin{bmatrix} -\dfrac{1}{2}[X^{(1)}(1) + X^{(1)}(2)] & 1 \\ -\dfrac{1}{2}[X^{(1)}(2) + X^{(1)}(3)] & 1 \\ \vdots & \vdots \\ -\dfrac{1}{2}[X^{(1)}(n-1) + X^{(1)}(n)] & 1 \end{bmatrix}, \quad \boldsymbol{Y}_n = \begin{bmatrix} X^{(0)}(2) \\ X^{(0)}(3) \\ \vdots \\ X^{(0)}(n) \end{bmatrix} \qquad (11.6)$$

求解微分方程，即可得预测模型：

$$\hat{X}^{(1)}(k+1) = \left[X^{(0)}(1) - \dfrac{\mu}{a} \right] e^{-ak} + \dfrac{\mu}{a} \ (k = 0, 1, \cdots, n) \qquad (11.7)$$

（2）灰色预测模型分析。依据海口市 2011~2018 年旅游总收入数据，通过 MATLAB 软件建立灰色预测模型 GM(1,1)，理论上预测 2019 年、2020 年海口市旅游总收入分别是 357.49 亿元、432.69 亿元。

根据《海口市旅游业发展"十三五"规划》，"十三五"末海口市旅游总收入目标值是 300 亿元。"十三五"末海口市旅游总收入理论预测值是 432.69 亿元。即正常情况下，海口市"十三五"旅游效益目标值可以实现。

2019 年海口市接待国内外游客 2 820.39 万人次，比上年增长 5.6%，实现旅游总收入 320.61 亿元，增长 7.6%，其中入境旅游收入 10 002.31 万美元，增长 22.1%。即 2019 年海口市实现"十三五"旅游效益目标值。足见预测模型基本可行。

"十四五"期间，海口市旅游发展保持"十三五"期间的发展水平，就可以取得较好的旅游效益。

11.2　海口市旅游发展的策略

11.2.1　旅游发展的优势

（1）海口市是适合人类移居的中国历史文化名城。海口市作为移民城市，随着宋代诗人苏东坡的诗句"九死南荒吾不恨，兹游奇绝冠平生"，海南成为具

有传奇色彩的旅游胜地，成为今天具有"中国人居环境奖"的城市。更重要的是，苏东坡在海南逆境之中的"豁达向上"精神，使海口市成为人们追求快乐生活的感受地。

（2）海口市是滨海热带国际旅游自由岛城市。海口市的滨海热带优势资源，使它成为我国的"暖冬"城市、四季长春的花香城市、世界"长寿岛"。同时，海口市作为我国改革的前沿城市，正成为"海上丝绸之路"战略要点。

（3）海口市是海南省的北大门。海口市引领海南省的发展，承接着来自内陆的水陆两栖旅客，并关乎着旅客的安全离岛。海口市形成了陆海空的交通优势，尤其是铁路优势强于旅游城市三亚，可以直达全国各地：首都北京、东北长春、哈尔滨，中原郑州，东南广州等地，并且近海开通海口—香港（含澳门）—广州、海口—北海航线，远海开通海口—三沙市西沙群岛的航线，以及联手开通（广州）海口—三亚—越南、马来西亚、新加坡等国际航线，成为具有国际影响力的沿海城市。

在《国家综合立体交通网规划纲要》中，有西部陆海走廊：西宁经兰州、成都/重庆、贵阳、南宁、湛江至三亚；甘其毛都经银川、宝鸡、重庆、毕节、百色至南宁。二湛通道：二连浩特经大同、太原、洛阳、南阳、宜昌、怀化、桂林至湛江等线路，凸显出海口在南北旅游大通道的海洋优势。

11.2.2　旅游发展中存在的问题

（1）海口市旅游效益在南北旅游大通道中相对偏低。虽然按照目前发展速度，海口市完全可以实现"十三五"旅游效益目标值，但是海口市在整个南北旅游大通道上的旅游效益仍然偏低。

2019 年海口市接待游客 2 820.39 万人次，旅游总收入 320.61 亿元，与海口市相邻的湛江市年接待游客 6 022.51 万人次，旅游总收入 601.23 亿元，远超出海口市的旅游效益。陕南非旅游城市安康市接待游客 5 102.76 万人次，旅游总收入 329.14 亿元，均超出海口市的旅游效益。

（2）海口市的旅游效益受到琼州海峡的影响。海口市作为连接海南岛与内陆地区的桥梁，仍然受琼州海峡交通的制约，导致海口市旅游的可进入性较差，影响海口市旅游效益增长。2018 年春节琼州海峡出现大雾，导致琼州海峡出现多次大面积停航，出岛车辆严重滞留，车队最长达到 20 千米，10 万人被堵在海南岛。2019 年 7 月初受南海热带低压影响，琼州海峡航线全线停航，海南铁路轮渡同时停运，对海口市的旅游影响较大。

（3）海南岛的交通网络与旅游景区衔接存在空隙。虽然海口市外部交通网络已初步建成，但是海口市内部交通网络仍然存在问题，景区外部和景区内部的交通换乘需要优化升级，方便旅游出行，提升旅游感受。海南岛环线高铁和环线高速公路都已经开通，而且大多数车站都开通了到旅游景区的旅游公交专线，但是也有些车站（如海南岛内的博鳌站到博鳌亚洲论坛会址 4A 级景区）没有开通到旅游景区的旅游公交专线，使游客不能从车站出发直达旅游景区，或者从旅游景区无法直接返回车站。在其他一些旅游景点也存在类似问题，旅游交通未实现无缝衔接，形成零换乘。

11.2.3　旅游发展的建议

（1）全力构建琼州海峡交通新格局，打通南北通道。海南省是南北旅游大通道（内蒙古—陕西—重庆—湖北—湖南—贵州—广西—广东—海南）的南段省，包海高铁（包头—银川—西安—重庆—贵阳—南宁—湛江—海口）和张海高铁（张家界—桂林—湛江—海口）的部分路段开始修建。海口市（包括海南省）要主动联合相关省区市，全力推进湛江—海口的高铁项目开工建设，尤其是琼州海峡高铁连接项目的立项，这是海南岛融入全国旅游大区域的关键。

《海南自由贸易港建设总体方案》明确指出，实施高度自由便利开放的运输政策，加快构建现代综合交通运输体系。因此，加快建设包海高铁，对于"海南自贸港"国家战略具有重大意义。包海高铁是一条承担国家战略的快速客运通道，是促进区域经济合作发展的重要交通命脉，也是促进少数民族地区后续发展，建设社会主义现代化强国的重要通道。

（2）不断提升海口市旅游项目品质，扩大旅游消费。海口市（包括海南省）旅游效益低于南北旅游大通道上的其他省区市，主要是由于其旅游资源禀赋数量较少（旅游资源禀赋品质很高），加之远离内陆城市，交通不方便，使人们旅游难以成行。因此，海口在现有旅游项目的基础上，要进一步丰富旅游项目内容，扩大旅游景点数量，提升旅游景区品质。海口市利用优质旅游资源，将中国雷琼海口火山群世界地质公园 4A 级旅游景区提升为 5A 级旅游景区，并且充分利用海南省博物馆 4A 级旅游景区资源，从自然到人文形成和谐统一的海洋旅游看点。同时，联合三亚不断将旅游从陆地延伸到海洋，并且通过高质量的服务，增加旅游项目消费，提高旅游效益。

（3）充分利用海口市旅游资源禀赋，激活全域旅游。海南岛被国际人口老龄化长寿化专家委员会评为全世界仅有的两个"世界长寿岛"之一（另一个是韩国济州岛）。海南是全国百岁老人密度最大的省份，长寿指数居全国之首。海南省被确定为全国首个全域旅游创建省。长寿文化品牌，为海口市"美丽乡村"建设注入了文化内涵，增加了新的旅游亮点。通过打造长寿餐饮，开展乡村康养休闲旅游，将长寿文化品牌打造成新的海口旅游效益增长点。

海口市又称为椰城，热带动植物是其一大亮点。充分利用海南热带野生动植物园 4A 级旅游景区优质资源，打造海洋风光。依靠特殊的椰子树、天然的原生态椰子饮料，形成游海口、走热带、望海洋、喝椰奶的新时尚。

海口是中国历史文化名城和中国优秀旅游城市，拥有蓝色天空、蓝色海洋、蓝色热带植物，是人类宜居的城市。海口不仅是冬暖之城，也是凉爽之城。现在北方很多城市夏季温度都接近 40℃，海口的夏季温度在 33℃以下，海风吹拂下并不感到闷热。要通过大力宣传，使北方民众从热带海岛的"热城"错觉中走出来。因此，海口要充分利用丰富的旅游资源优势，使海口既成为北方人"冬暖"之城，又成为北方人"消夏"的宜居新城，打造"人居环境、快乐椰城"的文化旅游新名片。

第 12 章　三亚市旅游状况的分析与发展策略

　　三亚市，古称崖州，别称鹿城，地处海南岛最南端。三亚是具有热带海滨风景特色的国际旅游城市，又被称为"东方夏威夷"，入选中国特色魅力城市 200强、世界特色魅力城市 200 强。截至 2019 年，三亚市陆地总面积 1 921 平方千米，海域总面积 3 226 平方千米，常住人口 63.44 万人[①]。

　　三亚市为中国优秀旅游城市，是中国旅游业收入占地区生产总值比值最高的城市，是中国第一批国家级生态示范城市。三亚市获得如下城市荣誉：中国空气质量最好的城市、中国年均温度最适宜的城市、中国日照时间最长的城市、中国最大最佳潜水基地、中国最美的海湾——三亚湾、中国人居环境最佳城市、中国最长寿地区、中国首选旅游度假目的地、国际最佳养生城市、世界最大的金玉佛像——南山"金玉观世音"、世界最大的砚台——"天下第一"龙砚、中国第一家五星级度假酒店——亚龙湾凯莱度假酒店、中国最大的游轮港口——三亚凤凰岛国际邮轮港、中国第一个海上飞机场建设项目——三亚红塘湾海上国际机场、中国第一个世界小姐总决赛举办地、首次举办世界太极拳健康大会城市。2017 年中国地级市全面小康指数排名第 50，2018 年中国最佳旅游目的地城市第 15 名，2019 年中国康养城市排行榜 50 强第 3 位、中国地级市百强第 18 名、中国地级市全面小康指数前 100 名。

---

① 王际娣. 三亚：旅游大市的战"疫"之道[J]. 小康，2020，（14）：50-53.

12.1　三亚市旅游状况的分析

12.1.1　三亚市的优质旅游资源

三亚市的优质旅游资源品质较高,其中国家级风景名胜区是海南唯一的 1 处,拥有国家 5A 级旅游景区 3 家,占海南的 50%(表 12.1)。截至 2019 年,4A 级景区 8 家,占海南 17 家的 47.06%。在海南十大优质旅游资源中有 4 类。

表 12.1　三亚市优质旅游资源情况

地区	国家级风景名胜区	5A 级旅游景区	国家自然保护区	国家历史文化名镇名村
海南	1	6	10	7
三亚市	1.三亚热带海滨	1.蜈支洲岛 2.南山 3.南山大小洞天	1.三亚珊瑚礁	1.三亚市崖城镇 2.三亚市崖城镇保平村
占比	100.00%	50.00%	10.00%	28.57%

12.1.2　三亚市的交通网

从我国大陆南下海南岛再到世界各地,三亚市形成陆海空立体化的交通网。

公路方面:连接三亚、海口的环岛高速公路和连接三亚、琼中、海口的中线高速公路开通,而且海南环岛旅游公路于 2019 年开工建设,2023 年 12 月底,全线建成通车。到时三亚到海南岛各个旅游景区将更加方便快捷。

铁路方面:三亚开通了直达首都北京、东北方向长春的列车,三亚始发的环岛高铁开通。当前,包海高铁分段开工建设,预计 2028 年包海高铁建成。到时三亚会成为我国大陆南段重要的旅游热点城市。

航空方面:三亚凤凰国际机场作为中国对外开放的口岸机场,对境外旅客实行落地签证。目前,三亚市与海南岛外的省会城市基本都开通航班(除拉萨市、海口市外)。同时,开通了直飞我国香港及相关国家的航线:俄罗斯莫斯科、韩国首尔、比利时布鲁塞尔、日本大阪、越南岘港等定期航线,还有不定期的通往世界各地旅游城市的航线。三亚航空客流量的不断增加,使三亚凤凰国际机场至今已扩建了三次,仍然是新的交通增长点。三亚红塘湾海上国际机场建设启动,力争在"十四五"期间开工建设,未来将成为中国最大的海上机场。

航海方面：三亚凤凰岛国际邮轮港是亚洲最大的邮轮母港，目前开通邮轮旅游航线：三亚、海口—三沙市西沙，并与我国沿海城市联合开通国际邮轮航线：香港（澳门）—广州—三亚—越南（下龙湾、岘港）—菲律宾（马尼拉、长滩岛）等地，重启"海上丝绸之路"航线。

《国家综合立体交通网规划纲要》提出，布局国家综合立体交通网主骨架。其中 7 条走廊中，有西部陆海走廊达三亚，8 条通道中，有二湛通道延伸连接三亚等线路。

12.1.3　三亚市旅游与交通发展分析

1. 三亚市旅游经济分析

三亚市旅游效益与国民经济生产总值逐年同步增长，旅游业呈现良好的发展态势。

从表 12.2 看，2007~2019 年三亚市地区生产总值逐年增长，增长速度趋于平稳，年增长率保持在 5.5%以上，说明三亚市国民经济生产发展势头良好。

表 12.2　2007~2019 年三亚市旅游效益与地区生产总值

年份	国内外旅游人数/万人次	同比	旅游总收入/亿元	同比	生产总值/亿元	同比	旅游收入占生产总值比
2007	538.43	18.40%	80.1	22.5%	122.32	22.1%	65.5%
2008	604.15	12.21%	91.0	13.7%	144.31	16.8%	63.1%
2009	669.05	10.74%	103.77	14.0%	174.85	17.2%	59.3%
2010	882.65	31.93%	139.6	34.5%	230.79	20.2%	60.5%
2011	1 021.07	15.68%	160.7	15.1%	284.57	14.2%	56.5%
2012	1 102.22	7.95%	192.2	11.0%	330.75	9.3%	58.1%
2013	1 228.40	11.45%	233.3	21.4%	373.49	10.1%	62.5%
2014	1 352.76	10.12%	269.7	15.6%	404.38	5.5%	66.7%
2015	1 495.73	10.57%	302.3	12.1%	435.02	8.1%	69.5%
2016	1 651.58	10.42%	322.4	23.4%	475.56	7.8%	67.8%
2017	1 830.97	10.86%	406.2	26.0%	529.25	7.6%	76.8%
2018	2 242.57	11.3%	514.8	17.0%	595.51	7.2%	86.4%
2019	2 396.33	10.0%	633.19	15.6%	677.86	6.4%	93.4%

资料来源：三亚市国民经济和社会发展统计公报

2007~2019 年，三亚市国内外旅游人数、旅游总收入也是逐年同步增长，并且保持较高增长水平，除 2012 年国内外旅游人数年增长率为 7.95%，其他年份增长率都超过 10%，而且旅游总收入占地区生产总值的百分比几乎都在 60% 以上，2019 年旅游总收入占地区生产总值的 93.4%，即旅游总收入占到地区生产总值五分之四以上。这说明旅游业成为三亚市国民经济的强势产业。

2. 三亚市旅游效益影响要素分析

利用统计软件对三亚市旅游效益影响要素进行分析。

1）样本选取

三亚市旅游收入（Y 亿元）的影响因素较多，根据现实情况，从 2007~2018 年《三亚统计年鉴》中选择了 7 个有代表性的指标：旅游人数（X_1 万人）、公路里程（X_2 千米）、铁路里程（X_3 千米）、铁路客运量（X_4 万人）、公路客运量（X_5 万人）、水路客运量（X_6 万人）、民航客运量（X_7 万人）（表 12.3），运用 SPSS 软件进行线性回归分析，探索三亚市交通对旅游业发展的影响。

表 12.3　2007~2019 年三亚市相关数据

年份	Y	X_1	X_2	X_3	X_4	X_5	X_6	X_7
2007	80.1	538	943	94	22	1 830	184	164
2008	91.0	604	976	94	39	2 072	190	107
2009	103.7	669	1 076	94	44	2 425	209	114
2010	139.6	886	1 089	94	51	3 062	256	204
2011	160.7	1 021	1 189	134	298	3 578	271	222
2012	192.2	1 102	1 209	134	313	4 274	328	204
2013	233.3	1 228	1 351	134	355	4 531	363	211
2014	269.7	1 352	1 351	134	394	1 087	395	295
2015	302.3	1 495	1 555	134	426	991	455	389
2016	322.4	1 651	1 603	226	508	889	487	449
2017	406.2	1 831	1 744	226	512	870	541	528
2018	514.8	2 243	1 832	226	497	889	553	569
2019	633.19	2 396	1 860	226	421	907	512	576

资料来源：《三亚统计年鉴》

2）模型的设计与估计

利用 SPSS 软件进行线性回归，得到结果，见表 12.4。

表 12.4　线性回归结果系数表

模型		非标准化系数		标准系数 试用版	t	Sig.	共线性统计量	
		B	标准误差				容差	VIF
1	（常量）	−148.422	123.426		−1.203	0.283		
	X_1	0.349	0.073	1.230	4.768	0.005	0.022	45.251
	X_2	0.129	0.191	0.245	0.677	0.528	0.011	88.980
	X_3	0.007	0.401	0.002	0.017	0.987	0.086	11.647
	X_4	−0.126	0.135	−0.142	−0.930	0.395	0.063	15.934
	X_5	−0.007	0.009	−0.058	−0.855	0.432	0.316	3.166
	X_6	−0.350	0.402	−0.280	−0.869	0.425	0.014	70.488
	X_7	−0.131	0.276	−0.132	−0.473	0.656	0.019	52.809

根据表 12.4 中非标准化系数得出线性回归模型：

$$Y = -148.422 + 0.349X_1 + 0.129X_2 + 0.007X_3$$
$$- 0.126X_4 - 0.007X_5 - 0.350X_6 - 0.131X_7 \quad (12.1)$$
$$R^2=0.99,\ DW=2.138$$

可看出，R^2 接近于 1，模型的拟合优度较好。

表 12.4 中共线性统计量 VIF（方差膨胀因子）中各变量大多大于 10，因此该模型变量间存在严重的多重共线性。采用主成分分析法消除该回归模型中变量间的多重共线性。

3）主成分分析

按以下程序进行主成分分析。

（1）相关系数矩阵。先使用 SPSS 将解释变量标准化，通过主成分分析过程得出相关系数矩阵（表 12.5）。

表 12.5　相关系数矩阵

		ZX_1	ZX_2	ZX_3	ZX_4	ZX_5	ZX_6	ZX_7
相关	ZX_1	0.984	0.922	0.860	−0.534	0.954	0.966	0.984
	ZX_2	0.984	1	0.932	0.894	−0.568	0.981	0.972
	ZX_3	0.922	0.932	1	0.860	−0.540	0.918	0.940
	ZX_4	0.860	0.894	0.860	1	−0.388	0.940	0.837
	ZX_5	−0.534	−0.568	−0.540	−0.388	1	−0.553	−0.668
	ZX_6	0.954	0.981	0.918	0.940	−0.553	1	0.953
	ZX_7	0.966	0.972	0.940	0.837	−0.668	0.953	1

从表 12.5 可看出，除 X_5 与其余变量之间无较强相关性之外，其他变量之间的系数都接近于 1，即其他变量间都存在多重共线性，与线性回归模型基本一致。

（2）可行性分析。利用 SPSS 处理得出的样本 KMO 检验数值为 0.829>0.6，Bartlett 球形度检验的显著性 P 值为 0.000<0.05，且卡方分布数值较大（表 12.6），表明数据适合做主成分分析。

表 12.6　KMO 与 Bartlett 的检验表

取样足够度的 KMO 度量		0.829
Bartlett 球形度检验	近似卡方	140.140
	df	21
	Sig.	0.000

（3）提取主成分。由表 12.7 总方差解释表中有 7 个主成分的特征值，其中前两个主成分的方差贡献率分别为 85.651%和 10.033%，累计方差贡献率为 95.684%。含有原始数据 7 个变量近 95.684%的信息量。因此，可以提取前两个成分作为主成分 F_1 和 F_2。

表 12.7　总方差解释表

成分	初始特征值			提取平方和载入			旋转平方和载入		
	合计	方差的贡献率	累计贡献率	合计	方差的贡献率	累计贡献率	合计	方差的贡献率	累计贡献率
1	5.996	85.651%	85.651%	5.996	85.651%	85.651%	5.111	73.016%	73.016%
2	0.702	10.033%	95.684%	0.702	10.033%	95.684%	1.587	22.668%	95.684%
3	0.163	2.325%	98.009%						
4	0.098	1.405%	99.414%						
5	0.020	0.283%	99.697%						
6	0.015	0.209%	99.906%						
7	0.007	0.094%	100.000%						

（4）计算主成分得分。由表 12.8，得到主成分公式。

表 12.8　主成分得分

	成分	
	1	2
ZX_1	0.197	−0.043
ZX_2	0.188	−0.016
ZX_3	0.186	−0.026
ZX_4	0.302	−0.304
ZX_5	0.352	−1.042
ZX_6	0.206	−0.058
ZX_7	0.104	0.170

$$F_1 = 0.197ZX_1 + 0.188ZX_2 + 0.186ZX_3 + 0.302ZX_4 \qquad (12.2)$$
$$+ 0.352ZX_5 + 0.206ZX_6 + 0.104ZX_7$$

$$F_2 = -0.043ZX_1 - 0.016ZX_2 - 0.026ZX_3 - 0.304ZX_4 \qquad (12.3)$$
$$- 1.042ZX_5 - 0.058ZX_6 + 0.170ZX_7$$

利用 SPSS 对标准化后的 Y 与 F_1 与 F_2 做回归分析，可由表 12.9 得出主成分回归公式：

$$Y_Z = 0.886F_1 + 0.405F_2 \qquad R^2 = 0.949,\ \text{DW} = 1.391 \qquad (12.4)$$

表 12.9　主成分回归系数

模型		非标准化系数		标准系数试用版	t	Sig.	共线性统计量	
		B	标准误差				容差	VIF
1	（常量）	5.043×10^{-7}	0.072		0.000	1.000		
	F_1	0.886	0.075	0.886	11.775	0.000	1.000	1.000
	F_2	0.405	0.075	0.405	5.382	0.000	1.000	1.000

模型的拟合优度为 0.949，说明主成分的选择合理，F_1 与 F_2 的 t 检验值都显著，且 VIF 为 1，即变量间相关系数平方为 0，可以确定模型中不存在自相关性。

（5）最终模型。分别将两个主成分表达式即式（12.2）、式（12.3）代入主成分回归公式 [式（12.4）]，得出标准化的回归公式如下：

$$Y_Z = 0.128ZX_1 + 0.097ZX_2 + 0.126ZX_3 + 0.144ZX_4 \qquad (12.5)$$
$$- 0.125ZX_5 + 0.131ZX_6 + 0.140ZX_7$$

对式（12.5），利用各变量的均值、标准差和标准化回归参数估计值，结合标准化公式，可以得到最终预测模型：

$$Y = -292.64 + 0.017X_1 + 0.020X_2 + 0.021X_3 \qquad (12.6)$$
$$+ 0.032X_4 - 0.088X_5 + 0.062X_6 + 0.162X_7$$

由表 12.3 预测出 2020 年三亚市旅游交通变量值（表 12.10），将表 12.10 中各变量预测数据代入最终预测模型式 [（12.6）] 中，可得出三亚市 2020 年旅游消费收入即"十三五"末旅游效益为 661.85 亿元。

表 12.10　预测 2020 年三亚市旅游交通变量值

变量值	X_1	X_2	X_3	X_4	X_5	X_6	X_7
增长率	13.26	5.82	7.58	27.89	-5.68	8.9	11.04
预测值	2 714	1 968	243	538	855	558	640

12.1.4　三亚市旅游发展交通重要影响要素

根据建立的最终模型即式（12.6），可以看出，三亚市交通对旅游发展的影响主要体现在民航客运量（X_7）、水路客运量（X_6）、铁路客运量（X_4）方面。

民航客运量的系数值 0.162 最大，说明三亚市旅游消费与民航息息相关。随着人们经济条件的改善和空余时间的增加，远距离旅游成为重要选择，选择乘坐飞机出游的旅游者人数不断增加，促使国内最大傲立三亚红塘湾的海上机场启动建设。

水路客运量的系数值 0.062 次之，说明水路客船数与三亚旅游消费呈正相关关系，表明国外游客旅游消费也逐渐占有三亚市消费的一席之地。随着海南岛国际旅游岛旅游地位的确立和"海上丝绸之路"重要战略支点的确定，三亚旅游目的地凸显出来，到三亚市旅游的境外游客将越来越多。

铁路客运量的系数值是 0.032，说明铁路出行也是三亚旅行的重要方式，但由于琼州海峡的阻隔，三亚市通往全国的列车受到限制。目前，三亚发往全国的列车目的地主要为北京和长春。

公路客运量的系数值是 -0.088，说明 2015 年海南环岛铁路的建成，对三亚市的旅游业发展起了巨大的推动作用。当今高铁与动车是人们出行的新增长极，越来越多游客选择更快速方便的出行方式，而长途旅行一般不会选择客运汽车。当然，在城市和景区之间的连接线中，汽车依然发挥重要作用。

12.1.5　三亚市"十三五"末旅游效益预测

《三亚市旅游业发展"十三五"规划》中的指标：到 2020 年实现旅游接待过夜人数超过 2 000 万人次、旅游总收入达到 450 亿元。

三亚市 2007 年旅游总人数 538.43 万人次、旅游综合收入 80.1 亿元，到 2019 年旅游总人数 2 396.33 万人次、旅游总收入 633.19 亿元，由式（12.6）预测到 2020 年三亚市旅游收入为 661.85 亿元。理论预测数据超出规划指标。其实，2019 年三亚市旅游效益已实现规划目标。这表明三亚市在"十四五"期间，旅游发展仍然维持"十三五"期间的年增长率水平，就可以达到较高的效益。

12.2　三亚市旅游发展的策略

12.2.1　旅游优势条件

（1）三亚市是具有世界影响力的旅游自由行城市。三亚市地处海南岛最南端，是我国最南部的热带滨海旅游城市，其日照时间、温度、空气质量等，都是世界最优的城市之一，被称为"东方夏威夷"，位居我国四大一线旅游城市"三亚、威海、杭州、厦门"之首。天涯海角的"天南地北"的地理位置，勾画出陆地结束、海洋开始的"通天大道"，三亚是"海上丝绸之路"旅游线路的重要港口，为亚洲最大的邮轮母港。三亚独特的热带旅游资源，呈现的大海洋壮观场面，使其成为具有世界旅游影响力的城市。

（2）三亚的交通区位优势使其具备旅游国际岛的条件。三亚的交通区位优势，从陆地到海洋再到空中，形成立体化的交通网。

公路方面：三亚—海口的环岛高速公路和三亚—海口的中线全线开通。

铁路方面：三亚经海口至内陆的普通列车开通，三亚—海口的环岛高铁全线开通。

航空方面：三亚凤凰国际机场为四星机场，是海南省唯一的进境食用水生动物指定口岸，对境外旅客实行落地签证。目前，与我国省会城市基本开通航班（除海口、拉萨外），并且与我国许多中等城市开通航班。同时，开通了我国香港地区和国外旅游城市的航线：日本大阪、俄罗斯莫斯科、比利时布鲁塞尔、韩国首尔、越南岘港等定期航线，以及通往世界其他旅游城市的不定期航线。

航海方面：三亚凤凰岛国际邮轮港是亚洲最大的邮轮母港之一，目前开通有海口—三亚—三沙市西沙航线，并联合我国沿海城市开通国际航线：香港（澳门）—广州—三亚—越南（下龙湾、岘港）—菲律宾（马尼拉、长滩岛）等，三亚市成为"21世纪海上丝绸之路"的重要战略支点城市。

在《国家综合立体交通网规划纲要》中，从南到北的西部陆海走廊：西宁经兰州、成都/重庆、贵阳、南宁、湛江至三亚；甘其毛都经银川、宝鸡、重庆、毕节、百色至南宁。二湛通道：二连浩特经大同、太原、洛阳、南阳、宜昌、怀化、桂林至湛江等线路，凸显出三亚在南北旅游大通道中的海洋优势。

（3）三亚的优势旅游资源具有世界影响力。截至2019年底，海南省旅游景区达到24个，其中5A级景区6家，4A级景区17家。三亚市5A级景区3家：三亚南山、三亚南山大小洞天、三亚海棠区蜈支洲岛旅游区，占据海南省5A级景区的半壁江山；三亚市4A级景区8家，占海南省4A级景区将近一半。不论是天涯海角的自然风光，还是寿比南山的人文景观，都具有世界影响力。

（4）三亚的优势旅游文化品牌特色鲜明。三亚历史悠久，秦始皇时期设置南方三郡，崖州就是其中之一的象郡。宋代时它成为中国最南端的地级规模的州郡。因远离帝京、孤悬海外，自古以来三亚一直被称为"天涯海角"。历史人物的坎坷经历，历代文人墨客的抒情，为今天的天涯海角增添了神秘色彩。中国传扬千古的名句"福如东海，寿比南山"，使东海、南山成为人们追求幸福生活的探寻地。"寿比南山"的旅游文化品牌，是三亚走向世界的一张精致名片。

12.2.2　旅游发展中存在的问题

（1）快捷方便的交通网未形成。海南省与大陆的铁路发展一直受制于琼州海峡。由我国大陆到三亚的列车都需要经过琼州海峡，将火车装船由广东海安运往海南海口，不仅耗时较长，而且受气象、海象影响极大。2018 年春节，琼州海峡大雾导致船运多次停航，出岛车辆排队最长达 20 余千米，10 万人被堵在海南岛内。包海高铁直线走向路段并没有完全进入开工建设阶段，有的路段还没有进入国家规划，这使海南三亚快捷方便的交通网还没有形成。

截至 2019 年，三亚市近 200 条民航航线，但海外航线仅有 40 余条，与海南国际旅游岛发展形势极不相符。由建立的主成分回归模型可知，三亚市的旅游经济中，民航发展占有最大的比重，国际游客市场必然影响三亚市旅游的整体发展。

三亚市凤凰岛是中国第一个十万吨级的国际邮轮港，但由于整个海南省经济实力薄弱，该省的客源难以满足三亚游轮母航的需求，而国内游客到达三亚的陆路快捷通道（除航空外）还没有形成，难以成为三亚游轮母航的首选地；同时，海外游客乘邮轮到三亚市旅行，又受停港时间（达不到 "72 小时过境免签"）的制约，影响到三亚的海上丝绸之路游。由建立的主成分回归模型可知，水路的客运量发展对于三亚市旅游效益有一定的影响，这说明它是提高三亚市旅游收入必不可少的选项。

（2）国际滨海热带旅游产品在周边地区竞争力不强。三亚主打的热带休闲度假旅游，面临着同类国际产品的冲击。邻近的亚洲以热带休闲度假旅游为品牌的地方，就有马尔代夫岛国、马来西亚的兰卡威、菲律宾的长滩岛和宿务岛、印度尼西亚的巴厘岛、泰国的普吉岛、越南的芽庄等。对于国人来讲，从大陆到三亚与到这些亚洲国家的航空时间差距不是很大，而且是畅游他国，使三亚失去一定的国内旅游市场。当然也有主观原因，在旅游设施和服务质量方面，三亚与这些国际知名旅游城市有一定差距，更重要的是三亚在旅游消费价格方面竞争优势也不明显，导致三亚在国际旅游市场激烈竞争中处于劣势。

（3）国内旅游市场没有全面打开。"十三五"以来，三亚将国内旅游主要客源市场，由广州珠三角、北京环渤海湾地区、上海长三角，开拓到东北地区、成渝地区等旅游市场，使旅游人数不断增加。截至 2019 年底，三亚市接待过夜游客人数 2 396.33 万人次，全年旅游总收入 633.19 亿元，分别比上年增长 10.0% 和 15.6%。旅游是地域差异性的互补，三亚除了热带旅游产品亮点外，还有大海洋的特色，尤其是其蓝色的大海、蓝色的天空、蓝色的植物等是其他沿海城市无法比拟的，而且它是通往南海的重要国际港口口岸。但三亚还没有将旅游市场延拓到我国没有海洋的内陆地区（尽管不是经济发达地区），使这些地区向往海洋的游客到了其他沿海城市，丧失国内非沿海城市的广大市场。

（4）旅游品牌宣传有局限性。在"十三五"期间，三亚市打出旅游形象宣传标语"美好三亚，幸福天涯"，推出"热带滨海度假"品牌，并且给出国际旅游形象标识语"永远的热带天堂——三亚"。三亚的"热带滨海度假"品牌，使其成为我国的"冬都"，每年冬季到三亚感受大海洋的人成为春节的一大景观。2019 年春节期间，三亚旅游人数达到 99.65 万人，同比增长 3.06%；旅游收入达到 103.85 亿元，同比增长 7.04%。

三亚的"热带滨海度假"品牌，给内陆的旅客造成错觉。我国北方多数人误认为三亚是我国南方最热的"热城"，适合冬春秋季旅游，而不宜夏季旅游，使三亚错过夏季北方人到三亚旅游的黄金时段。同样，"永远的热带天堂——三亚"国际旅游形象标识语，突出了三亚的热带旅游资源禀赋，同国际知名热带旅游资源城市竞争中，当我们的旅游基础设施和服务质量跟不上时，又会失去国际旅游市场。

三亚市旅游形象标识语"美好三亚，幸福天涯"，直接凸显三亚是我国陆地南端的地理位置，以及暗示天涯海角大海洋的优势资源。但旅游形象标识语没有将三亚的"美好"物化出来，而且"幸福"的天涯海角之路，是追求美好生活之路，但对于暂时"不幸福"的人（如失恋者、失意者等游客）能否起到旅游目的地吸引作用等问题，都值得深思。

12.2.3　旅游发展的建议

（1）丰富旅游品牌内涵。在人们生活不断改变的今天，环境优势成为旅游的重要因素。三亚作为我国没有雾霾的城市，其纯蓝色的天空、蔚蓝色的海洋、泛蓝色的热带植物，其他滨海城市并不一定具备，清新的空气、充足的日照、适宜的温度，使三亚不仅是"冬都"，还是"夏爽"的地方。

对三亚市的国内旅游形象宣传标识语，我们提出"蓝色三亚，情结天涯"[①]。"蓝色三亚"，通过蓝色清新天空、蓝色无际海洋、蓝色热带植物，突出三亚与众不同的热带自然生态环境，物化出"美好三亚"；"情结天涯"，通过不同职业、不同性别、不同年龄、不同心情的各种游客参与到同事游、同学游、战友游、朋友游、亲人游、夫妻游、恋人游、独自游等行列，凝聚到亲情、友情、爱情、伤情等多种情之中，使幸福高兴的人奔放在海阔天空之地，也使伤心悲痛的人释放在天涯海角之边（"天涯海角"意为天之边缘、海之尽头。人生已走到最痛苦的时刻，接下来就是新起点的开始），充实"幸福天涯"内涵。

---

① 赵临龙. 三亚国际一流热带滨海旅游精品城市旅游形象标识语的思考[J]. 社会科学家，2018，（6）：98-104.

对于三亚国际旅游形象标识，我们提出"世界长寿之岛、三亚寿比南山"的广告语。目前，中国海南岛和韩国济州岛被国际相关机构确定为"世界长寿岛"。中国古话"长命百岁，寿比南山"，而三亚的南山历来被称为吉祥福泽之地。三亚南山文化旅游区作为中国国家级旅游名胜区，拥有 2 家国家 5A 级旅游景区：三亚南山、三亚南山大小洞天，将自然风光与旅游文化融为一体，其中南山寺的南山海上观音像为世界上最高的观音像，在全球都是首屈一指，南山园区的中国佛教文化、福寿文化、历史古迹与热带植物，形成集生态旅游与人文养生于一身的主题园区，"寿比南山"的旅游文化品牌，是三亚走向世界的一张精致名片。

同时，要大力宣传三亚的自然气候特征，这里的夏季温度在 33℃以下（现在北方很多内陆城市夏季温度已接近 40℃），清凉的海风，使三亚成为一个清爽的地方，让北方的旅客从三亚"热城"的误区中走出来，到"四季花常开"的三亚，续写《请到天涯海角来》的新歌。

（2）扩大国内旅游市场。随着我国交通发生巨大变化，尤其是高铁的出现，旅游成为人们生活中的重要部分，直接催生经济欠发达地区民众的旅游热情。旅游的差异性是打动旅客的重要砝码。三亚在我国的特征：我国的南端城市、热带植物、世界海洋、黎族风俗、苗族饮食（"三色饭"皆用独特的植物汁液作为天然色素，分别取色于新鲜红葵、黄姜和三角枫汁液，拌在山栏糯米中，放在特制的木蒸笼中蒸成）、寿比南山等。因此，三亚要在北方内陆城市开拓旅游市场，使人们从大草原、戈壁滩、黑土地、金沙漠、黄土地、绿水青山等的大山深处、河流岸边、平原大地、现代城市来到三亚，去领略大海洋的海阔天空，感受海南长寿文化的魅力。

2020 年 6 月 1 日，中共中央、国务院印发《海南自由贸易港建设总体方案》，明确指出：实施高度自由便利开放的运输政策，加快构建现代综合交通运输体系。

三亚要依托我国高铁交通网络优势，从三亚经过海口抵达湛江，然后形成双向互动的旅游辐射线路：昆明—南宁—湛江、上海—杭州—福州（厦门）—广州（香港、澳门）—湛江、成都—重庆—贵州—南宁—湛江、乌鲁木齐—西宁—兰州—西安—郑州—武汉—长沙—广州—湛江、呼和浩特—太原—郑州—张家界—桂林—湛江、北京（天津）—石家庄（济南）—合肥（南京）—南昌—广州—湛江等，将三亚旅游市场扩大到全国广大城市和具有世界旅游影响力的旅游景区，达到共赢局面，开辟三亚旅游的新天地。

（3）提升国际旅游产品竞争力。三亚"热带滨海度假"品牌，对于全球寒冷地区的俄罗斯、韩国、日本具有一定的吸引力。2018 年上半年三亚接待外国旅客人数列前三位的依次如下：俄罗斯 10.25 万人，但同期人数下降 18.64%；韩国 3.28 万人，同比增长 35.12%；印度尼西亚 1.43 万人，同比大增。其中俄罗斯和韩国都与我国三亚市建有友好城市关系，印度尼西亚是增长最快的国家，另外，印度人数增长也比较迅速，上半年游客数量为 1 894 人，增速较快，列接待外国旅客人数的第 23 位。但三亚"热带滨海度假"品牌在亚洲周边地区就不占优势，因为它们有同样的旅游产品，在自家门口不仅距离近，而且服务方便周到，花费也较低。为使我们的"热带滨海度假"品牌在世界具有一定影响力，留住俄罗斯、韩国等地的大规模外国旅客，除加强旅游基础设施更新换代，丰富和提高旅游服务质量外，还要营造安全、宽松、热情、好客的旅游氛围，使他们来了安心、行动自由、返回满意，并成为三亚旅游的宣传员，吸引更多的人来三亚旅游休闲度假。

同时，对于亚洲周边地区，要丰富"热带滨海度假"品牌的内涵，用三亚的特色吸引人们到这里来旅游观光，感受"热带滨海度假"品牌不同的内涵。三亚还要打出"世界长寿之岛、三亚寿比南山"的广告语，用"寿比南山"的旅游文化品牌，吸引人们到三亚来感受中国的风土人情，品尝长寿文化大餐，欣赏中国非物质文化遗产（《黎族打柴舞》《崖城民歌》），将旅游观光与养生体验结合起来，营造三亚"热带滨海度假"品牌的新异境。

（4）完善合理的交通结构。2018 年三亚市旅游整体排名列全国 50 个城市的第 47 名，除人均旅游消费为第一外，旅游人数、旅游收入都是名次倒数。在一定程度上，这主要受交通的影响，旅游消费为第一，仅交通消费占不小比例，而排名列全国 50 个城市第 46 位的镇江市，全年接待游客人数 6 554.27 万人次，是三亚市接待过夜游客人数 2 242.57 万人次的近 3 倍，旅游总收入 923.77 亿元，是三亚市旅游总收入 514.8 亿元的近两倍。由建立的主成分回归模型可知，在"十三五"期间，交通对旅游的影响大小依次是民航客运量、水路客运量、铁路客运量等。

因此，在现阶段情况下，首先，增加民航航线数量，依据三亚未来旅游市场逐步向我国北方内陆城市延伸，增加三亚到人口较多的中等城市的航线是大势所趋。根据客流量情况，客流量较大的，直接增加直达三亚航线；客流量暂时不饱满的，可以通过经停航线形式由邻近的大城市连接这些中等城市间接到达三亚。重要的是，这种方法可以持续 4~5 年，由于我国高铁正陆续进入建设期，需要 4~5 年的建设才能实现三亚高铁网络化。

国际航线，在加强三亚"世界长寿之岛、三亚寿比南山"国际海滨旅游城市宣传的基础上，稳定世界寒冷地区的旅游航线，并且根据客流量情况做出相应调整；同时，根据三亚国际旅游新动向，如 2018 年上半年印度尼西亚成为来三亚旅游人数增长最快的国家，列接待外国旅客人数的第 3 位，适时增加新到相关国家和地区的航线，满足海外游客的需求，从中展示热情好客的服务质量和国际旅游岛的世界水准，使三亚凤凰国际机场成为具有国际影响力的机场。三亚还要加强与俄罗斯哈巴罗夫斯克市等十多个国际姊妹城市的交流，使友好城市中更多的外国朋友了解三亚、认识三亚、到达三亚，从中实施新的直达航线，进一步推动国际姊妹城市的旅游双向互动，不断提升三亚的国际知名度。

其次，三亚要将自己融入国家高铁建设中。当今高铁已成为民众出行的重要选择，三亚在本省内的高铁已经贯通，但并没有与我国的高铁接轨，尽管接轨地不在三亚，但三亚有重要的发言权，其言行影响到整个高铁网的布局。由于一些高铁线路走向、一些高铁开工立项，与沿线的民意密切相关，将影响到线路的走向选择及线路开工的时间确定。

当前，三亚要积极融入我国中西部南北旅游大通道之中，共同推动包海高铁直线走向被国家采纳并且尽快实施开工立项，这是三亚到我国北方地区最近的一条直线高铁，大草原—沙漠戈壁—古都西安—张家界地貌—桂林山水—天涯海角，凸显三亚大海洋在旅游大通道中特别的旅游品质及旅游地位，而且它与全国八横线路中的七条（除东北外）相连，将三亚旅游延伸到我国各地。因此，三亚和海口在琼州海峡高铁通道建设中，有着义不容辞的责任，这是一项彻底打破三亚旅游瓶颈的攻坚战。

再次，三亚在国际邮轮发展中要进行增效的探索，尽管三亚市凤凰岛国际邮轮港是目前亚洲最大的国际邮轮港，但由于整个海南省经济实力薄弱，该省的客源难以满足三亚邮轮母航的需求，解决的办法是吸引国内旅客参加三亚邮轮旅行，但在短期内还难以实现，因为三亚到国内的高铁网还没有完全形成。

2020 年 6 月 1 日中共中央、国务院印发的《海南自由贸易港建设总体方案》明确指出，加快三亚向国际邮轮母港发展，支持建设邮轮旅游试验区，吸引国际邮轮注册。设立游艇产业改革发展创新试验区。支持创建国家级旅游度假区和 5A 级景区。

因此，三亚应该与国内大型港口联手共同打造邮轮母航的旅行，而且在邮轮方面实行大小结合、旅游线路上实行远近结合。第一，与本岛海口市共同开展小型邮轮的绕岛旅行，增加新的旅游项目，吸引来海南岛的旅客；第二，与邻近港口城市开展中型邮轮的国内海上航线旅行：湛江（或海口）—三亚—西沙—三沙市；第三，与邻近大型港口城市开展大型邮轮的国际海上航线旅行：广州（或香港、澳门）—海口—三亚—东南亚相关国家的"海上丝绸之路"。

同时，三亚对于来自世界各地的国际邮轮，争取本海岸港口"72 小时过境免签"政策，方便国际邮轮的世界游客在三亚停留 2~3 天，感受中国的风土人情，品尝长寿文化大餐，欣赏中国非物质文化遗产，营造三亚"世界长寿之岛、三亚寿比南山"的热带海滨度假品牌形象，吸引世界各地的环球邮轮到这里访问。

最后，三亚还要做好港口到旅游景区和到机场、车站的交通线路的"零"换乘，使旅客进入景区或到机场、车站更加快捷方便，显示出国际旅游岛的世界级标准，迎接全球更多的游客。

第13章　湛江市旅游状况的分析 与发展策略

　　湛江别称"港城"，位居粤、琼、桂三省（区）交汇处，是广东省域副中心城市、中国大陆南端粤西和北部湾城市群的中心城市。湛江是中国西南各省通往国外的主要出海口，亦是中国大陆通往东南亚、非洲、欧洲和大洋洲海上航道较近的重要口岸。史书记载西汉时期由湛江徐闻港始发"海上丝绸之路"。湛江旧称"广州湾"，足见湛江在广州地区的历史地位。截至 2020 年，湛江市总面积 13 263 平方千米，常住人口 859.58 万人[①]。

　　湛江是中国优秀旅游城市、首批"一带一路"海上合作支点城市。先后获得城市荣誉：国家园林城市、中国十佳绿色城市、国家卫生城市、"中国对虾之都"、中国特色魅力城市、全国综合实力百强城市、中国地级市百强第 72 名、2019 年中国百强城市排行榜第 99 名。

13.1　湛江市旅游状况的分析

13.1.1　湛江市的优质旅游资源

　　湛江市属于热带北缘季风气候，终年受海洋气候的调节，冬无严寒，夏无酷暑，亚热带作物及海产资源丰富。截至 2019 年，湛江市在广东省的十大优质旅游资源核心指标中有八大类（表 13.1），其中中国国家历史文化名镇名村 1 个（遂溪县建新镇苏二村），占广东省 40 个的 2.5%，具有一定的旅游优势。湛江市被海域

[①] 湛江概况[EB/OL]. 湛江市人民政府网，https://www.zhanjiang.gov.cn/mlzj/zjgk/content/post_1300793.html，2022-05-06.

包围，海岸类型丰富多样，拥有国家级海洋公园、国家地质公园、国家级水利风景区，以及国家自然保护区、国家森林公园等优质旅游资源。它的热带水果菠萝、椰子、火龙果等品质优良，而且拥有优质的海洋鱼类，被称为"中国对虾之都"。

表 13.1　湛江市优质旅游资源情况

地区	历史文化名城	国家风景名胜区	国家级海洋公园	国家地质公园	国家级水利风景区	国家自然保护区	国家森林公园
广东	8	9	6	9	13	13	27
湛江市	1.雷州市	1.湖光岩	1.特呈岛 2.雷州乌石	1.湖光岩	1.鹤地银湖	1.湛江红树林 2.徐闻珊瑚礁 3.雷州珍稀海洋生物	1.三岭山
占比	12.50%	11.11%	33.33%	11.11%	7.69%	23.08%	3.70%

13.1.2　湛江市的交通格局

湛江市已形成陆海空的交通格局，而且旅游交通网络也已形成。

高速公路网络建立。湛江市汽车客运已开通了到广州、深圳、珠海、中山、东莞等省内城市和北海、海口、三亚等省外城市的客运班车。湛江市内有 100 多条大小巴公交线路，通达市内各地与旅游景区。

铁路交通发达。黎湛铁路、洛湛铁路、深湛铁路、粤海铁路等在湛江交汇，通往北京、上海、广州、武昌、郑州、重庆、南宁、贵阳、昆明、海口等城市。广州—湛江、深圳—湛江动车开行，广湛客专和合湛高铁、张海高铁、湛海高铁将进入建设期和准备阶段。

湛江机场为国家 4D 级机场。截至 2019 年，湛江机场通航城市达到 30 个以上，其中国内通航城市共 28 个，包括北京、上海、广州、深圳、南京、长沙、武汉、揭阳、成都、重庆、郑州、三亚、杭州、昆明、海口、南昌、厦门、西安、桂林、珠海、贵阳、福州、宁波、大连、沈阳、石家庄、天津等地；国际通航城市共 2 个：柬埔寨金边、泰国曼谷。良好的客源市场，使它跨进全国旅客吞吐量 200 万人次机场行列。

湛江港是我国南方大港，被称为繁忙的集装箱码头。湛江港港区有生产性泊位 37 个，其中有 2 个 30 万吨级原油泊位，1 个 40 万吨级散货泊位，30 万吨级航道改扩建工程于 2021 年完工，通航能力达到 40 万吨级散货船航道。湛江港是西南沿海港口群的主体港、中西部地区货物进出口的主通道和中国南方能源、原材料等大宗散货的主要流通中心。随着"海上丝绸之路"的重启，湛江作为"一带一路"支点港口，将迎来历史发展的新天地。

在《国家综合立体交通网规划纲要》中，7 条走廊中的西部陆海走廊和广昆
走廊都过湛江，8 条通道中的二湛通道达湛江。

13.1.3　湛江市的旅游效益分析

（1）湛江市旅游效益分析。湛江市旅游效益与国民经济生产总值逐年同步
增长，旅游业发展呈现良好趋势。

从表 13.2 看，2011~2019 年湛江市地区生产总值逐年增长，增长速度趋于平
稳，年增长率保持在 4%及以上。这说明湛江市国民经济生产发展平稳有序，后发
优势强。

表 13.2　2011~2019 年湛江市旅游效益与地区生产总值

年份	旅游总人数/万人次	同比	旅游总收入/亿元	同比	生产总值/亿元	同比	旅游总收入占生产总值比
2011	1 798.1	28.0%	92.93	42.7%	1 708.22	13.0%	4%
2012	2 239.7	23.6%	127.13	36.8%	1 900.64	10.0%	6.7%
2013	2 543.3	13.6%	151.84	22.4%	2 060.01	12.0%	7.4%
2014	2 907.4	14.3%	201.81	29.8%	2 258.72	10.0%	8.9%
2015	3 326.99	14.4%	271.56	34.6%	2 380.02	8.5%	11.4%
2016	3 782.85	13.7%	349.52	28.7%	2 584.78	7.9%	13.5%
2017	4 350.43	15.0%	421.42	20.1%	2 824.03	6.8%	14.9%
2018	5 172.41	18.9%	511.19	21.3%	3 008.39	6.0%	17.0%
2019	6 022.51	16.4%	601.23	17.6%	3 064.72	4.0%	19.6%

资料来源：湛江市国民经济和社会发展统计公报

2011~2019 年来，湛江市旅游总人数、旅游总收入也是逐年同步增长，并且
保持较高增长水平，旅游总人数、旅游总收入年增长率分别保持在 13%、17%以
上，而且旅游总收入占地区生产总值的百分比逐步提升，到 2019 年接近 20%，即
旅游总收入占到地区生产总值的近五分之一。这说明湛江市旅游业成为湛江市国
民经济的支柱产业。

2013 年底，湛江市首次开通动车（湛江—茂名），促使旅游效益大涨，至
2015 年，旅游总人数、旅游总收入分别达到 3 326.99 万人次、271.56 亿元，分
别增长 14.4%、34.6%，截至 2019 年，湛江市旅游总人数、旅游总收入分别达到
6 022.51 万人次、601.23 亿元，分别增长 16.4%、17.6%，旅游接待量和旅游收
入都超出 16%。

（2）湛江市旅游效益与交通相关性分析。现在利用 SPSS 软件，对

2011~2019 年的湛江市旅游效益与交通相关性进行分析。将国内旅游总收入记为 Y，铁路客运量为 X_1，公路客运量为 X_2，水运客运量为 X_3，航空客运量为 X_4，给出湛江市旅游效益与交通相关性。2011~2019 年湛江市客运量指标，如表 13.3 所示。

表 13.3　2011~2019 年湛江市客运量指标　　　　　单位：万人次

年份	旅客发送量	同比	铁路	同比	公路	同比	水运	同比	航空	同比
2011	14 120.9	8.9%	180	1.0%	12 880	7.8%	1 012	27.3%	48.9	0.9%
2012	14 951.7	5.9%	188	4.3%	13 690	6.3%	1 022	1.0%	51.7	5.8%
2013	15 875.6	6.2%	163.4	12.9%	15 042	9.9%	601	−41.2%	69.1	33.7%
2014	7 977.3	18.3%	152.1	−6.9%	7 132	19.4%	592	10.8%	101.2	42.2%
2015	9 266.4	16.2%	119.7	−21.3%	8 295	16.3%	731	15.7%	120.7	22.7%
2016	8 935.0	10.2%	119.9	0.1%	7 988	11.0%	672	−8.1%	154.6	28.1%
2017	9 793.0	7.9%	270	4.4%	8 641	8.2%	673	0.2%	209	35.2%
2018	9 844.0	0.7%	401	48.5%	8 423	−2.5%	764	−3.1%	256	22.4%
2019	10 351.0	5.2%	613	53.1%	8 691	3.2%	749	−1.9%	298	16.4%

由表 13.4 可见，国内旅游总收入 Y 与铁路客运量 X_1、公路客运量 X_2、水运客运量 X_3、航空客运量 X_4 的相关性数据：0.803、−0.630、−0.324、0.996，知道交通工具影响湛江市旅游效益情况依次是航空客运量、铁路客运量，而且公路客运量、水运客运量的影响逐渐减弱，其中公路客运量减弱最快，水运客运量次之。

表 13.4　2015~2019 年湛江市旅游效益与交通相关性

	变量	Y	X_1	X_2	X_3	X_4
	皮尔森（Pearson）相关	1	0.803**	−0.630	−0.324	0.996**
Y	显著性（双尾）		0.009	0.069	0.395	0.000
	N	9	9	9	9	9

**相关性在 0.01 显著（双尾）

（3）湛江市旅游效益的预测。《湛江市国民经济和社会发展第十三个五年规划纲要》提出，到 2020 年全市生产总值 5000 亿元，游客接待量 5 000 万人次，旅游收入 620 亿元，旅游业增加值占生产总值的比重达到 7%。

对于旅游综合收入，按湛江市 2011 年旅游总人数 1 798.1 万人次、旅游总收入 92.93 亿元，到 2019 年旅游总人数 6 022.51 万人次、旅游总收入 601.23 亿元，年平均增长率分别是 16.31%、26.29%，理论上测算到“十三五”末湛江市旅游总人数 7 005 万人次、旅游总收入 759 亿元，超出纲要发展的指标值。

理论预测数据都超出规划指标，表明如果湛江市在“十四五”期间，旅游发展仍然维持“十三五”期间的年增长率水平，就可以达到较高的效益。

13.2　湛江市旅游发展的策略

13.2.1　优势分析

（1）湛江市独特的地理位置形成强大的竞争优势。湛江市位居粤、琼、桂三省（区）交汇处，是省会城市广州、南宁、海口的几何中心，是我国北方地区通往海南陆路的必经之地。湛江市是我国南北旅游大通道到达海岸线的第一站，历史上"海上丝绸之路"的始发港，作为"一带一路"的重要战略支点，湛江港成为中国西南各省通往国外的主要出海口。它亦是中国大陆通往东南亚、非洲、欧洲和大洋洲海上航道较近的重要口岸。湛江市属于我国改革开放的最前阵地广东省，始终走在全国前列，良好的经济基础促进旅游业发展。

（2）湛江市全方位的立体化交通网络布局优势明显。湛江市陆海空交通将国内与国外连接起来，高速公路通往全国各地，铁路直通我国北方和东部地区，高铁已至东南沿海城市，包海高铁省会线将于2028年贯通。航空方面，它不仅与全国大中城市开通航线，而且是北部湾沿海地区开通国际航班为数不多的城市。海运连接周边重要城市广州、海口和北海，并且融入"海上丝绸之路"国际航线中，扩大湛江国际旅游城市的影响力。

在《国家综合立体交通网规划纲要》中，有西部陆海走廊西宁经兰州、成都/重庆、贵阳、南宁、湛江至三亚；甘其毛都经银川、宝鸡、重庆、毕节、百色至南宁。二湛通道：二连浩特经大同、太原、洛阳、南阳、宜昌、怀化、桂林至湛江等线路，凸显湛江在南北旅游大通道中的黄金海岸优势。

（3）湛江市滨海热带资源丰富，生态环境优美。湛江市作为热带滨海城市，不仅具有黄金海岸线的优势，还有"军港"亮点，而且热带森林密集，在广东省十大旅游核心指标中，湛江市占八大类，尤其是国家自然保护区有3个，列广东省第二（第一名的韶关市有4个）。优美的生态环境，蓝色海洋、蓝天白云造就湛江市成为没有雾霾的适合人类居住的城市，成为国家"花园城市""国家园林城市""中国十佳绿色城市"，而且丰盛的热带水果，以及"中国对虾之都"的称号，使湛江市成为美食城。

（4）湛江市有深厚的地域文化，能突出地方特色。湛江市的雷州市是中国历史文化名城，由于历史的渊源地缘关系，雷州成为历史上楚越文化、土著文化、闽南移民文化、海洋文化和中原文化的交汇地，进而逐渐形成独特的雷州文化。"雷州文化"是岭南地区最古老、持续时间最长的文明之一，与"潮汕文化、客家文化、广府文化"并列为广东"四大文化"①，在南粤历史文化中占有重要的地位，其雷州文化代表的"人龙舞"，由百余人甚至数百人组成，动作粗犷而又威武逼真，犹如生龙活现，堪称东海一绝，与其他 6 项民俗构成湛江市的国家级非物质文化遗产：东海岛人龙舞、遂溪醒狮、雷州石狗、雷州歌、吴川飘色、湛江傩舞等，呈现出浓厚的地方特色，成为打造旅游文化品牌、丰富其内涵的项目之一。

13.2.2　劣势分析

（1）周边滨海热带资源的同质化影响。湛江市所处的北部湾经济区和珠江经济圈，以及海南国际旅游岛，都以打造滨海热带旅游品牌为主，同质化的品牌对各地旅游影响极大。同区域的黄金海岸线，三亚的天涯海角（天之边缘、海之尽头）不论是地理位置，还是自然环境及人文内涵等，都位于前列；海口市、北海市为国家历史文化名城，广东省阳江市的海陵岛大角湾海上丝路旅游区为 5A 级旅游景区等，对湛江市旅游都有影响。尽管湛江市优质旅游资源丰富，占广东省十大优质资源的八类，但整体数量较少，而且缺少顶尖级的品牌，湛江市至今没有 5A 级旅游景区，就是 4A 级旅游景区（4 个）数量也少于邻边茂名市（5 个）。2019 年，湛江市旅游接待人数、旅游总收入分别是 6 022.51 万人次、601.23 亿元；桂林市旅游接待人数、旅游总收入分别是 13 500 万人次、1 731.75 亿元。可见，湛江市旅游效益不如桂林市，而且旅游资源禀赋总量也弱于桂林市，在桂林市进行旅行可以游览多个旅游景区，而在湛江市可游览的景区相对较少，这样湛江市的旅游收入就偏低，旅游总收入也上不去。

（2）连接中西部南北旅游大通道的包海高铁未贯通。对于湛江市，包海高铁省会线就差北海—湛江的贯通，预计 2028 年开通；包海高铁南北直线南段，除张家界—怀化于 2021 年开通，其他路段还没有进入开工阶段，尤其是安康—张家界段高铁还没有进入国家铁路规划，更重要的是琼州海峡高铁方案还没有确定等，这些都影响湛江市的旅游发展。当今交通格局决定旅游格局，尤其是现代化的高铁成为旅游经济的增长极。

（3）旅游形象的地域文化品牌特色、亮点还不鲜明。湛江城市旅游形象标识："湛蓝海天、云浪呈祥"，表现出湛江"蓝天、白云、碧海、银沙、绿野与红土风情"的自然与人文特质；缤纷的色彩烘托出"多彩湛江"的城市旅游特色，彰显湛江市"黄金海岸、热带绿都、天南古邑、魅力港城"的城市旅游品牌定位，较全面地反映出湛江市的旅游特质资源。但这些也是我国南方古老沿海港口城市所

---

① 岭南四大文化之一——雷州文化辨析[EB/OL]. 网易，https://3g.163.com/local/article/ECDTP92S04179C8G. html，2019-04-10.

具有的特色，未能很好地体现湛江市与其他沿海城市的差异。这样使湛江市独有的丝绸之路始发港、现代军港，以及广东"四大文化"之一的雷州文化、"中国对虾之都"等特质资源未能凸显出来。

13.2.3　旅游发展建议

（1）扩大旅游资源利用并提升旅游特质资源竞争力。针对湛江市旅游资源较少的现状，要充分挖掘旅游资源，扩大现有旅游资源的优势。例如，对于湖光岩国家地质公园、鹤地银湖国家水利风景区、特呈岛和雷州乌石国家级海洋公园、三岭山国家森林公园、湛江红树林和徐闻珊瑚礁及雷州珍稀海洋生物国家级自然保护区、徐闻"海上丝绸之路"始发港、现代军港、雷州文化名城、中国第一长滩——龙海天沙滩、中国最大的火山岛——硇洲岛，以及南亚热带植物园、廉江红橙基地、徐闻"菠萝的海"等特色旅游资源加以利用。

更重要的是提升旅游特质资源竞争力，打造有影响力的旅游核心品牌。例如，湛江市要举全力将国家风景名胜区湖光岩旅游景区打造成国家 5A 级旅游景区，使其成为湛江市旅游具有竞争力的核心景区，对外扩大湛江市的影响力。

（2）加快南北旅游大通道南段高铁的建设步伐。南北旅游大通道南段张家界——怀化高铁于 2021 年开通，怀化——桂林——湛江——海口高铁建设紧迫。湛江市要与各省区一道加快南北旅游大通道铁路的建设步伐，并且将琼州海峡通道建设纳入"包海高铁"建设之中，真正实现湛江与海南天涯海角的直通，以形成"游在海南，吃在湛江"。

2020 年全国两会期间，湛江市市长姜建军提出：加快推进张海高铁、南宁至湛江高速前期工作，未来湛江将构建以大港口、大交通、大航空为主骨架的陆海空现代化立体交通枢纽。

2021 年全国两会期间，玉林市委书记黄海昆、桂林市市长秦春成、张家界市市长刘革安、广东海洋大学副校长宁凌等代表联合呼吁：加快建设张海高铁，是落实北部湾城市群等发展规划，推进西部大开发，加快建设海南自贸区（港）的重要内容。将张海高铁桂林经玉林至湛江段纳入国家"十四五"规划和相关路网规划，争取"十四五"期间开工建设，尽早实现张海高铁项目的全线贯通，使其各种功能定位尽早发挥作用。值得注意的是，从 2018 年起，黄海昆连续四年围绕这条高铁向全国两会提出建议。

湛江市要充分发挥交通网络的辐射作用，充分利用"海上丝绸之路"始发港以及"军港"的特殊旅游资源，依靠沿江高速公路和铁路，将两广省府城市广州和南宁直接汇入南北旅游大通道出海口：广州——佛山——江门——阳江——茂名——湛江——徐闻港和南宁—防城港—钦州—北海—湛江—徐闻港，进而进入海南省，凸显湛江作为三省区中心城市的几何中心地位。

（3）完善湛江城市旅游形象标识语文化内涵。在湛江城市旅游形象标识："湛蓝海天、云浪呈祥"的基础上，将湛江市独有的丝绸之路始发港、现代军港，以及广东"四大文化"之一的雷州文化、"中国对虾之都"等特色资源物化在城市旅游形象标识语中。

因此，湛江城市旅游形象标识语可以是"湛蓝花海、丝绸之港、对虾之都、天南重地"，表现出湛江特有的"蓝天、白云、碧海、军港、银沙、花园、绿野与海上丝绸之路始发港、湛江南国美食城"，以及天南重地代表的雷州文化，其自然与人文特质突出湛江市独特的旅游城市文化品牌。

湛江的雷州文化的打造，除从文化内涵提炼文化品位外，还要将雷州市历史文化名城打造为集文化欣赏与旅游游览于一体的旅游区，着力打造雷王故里，将文化游览地雷祖祠、雷州西湖公园、雷州三元塔公园、苏公亭、十贤祠、高山寺、天宁寺、雷州市博物馆、雷州石狗等统一打造，形成有影响的旅游景观聚集地。除了做好海洋鱼类特色宣传外，湛江还可以大力推销原产地的热带水果，这也是湛江市的一大特色，形成"游在湛江，吃在湛江"，全面提升湛江的旅游效益。

第 14 章　桂林市旅游状况的分析与发展策略

桂林简称桂，地处华南，湘桂走廊南端，是世界著名风景游览城市，首批国家历史文化名城，是国务院批复确定的中国对外开放国际旅游城市、全国旅游创新发展先行区和国际旅游综合交通枢纽、国家可持续发展议程创新示范区，是联合国世界旅游组织/亚太旅游协会旅游趋势与展望国际论坛永久举办地，是泛珠江三角洲经济区与东盟自由贸易区战略交汇的重要节点城市，是中国旅游业态的风向标。桂林市总面积 2.78 万平方千米，全市户籍总人口 540 万人[①]。

1201 年，南宋著名诗人王正功赋诗"桂林山水甲天下"，使桂林成为世界名城。桂林获得以下城市荣誉：国家历史文化名城、中国优秀旅游城市、国家园林城市、全国健康旅游示范基地、国家卫生城市、全国创建文明城市先进城市、国家智慧城市试点城市、万年智慧圣地、2018 畅游中国 100 城、2019 年中国地级市百强第 39 名、2019 年中国城市绿色竞争力排名第 35 名、2019 中国城市品牌评价百强榜（地级市）第 39 名。2025 年桂林将发展为世界一流国际旅游城市。

14.1　桂林市旅游状况的分析

14.1.1　桂林市的优质旅游资源

桂林市的优质旅游资源非常丰富，不仅量大，而且品质极高。截至 2019 年，桂林共有 A 级景区 66 家，其中 5A 级景区 4 家、4A 级景区 30 家，都为广西的地

---

① 广西提出加快打造自治区副中心城市，柳州、桂林上榜[EB/OL]. 澎湃新闻，https://baijiahao.baidu.com/s?id=1716033226205183690&wfr=spider&for=pc，2021-11-10.

级市中最多者，其中 5A 级景区占到广西的 57.14%、4A 级景区占到广西 210 家的 14.29%。在广西十大优质旅游资源中有九类（表 14.1），其中国家历史文化名镇名村 8 个，占广西 16 个的 50%，并且还有世界自然遗产名录 1 处。

表 14.1　桂林市优质旅游资源情况

地区	世界遗产名录	历史文化名城	国家风景名胜区	国家地质公园	国家级水利风景区	5A 级旅游景区	国家自然保护区	国家森林公园
广西	2	3	3	11	13	7	23	23
桂林市	1.中国南方喀斯特（云贵桂渝）	1.桂林市	1.桂林漓江	1.广西资源	1.兴安灵渠	1.乐满地度假世界 2.漓江 3.两江四湖·象山 4.独秀峰·王城	1.猫儿山景区 2.花坪 3.银竹老山资源冷杉	1.阳朔 2.龙胜温泉 3.八角寨 4.桂林 5.狮子山
占比	50.00%	33.33%	33.33%	9.09%	7.69%	57.14%	13.04%	21.74%

14.1.2　桂林市的交通格局

桂林是我国的内陆城市，但其交通却是全方位的立体化网络构架，形成乘号"×"形的四通八达交通网。

公路：东北方向到西南方向，有南昌和长沙经桂林到南宁，东南方向到西北方向，有广州经桂林到贵州，以及市县区连接的高速公路网络。

铁路：湘桂铁路由东北向西南纵贯桂林，经过全州、兴安、灵川、桂林市区、永福等地，是桂林市铁路交通的大动脉。

高铁：桂林高铁"十"字相交"×"形的网络结构快捷便利。桂林市区有 4 个高铁站：桂林北站、桂林站、桂林西站、五通站。目前，桂林可直达北京、上海、重庆，省会城市南宁、昆明、长沙、武汉、郑州、石家庄、南京、贵阳、成都、西安、广州，以及全国各地中等城市。贵广高铁把桂林与珠三角连接在一起，带动桂林旅游经济大发展；湘桂高铁把桂林与广西首府南宁连接起来，实现桂林与首府同城化和近城化。

南北旅游大通道的张海高铁（张家界—桂林—海口）将在"十四五"期间开工建设，届时桂林将成为通往全国各地的交通枢纽。

地铁：2017 年 8 月 28 日，桂林云轨 1 号线（桂林市中心城区至两江机场）正式开工，2022 年完工通车，进出桂林更加方便。

水运：桂林市主要航运江河有漓江、桂江、湘江、洛清江、资江、浔江、百寿河等 7 条。漓江、桂江是桂林市重要的通航河流，辖区通航 175 千米，经梧州流入珠江到达广州、香港、澳门等地。湘江和漓江又将桂林的漓江国家风景名胜区、灵渠世界灌溉遗产连接起来，形成重要的旅游通道。

航空：桂林两江国际机场为国内地级市中重要的国际机场，吞吐量，位于全国前列。截至 2019 年，桂林机场飞行航线 116 条，通航国内城市 76 个[①]；国际及地区航线 8 条，飞行国际城市雅加达、新加坡、吉隆坡、仁川、曼谷等。

在《国家综合立体交通网规划纲要》中，6 条主轴中，有粤港澳—成渝主轴过桂林；8 条通道中，有湘桂通道、二湛通道过桂林。

14.1.3 桂林市的旅游效益分析

（1）桂林市旅游经济分析。桂林市旅游效益与国民经济生产总值逐年同步增长，而且旅游业发展态势旺盛。

从表 14.2 可以看出，2010~2019 年桂林市地区生产总值呈增长趋势，增长速度趋于平稳，年增长率除 2017 年为 3.9%，其余年份维持在 6.5%以上。这说明桂林市国民经济生产发展势头看好。

表 14.2　2010~2019 年桂林市旅游效益与地区生产总值

年份	国内旅游人数/万人次	同比	国内旅游收入/亿元	同比	生产总值/亿元	同比	旅游总收入占生产总值比	入境旅游人次/万人次	入境旅游收入/亿元
2010	2 097.71	21.2%	134.17	36.8%	1 108.63	13.8%	12.1%	148.62	34.13
2011	2 623.78	25.1%	178.21	32.8%	1 336.07	12.2%	13.3%	164	40.13
2012	3 110.25	18.5%	230.48	29.3%	1 492.05	13.3%	15.4%	182	46.39
2013	3 390.52	9.0%	294.63	27.8%	1 657.90	11.0%	17.8%	193.7	53.85
2014	3 667.84	8.2%	360.77	22.5%	1 827.05	8.0%	19.7%	203.32	59.53
2015	4 253.61	16.0%	453.51	25.7%	1 942.97	8.0%	23.3%	216.34	63.82
2016	5 152.55	21.1%	558.81	23.2%	2 075.89	7.0%	26.9%	233.32	79.31
2017	7 983.89	55.0%	882.89	58.0%	2 045.18	3.9%	43.2%	248.9	88.30
2018	10 600.00	33.3%	1 391.75	43.2%	2 074.78	6.9%	67.1%	274.70	100.86
2019	13 500.00	27.1%	1 731.75	34.2%	2 105.56	6.5%	82.2%	314.59	136.46

资料来源：桂林市国民经济和社会发展统计公报

2010~2019 年，桂林市旅游接待量、旅游总收入也是逐年同步增长，并且保持较高增长水平，特别是 2015 年以来，国内旅游接待量、国内旅游收入年增长率分别保持在 16%及以上、23%以上，而且国内旅游总收入占地区生产总值的百分

---

① 刘健. 回顾 2019，桂林交通事业发展迈上新台阶[EB/OL]. 桂林生活网，https://baijiahao.baidu.com/s?id=1655340262754880432&wfr=spider&for=pc，2020-01-10.

比逐步提升,到 2019 年达到 80%以上,即国内旅游总收入占地区生产总值五分之四以上。这说明桂林市旅游业成为桂林市地区经济的重大产业。因此可以说桂林市旅游是全国旅游的风向标。

(2)桂林市交通状况分析。从表 14.3 的数据可以看出,桂林市的公路里程、民航客运量、铁路客运量呈现持续发展态势。2013 年 12 月 28 日,湘桂高铁开通,桂林正式进入了高铁时代,吸引了大量游客出行。2014 年 12 月 26 日,桂林开通了贵广高铁。2014 年公路客运量大幅度下降,而铁路客运量从 2015 年开始急剧上升。

表 14.3　桂林市旅游效益与交通统计数据

年份	公路总里程/千米	公路客运量/万人次	铁路客运量/万人次	民航客运量/万人次
2010	11 186	14 560	413.35	280.30
2011	11 287	15 881	459.5	293.2
2012	11 423	17 416	507.3	302.0
2013	11 784	18 641	562.9	314.9
2014	12 080	9 037	704.0	375.4
2015	12 564	8 751	2 438.7	343
2016	13 042	7 701	2 600	357.6
2017	13 585	7 376	2 957.6	786.0
2018	14 017	6 996	3 355	873.21
2019	14 580	6 686	3 530	855.26

资料来源:桂林市国民经济和社会发展统计公报

现利用 SPSS 软件,对 2015~2019 年的桂林旅游效益与交通相关性进行分析。选取指标:国内旅游人次 X_1、国内旅游收入 X_2、入境旅游人次 X_3、入境旅游收入 X_4、公路总里程 X_5、公路客运量 X_6、铁路客运量 X_7、民航客运量 X_8,给出桂林旅游效益与交通相关性(表 14.4)。

表 14.4　2015~2019 年桂林旅游效益与交通相关性

	变量	X_1	X_2	X_3	X_4	X_5	X_6	X_7	X_8
X_1	皮尔森(Pearson)相关	1	0.997**	0.985**	0.961**	0.988**	−0.906*	0.993**	0.903*
	Sig.(双尾)		0.000	0.002	0.009	0.002	0.034	0.001	0.036
	N	5	5	5	5	5	5	5	5
X_2	皮尔森(Pearson)相关	0.997**	1	0.984**	0.957*	0.979**	−0.890*	0.989**	0.881*
	Sig.(双尾)	0.000		0.002	0.011	0.004	0.043	0.001	0.049
	N	5	5	5	5	5	5	5	5

**相关性在 0.01 显著(双尾);*相关性在 0.05 显著(双尾)

由表 14.4 可知,桂林市除公路客运量为负相关外,其他要素:国内旅游人次、国内旅游收入、入境旅游人次、入境旅游收入和公路总里程、铁路客运量、民航客运量相关性都在 0.881 以上，说明它们之间存在正的强相关性，交通客运量影响桂林旅游效益的次序依次是铁路客运量、民航客运量、公路客运量等。但由 2019 年的客运量数据：公路 6 686 万人次、铁路 3 530 万人次、民航 855.26 万人次，表明公路在桂林市旅游中转中依然发挥主要作用，是市内交通门户和宾馆与旅游景区连接的重要交通工具。

（3）桂林旅游效益与规划目标的要求。桂林市旅游发展为我国旅游发展的风向标。现对桂林市"十三五"旅游效益进行预测。

《桂林市旅游业发展"十三五"规划》提出，到 2020 年全市年接待游客总量突破 1.2 亿人次，年均增长 12%以上。其中接待入境旅游者 390 万人次，年均增长 15%以上。旅游消费总额突破 1 500 亿元，年均增长 23%以上，其中旅游外汇收入达到 18 亿美元以上。

实际 2019 年桂林市接待国内旅游人次为 1.35 亿人次、国内旅游收入 1 731.75 亿元，均已超过规划目标。同时，2019 年桂林市入境旅游收入 136.46 亿元（按 1 美元≈7.077 元人民币折算为 19.28 亿美元）已超过规划目标，但按桂林市入境旅游人次年平均增长率 8.69%计算，预测"十三五"末入境旅游人次为 342 万人次，达不到规划目标的接待入境旅游者 390 万人次。即桂林创建世界一流旅游城市的任务还很艰巨。

这预示桂林市在"十四五"期间，要将入境旅游作为重要的攻关问题加以研究解决。《桂林市国民经济和社会发展第十四个五年规划和 2035 年远景目标纲要》提出：到 2025 年，入境旅游人数达 350 万人次。桂林市在 2019 年基础上，入境旅游按年平均增长率 21.55%计算，"十四五"末入境游客数量达到 350 万人次的要求。

14.2　桂林市旅游发展的策略

14.2.1　桂林市旅游的优势

（1）桂林市旅游作为国家的风向标引领区域旅游发展。桂林市是一座具有两千多年历史的文化名城。以甑皮岩为代表的史前文化，是中国制陶技术重要的起源之一，向世界展现了中华民族"万年智慧"的历史文化，以灵渠为代表的世界灌溉遗产，向世界展示了古代水利科技文化，以桂林山水为代表的世界自然遗产，向世界展现了桂林的山水文化。

2012 年 11 月 1 日，国家发展和改革委员会批复《桂林国际旅游胜地建设发展规划纲要》。把桂林建设成世界一流的旅游目的地、全国生态文明建设示范区、全国旅游创新发展先行区、区域性文化旅游中心、国际交流的重要平台，标志着桂林旅游成为国家的风向标。

2013 年 7 月 3 日至 4 日，广西壮族自治区旅游发展大会在桂林市召开，提出到 2020 年，基本建成桂林国际旅游胜地，成为全国一流、世界知名的区域性国际旅游目的地和集散地，标志着桂林成为广西旅游的龙头，引领区域旅游的发展。

2019 年桂林市接待国内外游客 1.38 亿人次，其中，入境过夜游客 314.59 万人次。实现旅游总消费 1 874.25 亿元，其中，国际旅游消费 20.62 亿美元，增长 35.3%[①]。桂林市接待国内外游客、旅游总消费分别占广西壮族自治区的 15.51%、18.30%，尤其是入境过夜游客、国际旅游消费分别占广西壮族自治区的 50.42%、58.73%，占全区的半壁江山，说明桂林成为国际旅游的胜地。

在《2019 中国旅游城市排行榜》综合排行榜中，桂林市排第 26 名，其中 26 名之前省会城市占 15 个。桂林市是广西壮族自治区排名最前的城市，引领其区域旅游发展。

（2）桂林优质资源品质打造出一流国际旅游胜地。桂林作为我国旅游起步较早的城市，旅游条件非常优越。首先，其旅游优质资源非常丰富，而且旅游资源品质在世界极具影响力。荣登世界自然遗产名录的漓江，使"桂林山水甲天下"成为世界著名的旅游精品；世界灌溉遗产灵渠，为"桂林山水"品牌增添深厚的历史文化内涵；刘三姐原生态的民族特色艺术精品叫响世界；湘江战役奠定了它中国红军长征走向成功的红色教育基地的基础；占广西壮族自治区国家 5A 级旅游景区半壁江山的历史文化名城桂林市，具有巨大的旅游市场。在交通格局决定旅游格局的今天，桂林市以高铁为代表的现代交通构成"十"字相交网络结构，在 2019 年高铁就直达全国 14 个省会城市及全国各地中等城市。桂林两江国际机场为 4F 级飞行区，截至 2019 年，国内航线 116 条，通航国内城市 76 个，国际及地区航线 8 条，吞吐量首次突破 800 万人次大关，步入全国前列。

2019 年 6 月，广西壮族自治区发展和改革委员会、自治区文化和旅游厅发文《关于以世界一流为发展目标打造桂林国际旅游胜地的实施意见》，提出到 2025 年，旅游产品和旅游服务达到国际一流，"桂林山水甲天下"品牌享誉全球，游客体验感和满意度世界领先，旅游市场知名度、美誉度和国际化水平大幅提升，全面建成世界一流的国际旅游胜地。

2021 年桂林列《中国康养旅游城市百强榜单》第 7 位，列广西壮族自治区第

---

① 桂林市 2019 年国民经济和社会发展统计公报[EB/OL]. 中国统计信息网，http://www.tjcn.org/tjgb/20gx/36426_2.html，2020-05-04.

一名。这说明桂林已成为世界国际旅游的胜地。

（3）桂林融自然与文化一体的旅游模式扩大全域旅游市场。"桂林山水甲天下"名不虚传，成为感受大自然美丽风光的山水之地。以壮族为代表的桂林民族节庆"三月三歌节"，展示了歌仙刘三姐文化品牌的魅力。2004 年 3 月 20 日，《印象·刘三姐》正式在桂林阳朔上演，至今长盛不衰。《印象·刘三姐》夜间文化旅游品牌，推动了桂林阳朔的旅游大发展。2016 年阳朔高铁开通，全年接待游客人数 1 439.76 万人次，旅游收入 117.84 亿元，首创广西壮族自治区旅游收入过百亿元的县。2019 年阳朔进入首批国家全域旅游示范区名单（全国共 71 个，广西 2 个），全年完成地区生产总值 111.66 亿元（新的计算方法），全年接待旅游总人数 2 018.82 万人次，旅游总消费 289.46 亿元[①]，分别占桂林市旅游总人数、旅游总消费的 14.63%、15.44%。

《印象·刘三姐》是全世界第一部"山水实景演出"，作为地方文化与旅游业结合的山水实景剧，是旅游文化创意产业的典范，成为中国演艺实景演出的重要里程碑。《印象·刘三姐》荣获"2019 年中国实景旅游演艺十强"榜首。

《刘三姐》文化品牌已成为整个广西壮族自治区的形象标识。2018 年 7 月 25 日晚，大型民族歌剧《刘三姐》在国家大剧院成功首演。2019 年 12 月 14 日晚，中国民族歌剧《刘三姐》登上国际舞台，唱响悉尼歌剧院，受到观众追捧。

刘三姐文化品牌，又打造了壮族民族盛大节日"三月三歌节"，相传这节日是为纪念壮族歌仙刘三姐而形成的，所以又称歌仙节。"三月三歌节"，壮族人民都会搭歌棚，举办歌会，青年男女们对歌、碰蛋、抛绣球，谈情说爱。而今"三月三歌节"又成了美食节，凸显桂林城市的民族特色。文旅融合的区域旅游的效益，也使桂林成为联合国世界旅游组织/亚太旅游协会旅游趋势与展望国际论坛永久举办地。

14.2.2　桂林市旅游发展中的主要问题

（1）桂林市立体化的现代交通网还没有形成。桂林市要在 2025 年实现世界一流旅游胜地目标，重要的任务是解决现代交通的大问题。首先，解决国际航空线路通达问题。目前，桂林两江国际机场仅仅 8 条航线，通达 8 个旅游城市。其次，要建立桂林旅游城市与我国其他旅游城市的快捷方便的旅游交通通道。当今，桂林市与相邻的世界旅游城市张家界等没有直达的列车（桂林高铁无法与普通列车同道而行），不能满足国际旅游自由行的世界一流旅游胜地的基本条件。再者，桂林为我

---

① （广西）2019 年阳朔县国民经济和社会发展统计公报[EB/OL]. 县情资料网, https://www.ahmhxc.com/tongji gongbao/19698_2.html，2020-09-18.

国南北旅游大通道：包头—西安—安康—张家界—桂林—海口上重要的世界级的旅游节点城市，但安康南下至张家界路段没有开工，怀化至桂林高铁也没有进入开工阶段。尽管张家界至桂林开通了绕道衡阳的动车，但耗时 7 个半小时。

（2）桂林市旅游优质资源利用重南轻北，极不协调。桂林山水的旅游品牌，很好地突出了世界自然遗产漓江的山水自然风光，使桂林漓江成为世界级的一流旅游目的地。但桂林的湘江也具有世界级的旅游资源，其灵渠作为世界灌溉遗产，也是桂林市唯一的国家级水利风景区，是世界上最古老的运河之一，有着"世界古代水利建筑明珠"的美誉。灵渠有深厚的文化底蕴，是秦始皇统一中国后，于公元前 221~前 214 年修筑，其目的是保证南方的稳固。灵渠的修建，开创了南方饮食文化的变局。桂林米粉的诞生，就是为让修建灵渠的秦军能吃上北方的面条而发明的"南方面条"。由此形成一条历史脉络：兴安灵渠—关中秦人—北方面条—桂林米粉—南北民俗，这是非常有意义的文化旅游时光隧道。

桂林湘江也流淌着中国革命的鲜血。1934 年 11 月 27 日至 12 月 1 日，中央红军长征途中，突破国民党军封锁线后，由湖南南部向广西北部前进。中央红军在湘江上游桂林市的兴安县、全州县、灌阳县，与国民党军苦战五昼夜，最终从全州、兴安之间强渡湘江，突破了国民党军的第四道封锁线，粉碎了蒋介石围歼中央红军于湘江以东的企图。湘江战役是中央红军突围以来最壮烈、最关键的一仗，中央红军与优势之敌苦战。但是，中央红军也付出了极为惨重的代价。红军部队指战员和中央机关人员由长征出发时的 8 万多人锐减至 3 万余人。湘江惨胜直接导致在遵义召开中共中央政治局扩大会议，从此中国红军翻开崭新的一页[①]。

然而在桂林市北面的湘江一带，旅游发展较为缓慢，与桂林市南面的漓江一带形成极大的反差，未能成为全国乃至世界闻名的自然景观和红色旅游重要基地，对整体打造世界一流旅游胜地影响较大。

（3）创建一流国际旅游胜地的世界影响力需要大幅提升。《关于以世界一流为发展目标打造桂林国际旅游胜地的实施意见》指出，打造世界一流的旅游目的地，主要包括建设一流的精品景区、提供一流的旅游服务、培育一流的旅游品牌、建成一流的国际消费中心、形成一流的文旅体验、建设一流的康养基地。目前，桂林市旅游发展也存在不协调的地方：生态旅游与红色旅游、世界灵渠与漓江、湘江战役长征精神与刘三姐文化品牌等，未能有效对接；在旅游服务、旅游消费方面，存在竞争力不强、全域旅游市场开发不到位等问题，重漓江山水自然风光轻湘江人文景观等。这些都与世界一流旅游胜地有一定差距。更重要的是入境旅游人次差距较大。

① 【百年党史微党课】1934 年 11 月 27 日至 12 月 1 日,中央红军苦战五昼夜抢渡湘江[EB/OL]. 搜狐网,https://www.sohu.com/a/462151257_120209831, 2021-04-21.

《2019 中国旅游城市排行榜》综合排行榜上，桂林排第 26 名（2019 年桂林市国内旅游人数 1.35 亿人次，国内旅游收入 1 732 亿元），但落后于 16 名的上饶市（2019 年国内旅游人数 2.10 亿人次，国内旅游收入 2 160 亿元）。尤其是上饶市并非全国著名的旅游城市。同时，在多个旅游网站的中国十佳旅游城市推荐名单中，桂林皆不在其列。显然，桂林旅游产业发展状况，并未如屡创新高的旅游数据形成正比[①]。因此，世界一流旅游胜地创建任重道远。

14.2.3　桂林市旅游发展的建议

（1）以一流国际旅游胜地创建为契机，全力推动南北旅游大通道的构建。我国南北旅游大通道以包海高铁直线走向：包头—西安—桂林—海口，与"一带一路"的草原丝绸之路（包头满都拉国际口岸）、沙漠丝绸之路（西安古城）、海上丝绸之路（湛江徐闻港等）纵横连接，在"一带一路"引领下，这条旅游线路将成为具有世界影响力的精品线，对于桂林市创建世界一流国际旅游胜地意义重大。

当前，包海高铁北段包头—西安—安康线路走向已确定，并且逐步进入开工阶段，但包海高铁南段安康—张家界还没有进入国家规划，怀化—桂林—海口还没有动工修建，尤其是桂林—湛江线路走向还没有确定。

2021 年全国两会期间，玉林市委书记黄海昆、桂林市市长秦春成、张家界市市长刘革安、广东海洋大学副校长宁凌等代表联合呼吁：将张海高铁桂林经玉林至湛江段纳入国家"十四五"规划和相关路网规划，争取"十四五"期间开工建设，尽早实现张海高铁项目的全线贯通，使其各种功能定位尽早发挥作用。

在《国家综合立体交通网规划纲要》中，有粤港澳—成渝：广州经桂林、贵阳至成都；广州经永州、怀化至重庆。湘桂通道：长沙经桂林、南宁至凭祥，二湛通道：二连浩特经大同、太原、洛阳、南阳、宜昌、怀化、桂林至湛江等线路。

因此，桂林市要主动与南北旅游大通道沿线城市一道，全力推进包海高铁的进程，确立桂湛高铁线路走向，并且争取早日开工建设怀化—桂林—海口高铁；同时，积极支持安张高铁早日进入国家规划，而且付诸实施将桂林打造成连接南北省会旅游大城市西安市和海口市的重要的国际旅游城市。

桂林国际航线在现有基础上可以走经停方式，联合我国大城市间接飞达世界旅游城市。例如，桂林—西安—东北亚相关国家、桂林—广州—东南亚相关国家，以及世界其他国家和地区的旅游城市，提升桂林市国际旅游城市的通达能力。

（2）以桂林山水城市优质品牌资源辐射带动作用，推动桂北旅游快速发展。

---

① 千年桂林城：2019 年旅游数据再创新高，但为何热度在减弱[EB/OL]. 新讯网，http://news.xinxunwang.com/world/hrhq/251211.html，2019-08-29.

全域旅游的本质特征主要体现在全局性、空间性、带动性、整合性和共享性五个方面①。从全域旅游的 5 个本质特征考虑，应该将桂林市北部的旅游发展统一到桂林市世界一流国际旅游胜地创建中，只有桂北的旅游达到世界一流国际旅游胜地，整个桂林市的世界一流国际旅游胜地目标才能实现。只要将世界灌溉遗产灵渠这个"世界古代水利建筑明珠"品牌打响，就有桂北国际旅游胜地的意境；只有将"湘江战役"红色旅游充分开发，桂林才能有全中国广阔的旅游市场。

兴安灵渠景区的打造，要突出灵渠深厚的历史文化底蕴，按照灵渠的历史渊源："兴安灵渠—中国秦人—北方面条—桂林米粉—南北民俗"等要素，将灵渠打造成"秦人的远方异乡"，让北方人来桂林走亲戚和寻找乡音，品尝桂林米粉（北方面条），感受南北的民俗民风民情，思索古代科技文明成果，塑造世界水利奇观，构建世界一流国际旅游胜地。

灵渠作为中国古代科技文明成果，人造运河塑造了世界水利奇观。不论是从民族自豪感出发，还是从科普旅游灵渠的角度看，它都是旅游品质极高的品牌。凭借灵渠是世界灌溉遗产、国家级水利风景区、4A 级旅游景区的优质资源，可以将其打造成世界一流国际旅游胜地桂林山水的著名旅游区。

"湘江战役"红色旅游的开发，从湘江战役纪念馆——国家爱国主义教育基地，到湘江战役战场，形成统一的红色旅游文化景点和旅游线路，从史料展览到实地战场讲述，彰显当时的战役是中央红军突围以来最壮烈、最关键的一仗，是关系中央红军生死存亡的一战，从中增强红色教育的"血染风采"。

"湘江战役"作为红军长征重要的战役，为红军长征最后顺利打开了局面。因此，要将"湘江战役"融入整个长征主题公园之中，通过红军长征线路，扩大全国旅游的广阔市场，为构建世界一流国际旅游胜地营造氛围。

（3）以世界一流国际旅游城市建设为目标，塑造好桂林山水精致品牌。桂林市在"一键游桂林"智慧旅游平台模式下，进一步完善和提升旅游综合服务平台，使其成为旅客的"导游"，真正实现国际旅游城市的"自由行"。

完善市内交通网，从步入桂林这方热土的车站、码头、机场，通过旅游集散中心的指导，实现到宾馆和旅游景区直达车辆的"零"换乘，并且从市内到相关重要旅游景区，开通旅游专线或公交线路，方便游客自由出行，以及顺利到达车站、机场返回，构建国家旅游城市的良好形象。

"桂林山水甲天下"，桂林市的各个旅游区域要突出山水园林城市的特征，宾馆要成为旅客宜居的花园或植物园，并且适当增加具有现代国际化标准的旅游宾馆，以满足联合国世界旅游组织/亚太旅游协会旅游趋势与展望国际论坛举办方等机构举行各个旅游相关活动的需求，不断提升"桂林山水"品牌的国际吸引力，

---

① 什么是全域旅游[J]. 镇江社会科学，2016，（6）：47.

增加入境旅游人次。

当然，国际宾馆的建设，决不能破坏桂林的山水，也不是盖摩天大楼，而是推出桂林山水中的民俗特色，实现"绿水青山就是金山银山"的理念，打造美丽和谐的生态环境、平安舒适的自由行氛围。

围绕联合国世界旅游组织/亚太旅游协会旅游趋势与展望国际论坛，开展桂林市旅游文化艺术节，进行中外文化艺术交流，提升桂林的国际影响力。同时，桂林市要做大做强会展旅游，就像海南的博鳌亚洲论坛一样一举成为世界旅游品牌。

在桂林市旅游文化艺术节交流活动中，注重民族艺术的展示。可以从桂林漓江旅游带到湘江旅游带，从《印象·刘三姐》实景剧到"三月三歌节"壮族民族节庆，进行文旅融合，突出特色亮点，塑造世界一流旅游城市形象。

"桂林山水"不仅是桂林城市的精致名片，也是桂林山水城市的美好生活的体现。对于灵渠旅游品牌的打造，饮食文化也是旅游的重头戏。桂林米粉是南方稻田食材的杰作，也是北方面食的吃法，要努力使它成为北方人游桂林的一大追求。对于漓江风光的打造，漓江河流的水产品也是一张特色名片，其漓江长寿鱼、漓江泉水虾、漓江菊花蟹、漓江岩石螺，是漓江地区的四宝特色小吃，要使这些"山珍海味"都成为桂林饮食城的佳肴，营造桂林世界一流国际旅游胜地、宜居城市的氛围。

第 15 章　张家界市旅游状况的分析与发展策略

张家界原名"大庸市"，位于湖南西北部，澧水中上游，属武陵山区腹地。1994年，鉴于张家界国家森林公园在海内外拥有的知名度和美誉度，经国务院批准，将大庸市更名为张家界市。张家界市是湘鄂渝黔革命根据地的发源地和中心区域，桑植县是贺龙元帅的故居。截至 2019 年常住人口 154.9 万人[①]。

张家界因旅游建市，是国内重点旅游城市。武陵源风景名胜区拥有世界罕见的石英砂岩峰林峡谷地貌，被称为"张家界地貌"。武陵源风景名胜区由中国第一个国家森林公园——张家界国家森林公园和天子山自然保护区、索溪峪自然保护区、杨家界四大景区组成，是中国首批世界自然遗产、世界首批地质公园、国家首批 5A 级旅游景区。张家界先后荣获"国家森林城市"、中国特色魅力城市 200强、中国地级市百强、2019 年中国城市绿色竞争力排名 TOP100 第 46、2019 年中国城市（地级市）品牌评价百强榜排名第 66、2019 年中国地级市百强第 53 名、2019 年中国康养城市排行榜 50 强等核心指标排名第 43。

15.1　张家界市旅游状况的分析

15.1.1　张家界市的优质旅游资源

张家界市的优质旅游资源非常丰富，而且品质极高。武陵源风景区是世界自然遗产和世界地质公园（湖南省唯一的 1 个），还是国家地质公园、国家风景名胜

[①] 张家界市 2019 年国民经济和社会发展统计公报[EB/OL]. 湖南省统计局，http://tjj.hunan.gov.cn/hntj/tjfx/tjgb/szgb/zjj_1/202004/t20200430_12020755.html，2020-04-30.

区、5A 级旅游景区、国家第一个森林公园。截至 2019 年，张家界市在湖南十大优质旅游资源中有 7 类（表 15.1）。

表 15.1　张家界市优质旅游资源情况

地区	世界遗产名录	世界（国家）地质公园	国家风景名胜区	国家级水利风景区	5A 级旅游景区	国家自然保护区	国家森林公园
湖南	3	1（13）	22	41	10	24	62
张家界市	1.武陵源	1.武陵源	1.武陵源	1.澧江	1.武陵源-天门山	1.张家界大鲵 2.八大公山	1.天泉山 2.峰峦溪 3.天门山 4.张家界
占比	33.33%	100（7.69%）	4.55%	2.44%	10.00%	8.33%	6.45%

15.1.2　张家界市的交通格局

张家界市交通网络正在从传统交通方式转变到现代交通形式,通往全国各地,主要是依靠公路、铁路和航空等交通工具。截至 2019 年,交通状况如下①。

公路：通车里程 9 057.4 千米，全年客运量达 7 346.9 万人。其中高速公路通车里程 162.7 千米，高速公路由长沙到重庆贯通张家界市东西，南北旅游大通道公路湖北恩施经张家界到三亚贯通。

铁路：营运里程 214 千米，全年客运量达 253.7 万人。焦柳线贯通张家界南北，2019 年随着重庆黔江—长沙动车开行，张家界步入高铁时代，2021 年黔江—重庆动车开通，并且张家界—怀化高铁开通，张家界进入全国高铁网。

航空：张家界荷花国际机场是国内的 4D 级旅游机场，1997 年经国务院批准设立航空口岸。目前，张家界机场航线网络已辐射至国内外 53 个大、中城市，其中国内 41 个，国际及地区 12 个。国内航点覆盖全国 80%以上的省会城市，国际航点覆盖东亚、南亚多个国家。2019 年新开柬埔寨暹粒、日本大阪、菲律宾马尼拉和韩国首尔、务安、济州、大邱等航点，全年客运量达 287.1 万人。

在《国家综合立体交通网规划纲要》中，7 条走廊中，有沪昆走廊过张家界，8 条通道中，有二湛通道过张家界等线路。

15.1.3　张家界市的旅游效益分析

（1）张家界市旅游业发展状况。张家界市旅游效益与国民经济生产总值呈增

① 张家界市 2019 年国民经济和社会发展统计公报[EB/OL]. 张家界市人民政府网, http://www.zjj.gov.cn/c89/2020 0604/i554462.html，2020-04-22.

长趋势，而且旅游业发展旺盛。

从表 15.2 可知，2011~2019 年张家界市地区生产总值呈增长趋势，增长速度趋于平稳，近几年增长率保持在 7.5%左右。这说明张家界市国民经济生产发展势头良好。

表 15.2　2011~2019 年张家界市旅游效益与地区生产总值

年份	国内旅游人数/万人次	同比	旅游总收入/亿元	同比	生产总值/亿元	同比	旅游总收入占生产总值比
2011	3 041.00	26.5%	167.31	29.5%	298.04	14.0%	56.1%
2012	3 590.10	18.0%	208.72	24.8%	338.99	11.6%	61.6%
2013	3 442.41	−4.1%	212.29	1.7%	365.65	6.1%	58.1%
2014	3 884.58	12.9%	248.70	17.2%	410.02	10.7%	60.7%
2015	5 075.09	30.6%	340.70	37.0%	447.70	8.5%	76.1%
2016	6 143.00	21.0%	443.10	30.0%	497.60	8.1%	89.0%
2017	7 335.81	19.4%	623.78	21.9%	542.40	8.7%	115.0%
2018	7 959.55	14.0%	756.80	21.3%	578.92	7.5%	130.7%
2019	7 912.30	−0.6%	905.60	23.6%	552.10	7.6%	164.0%

注：由于张家界市旅游景点收入未全部统计在地区生产总值之中，出现旅游收入大于地区生产总值的情况，在 2019 年生产总值同比增长 7.6%中，又包含了未统计的旅游景点收入
资料来源：张家界市国民经济和社会发展统计公报

2011~2019 年，张家界市旅游接待量、旅游总收入保持较高增长水平（2013 年全国接待入境游客 12 907.78 万人次，同比下降 2.51%，对张家界市旅游也有影响），特别是 2014 年以来，张家界市国内旅游接待量、国内旅游收入年增长率分别维持在 12.9%、17.2%以上，而且国内旅游总收入占地区生产总值的百分比逐步提升，到 2019 年达到 164.0%（由于张家界市旅游景点收入未全部统计在地区生产总值之中，出现旅游收入大于地区生产总值的情况，但这不影响旅游收入增长情况）。这说明张家界市旅游业成为张家界市国民经济的重大产业，即张家界市为我国重要的旅游城市。

（2）张家界市交通业发展状况。张家界市通往全国各地主要依靠公路、铁路、航空等，公路为主体，航空优势逐步提升，2018 年民航客运量首次超过铁路，其整个运营状况见表 15.3。

表 15.3　2011~2019 年张家界交通数据

年份	铁路营运里程/千米	公路通车里程/千米	铁路客运量/万人次	公路客运量/万人次	民航客运量/万人次
2011	130.34	8 658.52	189	6 516.92	115
2012	130	8 668.1	191.64	6 825.34	113.52
2013	130	8 773.91	189.04	6 448.09	100.63

年份	铁路营运里程/千米	公路通车里程/千米	铁路客运量/万人次	公路客运量/万人次	民航客运量/万人次
2014	130	8 773.91	189.01	6 216.38	109.16
2015	130	8 756.77	177.7	5 983.1	140.6
2016	117	8 812	198.0	5 431.3	170.2
2017	117	8 998	213.08	6 029.0	177.37
2018	117	9 014	215.41	6 226.27	220.99
2019	214	9 057.4	253.7	7 346.9	287.1

资料来源：张家界国民经济和社会发展统计公报

从表 15.4 可以看出，张家界旅游收入与交通客运量的关联度由强到弱依次是民航客运量、铁路客运量、公路客运量。但 2019 年客运量总人次，公路排第一位、民航排第二位、铁路排第三位。即未来航空、铁路、公路依然是张家界市旅游交通工具的主要选择，在短途运输中，公路仍然发挥较大优势，航空、铁路发展后劲较大。

表 15.4　张家界旅游收入与交通客运量相关关系

	变量	旅游人数	旅游收入	铁路客运量	公路客运量	民航客运量
旅游收入	皮尔森（Pearson）相关	0.966**	1	0.897**	0.211	0.971**
	显著性（双尾）	0.000		0.001	0.586	0.000
	N	9	9	9	9	9

**相关性在 0.01 显著（双尾）

（3）基于灰色模型的张家界"十三五"末旅游接待量预测。利用灰色系统理论的"白化方程"，对张家界旅游接待量进行预测。

第一步，对原始数据进行一次累加生成和均值生成。选取 2011~2018 年张家界国内旅游人数，设 $x^{(0)}$ 是原始数据序列，$x^{(1)}$ 是 $x^{(0)}$ 的一次累加生成序列，$z^{(1)}$ 是 $x^{(1)}$ 的紧邻均值生成序列，如表 15.5 所示。

表 15.5　一次累加生成和均值生成序列　　　　单位：万人

k	1	2	3	4	5	6	7	8
$x^{(0)}$	3 041	3 590.1	3 442.41	3 884.58	5 075.09	6 143	7 335.81	7 336
$x^{(1)}$	3 041	6 630.1	10 073.5	13 958.09	19 033.18	25 176.18	32 511.99	47 183.99
$z^{(1)}$		4 835.55	8 351.81	12 015.8	16 495.63	22 104.68	28 844.09	39 847.99

第二步，构造矩阵。构造矩阵 $Y = B\theta$，式中有

$$Y = \begin{bmatrix} 3\,590.10 \\ 3\,442.41 \\ 3\,884.58 \\ 5\,075.09 \\ 6\,143.00 \\ 7\,335.81 \\ 7\,336.00 \end{bmatrix} \quad B = \begin{bmatrix} -4\,835.550 & 1 \\ -8\,351.810 & 1 \\ -12\,015.80 & 1 \\ -16\,495.63 & 1 \\ -22\,104.68 & 1 \\ -28\,844.09 & 1 \\ -39\,847.99 & 1 \end{bmatrix} \quad \boldsymbol{\theta} = \begin{bmatrix} a \\ b \end{bmatrix} \quad (15.1)$$

第三步，确定参数 a、b。当 $\left| \boldsymbol{B}^{\mathrm{T}} \boldsymbol{B} \right| \neq 0$ 时，利用 MATLAB 软件求解，得到最小二乘解：

$$\begin{bmatrix} a \\ b \end{bmatrix} = \left(\boldsymbol{B}^{\mathrm{T}} \boldsymbol{B} \right)^{-1} \boldsymbol{B}^{\mathrm{T}} \boldsymbol{Y} = \begin{bmatrix} -0.13 \\ 2\,772.47 \end{bmatrix} \quad (15.2)$$

第四步，解方程。由方程

$$x^{(1)}(t) = \left[x^{(1)}(0) - \frac{b}{a} \right] \mathrm{e}^{-at} + \frac{b}{a} \quad (15.3)$$

得灰色微分方程 $x^{(0)}(k) + az^{(1)}(k) = b$ 的时间响应序列为

$$\hat{x}^{(1)}(k+1) = \left[x^{(1)}(0) - \frac{b}{a} \right] \mathrm{e}^{-ak} + \frac{b}{a} \quad (k = 1, 2, \cdots, n-1) \quad (15.4)$$

取 $x^{(1)}(0) = x^{(0)}(1)$，求解白化方程，得预测模型为

$$\hat{x}^{(1)}(k+1) = 24\,367.69\mathrm{e}^{0.13k} - 21\,326.69 \quad (k = 1, 2, \cdots, n) \quad (15.5)$$

第五步，利用相对残差对模型进行检验。计算相对残差：

$$\hat{x}^{(0)}(k+1) = \hat{x}^{(1)}(k+1) - \hat{x}^{(1)}(k) \quad (15.6)$$

$$\delta(k) = \frac{x^{(0)}(k) - \hat{x}^{(0)}(k)}{x^{(0)}(k)} \quad (k = 2, 3, \cdots, n) \quad (15.7)$$

第六步，利用模型进行预测。

$$\hat{x}^{(1)} = \left(\hat{x}^{(1)}(9), \hat{x}^{(1)}(10), \hat{x}^{(1)}(11) \right) = (47\,614.79, 57\,185.83, 68\,085.59) \quad (15.8)$$

由上式算出：

$$\delta(k) = \left(\delta(2), \delta(3), \delta(4), \delta(5), \delta(6), \delta(7), \delta(8) \right)$$
$$= (0.058, -0.119, -0.129, 0.015, 0.074, 0.117, -0.006) \quad (15.9)$$

由于对所有的 $\left| \delta(k) \right| < 0.2$ 成立，所以可认为此模型达到了一般要求，故可以利用此模型进行预测。

第七步，还原数据。

$$\hat{x}^{(0)} = \left(\hat{x}^{(0)}(9), \hat{x}^{(0)}(10)\right) = (8\,404.28, 9\,671.04) \qquad （15.10）$$

综上，利用灰色预测模型，从理论上预测出"十三五"末张家界市的旅游接待量 9 671.04 万人次。根据《张家界市国民经济和社会发展第十三个五年规划纲要》，到"十三五"末接待旅游人数 8 133 万人次，旅游总收入 700 亿元。预测旅客接待量高于规划接待旅游人数，预示正常情况下，可以达到规划指标。

其实，2019 年张家界市接待国内游客已达 7 912.30 万人次，旅游总收入 905.6 亿元。旅游收入已经超出规划 200 多亿元，提前达到规划指标。

2020 年国庆节张家界旅游总人数 48.38 万人次，同比恢复到 72.14%，旅游总收入 3.76 亿元，同比恢复到 71.62%。2020 年国庆、中秋双节，全国共接待国内游客 6.37 亿人次，国内旅游收入 4 665.6 亿元，分别按可比口径同比恢复了 8成和 7 成。张家界市旅游总人数低于全国平均水平，但旅游收入略高于全国平均水平。

值得注意的是，2020 年国庆节张家界市的文化演艺场所接待情况良好，《张家界·魅力湘西》接待游客 13 205 人，同比恢复到 79.67%；《张家界千古情》接待游客 13 704 人，同比恢复到 79%；《天门狐仙》接待游客 1 567 人，同比恢复到 81.8%。即文化演艺大约恢复到 8 成水平。

这说明在"十四五"期间，张家界旅游发展维持"十三五"期间水平，就可以取得较高的旅游效益。

15.2　张家界市旅游发展的策略

15.2.1　张家界市旅游的优势

（1）优质旅游资源精品国际影响力大。张家界国家森林公园为中国第一个国家森林公园，张家界地质公园入选首批世界地质公园名单，张家界武陵源风景区被联合国教科文组织列入《世界自然遗产名录》。这些使张家界旅游在世界上获得极高的美誉度。

张家界市因旅游得名，也就以旅游兴市。2019 年张家界市地区生产总值552.10 亿元（部分旅游收入未含在其中），国内旅游总收入 905.6 亿元。旅游产业非常强势。

（2）现代快捷方便的交通后发优势将呈现。截至 2019 年底，张家界公路全年客运量达 7 346.9 万人次、铁路全年客运量达 253.7 万人次、民航全年客运量达287.1 万人次。公路客运量约是铁路和民航客运量和的 13.6 倍，公路运输是张家界运输的主体，同时民航客运量在 2018 年和 2019 年连续两年超过铁路客运量。2019 年底，黔江—张家界—长沙动车开通，2021 年张家界—黔江—重庆动车也开通，并且张家界—怀化高铁刚开通。依据交通格局决定旅游格局，以及其他旅游城市随着高铁开通，高铁成为旅游的增长极，而公路客运量逐步衰减的趋势，张家界高铁交通后发优势将呈现。

在《国家综合立体交通网规划纲要》中，7 条走廊中，有沪昆走廊：上海经杭州、上饶、南昌、长沙、怀化、贵阳、昆明至瑞丽；上海经杭州、景德镇、南昌、长沙、吉首、遵义至昆明。二湛通道：二连浩特经大同、太原、洛阳、南阳、宜昌、怀化、桂林至湛江等线路，凸显张家界市东西南北的交通枢纽地位。

（3）湘西地域文化品牌成为张家界旅游收入的原动力。2019 年张家界市接待游客数量、国内旅游总收入双收，分别达到 7 912.30 万人次、905.6 亿元，继续领跑中国同类型景区和旅游目的地城市，堪称中国最成功的旅游城市。张家界旅游效益的成功，还在于依靠文化品牌的原动力，穿越张家界天门山的特技飞行表演，使人们知道了张家界天门山 5A 级景区，现在张家界天门山成为世界翼装飞行世界锦标赛的固定举办地。世界上第一部 3D 电影《阿凡达》，使世界进一步认识了张家界仙境般的地貌景色。张家界充分挖掘旅游城市的文化内涵，打造出湘西独特的旅游文化品牌，推出旅游演艺产品：2000 年创立《张家界·魅力湘西》品牌，其演出现场坐落于张家界市武陵源景区的张家界魅力湘西国际文化广场。2012 年《张家界·魅力湘西》登上央视春晚的舞台，原生态的剧目《追爱》展示出湘西浓厚的地域文化。2017 年由著名导演冯小刚、音乐家刘欢加盟的升级版《张家界·魅力湘西》，更使"浪漫湘西、神秘湘西、激情湘西、幸福湘西"光芒四射。2009 年 9 月 17 日，第一次公开亮相的《天门狐仙·新刘海砍樵》，是世界上首批以高山奇峰为背景、以山涧峡谷为戏台的大型音乐剧，具有极强的民族震撼力。张家界文旅融合的成功做法，成为全国旅游界的"张家界现象"。

15.2.2　张家界市旅游发展中的主要问题

（1）南北高铁交通通道还没有形成。尽管张家界市于 2019 年底进入高铁时代，但张家界只能直达到本省的长沙、株洲、湘潭以及重庆（2021 年到重庆动车开通），2021 年张家界—怀化高铁开通，可在怀化连接贵州、重庆、成都等地高铁，张家界与全国各地的高铁网络还有待完善。

张家界是我国南北旅游大通道：包头—西安—安康—张家界—桂林—海口中的重要旅游节点城市，但张家界北上安康的高铁还没有进入国家规划，张家界南下的高铁还没有完全连通。包海高铁旅游对张家界市影响极大，是将张家界市高铁网与全国高铁网连接的重要通道，是张家界开拓全国旅游市场的重要文化廊道。

（2）以旅游景区收入为核心的效益提升空间有限。张家界作为旅游强市，先后入选"中国特色魅力城市200强"、"中国地级市百强"（第53名）、"中国城市（地级市）品牌评价百强"（第66名）等荣誉。从2018年以来张家界市旅游继续领跑中国同类型景区和旅游目的地城市，堪称中国最成功的旅游城市。但张家界市旅游效益的总产值在全国相关旅游城市中并不靠前。

2019年张家界市地区生产总值552.10亿元（部分旅游收入未含在其中），共接待游客7 912.30万人次，国内旅游总收入905.6亿元。中国城市（地级市）品牌评价百强的秦皇岛市（第65名），2019年实现地区生产总值1 612.02亿元，接待国内外游客7 262.330万人次，旅游总收入1 013.97亿元，都在张家界前列（尽管旅游人次次之）。这是由于张家界地域小，以旅游作为重大产业，核心景区的旅游收入占比非常大，像张家界武陵源区2019年度共接待中外游客2 450.63万人次，旅游总收入306.81亿元，占张家界全市旅游收入的33.88%，超过三分之一。这从另一个方面说明，以旅游景区收入为核心的效益提升空间有限，给后续旅游效益的再提升增加了难度。

（3）全域旅游观念下的优势产品还未显现出来。全域旅游是指在一定区域内，以旅游业为优势产业，通过对区域内经济社会资源进行全方位、系统化的优化提升，实现区域资源有机整合、产业融合发展、社会共建共享，以旅游业带动和促进经济社会协调发展的一种新的区域协调发展理念和模式[①]。全域旅游可以破解以旅游景区收入效益为核心的发展方式的弊端，目前张家界旅游还没有以武陵源-天门山旅游区5A级国家旅游景区，开拓新的5A级国家旅游景区；张家界武陵山地区的湘西民俗文化品牌没有叫响世界，湘西美食没有成为湘菜中的王牌，生态环境良好的张家界还没有打造成人类宜居的幸福康养城。

15.2.3　张家界市旅游发展的建议

（1）以包海高铁直线走向推动张家界南北通道构建。张家界市将安张高铁列为"十四五"期间的重点建设项目，但在湖南省"十四五"期间的重大项目建设中将其列为中长期项目。这就需要张家界市与沿线城市一道，首先争取湖南省的支持，将安张高铁列为"十四五"期间的重点建设项目。其次，张家界市还要主动将张家界—桂林高铁从规划"研究"推进到项目建设，全力推进将安张高铁和怀化—桂林—海口高铁列为国家"十四五"期间的重点建设项目，并且争取早日

---

① 什么是全域旅游[J]. 镇江社会科学，2016，（6）：47.

开工建设。包海高铁直线走向线路的贯通，不仅能提升张家界市在国际旅游精品线上的知名度，而且通过包海高铁的辐射作用，张家界市可以与我国南北广大地区城市实现时空的近城化，达到旅游效益的共赢。

（2）以全域旅游为抓手推出张家界山水旅游优质资源产品。全域旅游的全局性、空间性、带动性、整合性、共享性五个特征，要求张家界旅游以武陵源-天门山旅游区 5A 级国家旅游景区为统领，利用张家界独特的山地资源，加快从单一自然景观观光产品向多元参与性的旅游体验产品发展。利用张家界的奇山异峰，推出登山健身和攀岩挑战项目；利用武夷山山区公路，开展山地自行车、越野车及帐篷酒店拉练活动；利用张家界天门山世界翼装飞行世界锦标赛固定举办地的优势，开展滑翔伞、跳伞等户外体验项目，将国家自然保护区八大公山乡建成山区户外休闲城镇，让张家界成为"户外天堂"。

围绕张家界的奇山秀水，在水上做文章，以溇江国家级水利风景区建设水资源的 4A 级旅游景区：宝峰湖旅游区、江垭温泉度假村、万福温泉旅游度假区，并且将江垭镇打造成温泉旅游休闲度假城镇，将五道水镇打造成旅游"水"镇等。

（3）以湘西地域文化特色打造民俗宜居旅游城市。充分认识张家界人文旅游资源的独特性，利用好国家级非物质文化遗产"张家界阳戏""白族仗鼓舞"等，做好张家界湘西文化品牌，使湘西民歌唱响世界。将国家级非物质文化遗产"桑植民歌"融入红色旅游中，把桑植县洪家关镇打造成红色旅游城镇。将张家界的土司城融入世界文化遗产湘西"土司城"之中，将武陵源区建成土家少数民族风情小镇，将王家坪镇打造成民族文化休闲体验镇。

民族特色小镇建设，要将张家界湘西民俗和湘西美食作为重要元素，创建饮食品牌。深入挖掘土家族饮食文化，将张家界的"腊味"（手工腊肉）、"野味"（绿色野菜）、"土味"（传统菜肴）、"坛味"（坛子泡菜）等历史悠久的地方民族传统特色菜，打造成饮食精品。通过民族"美食节"活动，打造张家界餐饮品牌，构建特色美食城。同时，将饮食文化与康养旅游结合起来，利用绿水青山良好的生态环境，打造具有民俗特征的宜居旅游康养城市。

第 16 章　铜仁市旅游状况的分析与发展策略

　　铜仁市地处黔湘渝三省市结合部,武陵山区腹地。"梵天净土·桃源铜仁"的旅游形象标识,使铜仁崛起成为旅游强市。铜仁有独特的地理地貌和人文底蕴,有中国佛教名山·弥勒菩萨道场、中国十大避暑名山之一——梵净山。截至 2019 年,铜仁市常住人口 318.85 万人[①]。

　　梵净山的联合国"人与生物圈"保护区网成员,使它进入世界自然遗产目录,被《国家地理》杂志评选为 2019 年全球最值得到访的 28 个旅游目的地(中国唯一入选者)。铜仁市 2017 年入围中国特色魅力城市 200 强,2019 年中国城市绿色竞争力排名第 92 位。

16.1　铜仁市旅游状况的分析

16.1.1　铜仁市的优质旅游资源

　　铜仁市的优质旅游资源以梵净山为代表,其集世界自然遗产名录、国家自然保护区、5A 级旅游景区于一身,显示出极高的品质。截至 2019 年,铜仁市在贵州省十大优质旅游资源中有 7 类(表 16.1)。

---

　　① (贵州省)2019 年铜仁市国民经济和社会发展统计公报[EB/OL]. 县情资料网,http://www.ahmhxc.com/tongjigongbao/18742_9.html,2020-06-14.

表 16.1　铜仁市优质旅游资源情况

地区	世界遗产名录	国家风景名胜区	国家地质公园	国家水利风景区	5A 级旅游景区	国家自然保护区	国家历史文化名镇名村
贵州	4	19	10	32	7	9	16
铜仁市	1.梵净山	1.石阡温泉群 2.沿河乌江山峡 3.九龙洞	1.思南乌江喀斯特	1.思南乌江 2.铜仁市锦江 3.沿河乌江山峡	1.梵净山	1.石阡县佛顶山 2.梵净山 3.麻阳河	1.松桃苗族自治县寨英镇 2.石阡县国荣乡楼上村 3.江口县太平镇云舍村
占比	25.00%	15.79%	10.00%	9.38%	14.29%	33.33%	18.75%

16.1.2　铜仁市的交通格局

　　铜仁市立体化的交通网络已形成。公路优势明显，乡乡通油路、村村通公路，2015 年实现县县通高速。截至 2019 年，铜仁市公路通车里程 37 998 千米，其中高速公路里程 630 千米[①]。高速公路形成乘号 "×" 形格局，沪昆高速公路、杭瑞高速公路、铜大高速公路、思剑高速公路穿境而过。

　　沪昆铁路、渝怀铁路贯通铜仁南北和东部地区，铁路过境里程达 212.36 千米。2015 年 6 月 18 日，沪昆高铁开通使铜仁进入全国高铁网，可以直达北京、济南、郑州、长沙、广州、上海、杭州（厦门）、贵阳、昆明等城市。渝湘高铁铜仁—凤凰县段进入开工建设准备期，将与世界旅游城市张家界连接起来。

　　截至 2019 年铜仁凤凰机场运营航线 25 条，直达西安、贵阳、长沙、重庆、广州、上海、北京、深圳、桂林等 26 个城市。

　　在《国家综合立体交通网规划纲要》中，7 条走廊中，有沪昆走廊过铜仁。

16.1.3　铜仁市的旅游效益分析

　　铜仁市旅游效益与地区经济生产总值呈增长趋势，而且旅游业发展态势前景看好。

　　从表 16.2 可知，2011~2019 年铜仁市地区生产总值逐年增长，增长速度较快，年增长率基本保持在 8% 左右。这说明铜仁市经济发展势头迅猛。

---

① 新中国成立 70 周年·铜仁交通变迁[EB/OL]. 搜狐网，https://www.sohu.com/a/392364052_120207189.2020-04-30.

表 16.2　2011~2019 年铜仁市旅游效益与地区生产总值

年份	旅游总人数/万人次	同比	旅游总收入/亿元	同比	生产总值/亿元	同比	旅游总收入占生产总值比
2011	1 499	49.8%	112.73	87.3%	357.72	15.5%	31.5%
2012	1 960	30.4%	158.8	40.9%	447.00	17.0%	35.5%
2013	2 030	9.7%	157.07	−1.1%	535.22	15.4%	29.3%
2014	2 540	25.1%	194.48	23.8%	647.73	14.3%	30.0%
2015	3 100.02	22.0%	240.18	23.5%	770.89	12.7%	31.2%
2016	4 455.13	43.7%	347.30	44.6%	856.97	11.9%	40.5%
2017	6 465.77	45.1%	517.93	49.1%	969.86	11.5%	53.4%
2018	9 094.43	40.7%	743.97	43.6%	1 066.52	9.6%	69.8%
2019	11 802.76	29.8%	1 004.36	35.0%	1 249.00	8.0%	80.4%

资料来源：铜仁市国民经济和社会发展统计公报

2011~2019 年，铜仁市旅游总人数、旅游总收入也是逐年同步增长（除 2013 年旅游总收入出现负增长外，2013 年全国接待入境游客 12 907.78 万人次，同比下降 2.51%，对铜仁市旅游略有影响），2014~2019 年旅游总人数、旅游总收入都保持较高增长水平，增速从 20% 左右提升到 40% 左右，而且旅游总收入占地区生产总值的百分比保持在 30% 及以上，到 2019 年达到 80.4%。这说明铜仁市旅游业成为铜仁市国民经济的重大产业，即铜仁市成为我国重要的新旅游城市。

根据《铜仁市国民经济和社会发展第十三个五年规划纲要》，"十三五"期间，旅游人次和收入年均增长 15% 以上，力争到 2020 年，全市旅游接待总人数达到 6 230 万人次，旅游业总收入达到 598 亿元。旅游业增加值占全市地区生产总值的比重提高到 13% 以上，旅游业成为国民经济的主导产业。

铜仁市作为旅游后发城市，旅游发展迅猛。2017 年接待旅游总人数达到 6 465.77 万人次，完成"十三五"末旅游接待总人数 6 230 万人次的指标，2018 年旅游总收入达到 743.97 亿元，完成"十三五"末旅游收入 598 亿元的指标，并且旅游业增加值占全市地区生产总值的比重达到 21.2%，超出 13% 的比重指标。

这说明在"十四五"期间，铜仁市旅游发展维持"十三五"期间发展水平，就可以取得较高的旅游效益。

16.2　铜仁市旅游发展的策略

16.2.1　铜仁市旅游的优势

（1）世界性的优质旅游资源品牌逐渐被人们认识。2015 年梵净山入选世界自然遗产名录和国家 5A 级旅游景区，极大提升了铜仁旅游的知名度，2019 年它被《国家地理》杂志评选为全球最值得到访的 28 个旅游目的地之一，并且是中国唯一入选者，极大地提升了梵净山的国际影响力。

铜仁市地处武陵山区腹地，武陵山区有陶渊明《桃花源记》的原型地理特征。铜仁有独特的地理地貌和人文底蕴，山清水秀景色宜人，风情纯朴自然和谐，古城古寨特色鲜明。"梵天净土·桃源铜仁"的旅游形象标识，使铜仁市入围 2017 中国特色魅力城市 200 强，2019 年中国城市绿色竞争力排名第 92 位。

（2）连接全国的现代交通网基本形成。尽管铜仁市地处武陵山经济欠发达地区，但其交通相当发达。2001 年铜仁大兴机场（现铜仁凤凰机场）改扩建为国家 4C 等级机场正式复航，2015 年实现县县通高速，并且进入高铁时代。可以直达北京、上海等直辖市，济南、郑州、长沙、广州、杭州、西安、贵阳、昆明等省会城市，以及主要旅游城市厦门、深圳、桂林。

2021 年张家界—怀化高铁开通，铜仁将与世界旅游城市张家界连成一线，渝湘高铁铜仁—凤凰县段进入开工建设准备期，使铜仁成为湘贵高铁重要的旅游节点城市。张海高铁（张家界—怀化—桂林—海口）开工建设，将给铜仁旅游发展带来巨大的市场。

在《国家综合立体交通网规划纲要》中，沪昆走廊：上海经杭州、上饶、南昌、长沙、怀化、贵阳、昆明至瑞丽；上海经杭州、景德镇、南昌、长沙、吉首、遵义至昆明等线路，使铜仁进入国家交通枢纽张家界—贵阳大网中。

（3）突出自然与人文的旅游目的地和避暑胜地正在形成。《铜仁市国民经济和社会发展第十四个五年规划和二〇三五年远景目标纲要》提出：加快建设梵净山文化旅游创新区，打造国际国内一流山地旅游目的地、一流度假康养目的地。

铜仁的名胜景观梵净山为武陵山脉主峰，兼具五岳之雄奇险峻，它不仅是地球同纬度唯一保存完好的原始绿洲、世界人与自然生物圈保护网成员，而且是著名的弥勒菩萨道场，自古就有"众名岳之宗"之美誉。

铜仁是欣赏独特生态的心怡之地、是览胜秀丽山水的心动之地、是体验浓郁文化的心醉之地、是康养休闲的心静之地，还是纳凉避暑的胜地。

16.2.2　铜仁市旅游发展中的主要问题

（1）高铁网络的"十"字形构架还没有实现。2015 年贵阳经铜仁至上海高铁开通，铜仁实现高铁化；2021 年张家界—怀化高铁开通，铜仁将成为贵阳—铜仁—怀化—张家界的主要旅游节点城市。

但铜仁高铁"十"字形的网络建设还没有全面实现。当前，由铜仁—怀化南下至海口的张海高铁还没有开工。

同时，由遵义经过梵净山到铜仁的铁路也没有开工建设，使"十"字形的铁路在西行方向还是空白。

（2）山水同质化的旅游品牌的文旅融合需要挖掘提升。铜仁市地处武陵山区腹地，梵净山为武陵主峰的顶点，使铜仁成为武陵山区的一个闪亮之心。但武陵山区都有陶渊明《桃花源记》的绿水青山景致，铜仁受到周边地区同质化的影响。与铜仁一界之隔的国家历史文化名城湖南凤凰古镇，与铜仁相距 60 千米（1 小时车程），类似的武夷山地区的民俗，沱江两岸苗族建筑风格的吊脚楼群，构成河边画廊，2019 年其入选首届"小镇美学榜样"名单。2018 年凤凰县游客接待量达到 1 800.12 万人次，实现旅游收入 170.22 亿元。凤凰县常住人口 33.97 万人，是铜仁市常住人口 318.85 万人的 10.65%，但其旅游收入却占 2018 年铜仁市旅游总收入 743.97 亿元的 22.88%[①]。

世界旅游城市张家界的武陵源风景区是国家第一个森林公园，在《张家界·魅力湘西》等文旅融合产业推介下，2018 年张家界市共接待游客 7 959.55 万人次，旅游总收入 756.8 亿元。尽管张家界旅游人数不如铜仁市旅游人数 9 094.43 万人次，但旅游总收入却高出铜仁市旅游收入 12.83 亿元，这在一定程度上，充分凸显了张家界的文旅融合效益。

梵净山获得世界自然遗产品牌，但至今没有进入国家森林公园名单，而且"桃源铜仁"的印象剧还没有定格，文旅融合需要挖掘、提升、打造。

（3）全域旅游观念下的优势产品升级还未实现。铜仁旅游的优势既在于特殊的自然风光，拥有世界自然遗产品牌；也在于深厚的人文底蕴，为佛教文化旅游目的地；更在于其独特的地理环境，是纳凉避暑之胜地，是打造康养休闲的心静之地。

但是铜仁武陵山地区的黔东民俗文化品牌没有叫响全国，民间小吃没有成为铜仁标志性的地理品牌菜，铜仁还没有在全国打响避暑胜地及人类宜居的康养休闲地品牌。

16.2.3　铜仁市旅游发展的建议

（1）加快"十"字形的高铁网络建设。尽管铜仁市于 2015 年进入高铁时代，但高铁"十"字形的网络建设还没有全面实现。当前，关键是尽快打通怀化—桂林—海口的张海高铁，并且推进凤凰县—铜仁的连接线开工建设，这是

---

① 【庆祝新中国成立 70 周年】凤凰县经济社会发展成就综述[EB/OL]. 搜狐网, https://www.sohu.com/a/344354688_120207324, 2019-09-30.

关系到铜仁融入我国南北旅游大通道的重要线路，也是实现张家界—铜仁—怀化—贵阳的重要线路。

同时，着手遵义—梵净山—铜仁的铁路建设，解决"十"字形的铁路网络的西行问题，形成长沙—怀化—铜仁—重庆通道，更重要的是将梵净山旅游景区融入铁路通道之中，使它成为铁路站边的旅游景区，使旅客更加方便地出入景区。

（2）突出文旅融合要素，构建武陵山水异同的品牌。武陵山是我国融自然生态和民俗风情旅游的黄金线，其中有陶渊明《桃花源记》描述的山水美景。各地要充分利用独特的自然生态优势，通过文旅融合打造出自己的特色品牌。

梵净山是从海洋中抬升为陆地较早的地方，十多亿年时光造就了它的奇特地貌景观，生态系统保留了大量古老孑遗、珍稀濒危的特有物种，是全球裸子植物最丰富的地区，是水青冈林在亚洲最重要的保护地，也是东方落叶林生物区域中苔藓植物最丰富的地区，是梵净山冷杉的分布地、黔金丝猴唯一的栖息地，因此成为联合国"人与生物圈"保护区网成员。

铜仁市要将梵净山景区打造成国家级的森林公园，这不仅仅是获取优质旅游资源的一个品牌，也是武陵山区域打造与其他知名旅游景区不同点的所在。梵净山茂密的原始森林是同地区其他旅游景区不具有的，植物"活化石"珙桐、梵净山冷杉等木本野生植物具有较高的观赏价值。原始森林将是梵净山的一大亮点。

梵净山为中国五大佛教名山之一，不仅在武陵山地区唯一，在南北旅游大通道上也是唯一的，佛教文化成为铜仁旅游的重要内容。梵净山自然景致中彰显出神奇的人文景观，红云金顶：山峰拔地而起，垂直高差达百米，山顶由天桥连接，两边各建一庙，一边供奉释迦佛（现在佛），一边供奉弥勒佛（未来佛），晨间红云瑞气常绕四周，人称红云金顶。佛光幻影：红云金顶每逢雨后初晴云雾中出现五彩光环，在火光照耀的夜晚浓雾中还会出现幻影。万米睡佛：从西路朝山古道的"拜佛台"，可以看到梵净山的万米睡佛。蘑菇石：这是在高山的草甸层，立于山头的一尊奇石，就像大自然中搭建的蘑菇。

人们朝拜梵净山，表露出怀念、珍惜、感恩之情；到红云金顶祈福许愿，是为了实现心中的理想、期盼、寄托；看到神奇的蘑菇石，由衷感叹人间奇迹、不可思议、求异创新；欣赏万米睡佛，佛与自然、回归自然、净化心灵。梵净山天人合一的"梵天净土"是人生成长的教育之地，"天人合一"将是梵净山佛教文化的重要内容，诚实、善待、感恩、追求、期盼、寄托、平淡、自然、和谐等内涵，是铜仁武陵山人的品质，可以反映在《铜仁·天人合一》印象剧中。

《铜仁·天人合一》印象剧是文旅融合的必然趋势，是打造康养休闲地的支撑，是留住旅客的战略选择。要将铜仁的国家级非物质文化遗产思南花灯、石阡木偶戏、傩堂戏等中的精华融入《铜仁·天人合一》印象剧中，展示铜仁的地方民族特色、风俗习惯亮点。铜仁是中国傩文化发源地，傩戏被誉为戏剧的"活化石"。傩堂戏是一种古老的民族民间风俗文化活动，集编扎、剪纸、染印、绘画、书法、建筑等艺术于一体。

要将《桃花铜仁》物化在百里乌江画廊之中，从大自然的美景中寻找"桃花源"的场景；将《桃花铜仁》物化在锦江美景之中，从民风民俗中发现"桃花源"的文迹。同时，结合铜仁的国家级非物质文化遗产毛龙节、赛龙舟等开展民族节庆活动，突出民族特色，凝聚人气。

（3）依托全域旅游的特色优势产品打造康养休闲地。铜仁独特的联合国"人与生物圈"资源、天然中药材资源、天然氧吧优势、绿色生态环境优势等，是康养休闲的理想之地，将全国追求美好生活的旅客吸引到这里，用"桃花源"中的天然纯净水，净化人体系统；用天麻（国家地理标志产品）、杜仲、银杏、金银花等天然植物，调养人体机理；用梵净山翠峰茶、石阡苔茶、玉屏茶油等国家地理标志产品茶饮，提升人体精神；用沙子空心李（国家地理标志产品）、德江猕猴桃、玉屏黄桃等天然水果，增加人体口感；用铜仁红薯粉丝、江口萝卜猪两个国家地理标志产品和思南黄牛、沿河山羊等国内外享有盛誉的食材，补充人体营养。铜仁的生态茶、中药材、精品水果、绿色蔬菜、生态畜牧、天然核桃等重点产业，将成为武陵山区全域旅游增收的重要产品，在《铜仁·天人合一》的印象剧感召下，打造出铜仁武陵山全国康养休闲地的品牌。

铜仁是云贵高原的边缘城市，也是全国的避暑之地，更是邻边长沙、桂林两个旅游城市之间的避暑福地，在《铜仁·天人合一》印象剧宣传下，将两地的旅客吸引到这里纳凉休闲住宿，打造铜仁夜间经济新的增长点，使铜仁成为一座美食、夜市、康乐城，以及全国的避暑胜地。在城市旅游标志性景观建设方面，将铜仁城区的锦江景观打造成陶渊明《桃花源记》的缩影，返璞归真的渔人撑着小木船在河两岸花丛中穿行，勾画出一幅诗情画意的场景。

第 17 章　恩施州旅游状况的分析与发展策略

恩施土家族苗族自治州，地处湖北省西南部，鄂、湘、渝三省（市）交汇处，是湖北省唯一的少数民族自治州。1938 年日军大规模进犯湖北，武汉沦陷后，湖北省政府向西迁到恩施。截至 2019 年，恩施州总面积 24 000 平方千米[①]，年末常住人口 339.00 万人[②]。

恩施州拥有世界最大的独立硒矿床，享有"世界硒都"之称，森林覆盖率近 70%，被称为"鄂西林海""华中药库""烟草王国"等，入围 2018 年国际候鸟养生之都。2019 年被生态环境部正式命名为第三批国家生态文明建设示范市县。

17.1　恩施州旅游状况的分析

17.1.1　恩施州的优质旅游资源

恩施州的旅游资源比较丰富，并且具有一定品质。咸丰县唐崖土司城遗址是世界文化遗产，利川腾龙洞国家地质公园系世界特级溶洞之一，洞穴容积总量位居世界第七，亚洲第一，还有国家级水利风景区、国家自然保护区、国家森林公园、5A 级旅游景区、国家历史文化名镇名村等。截至 2019 年恩施州在湖北十大优质旅游资源中有 7 类（表 17.1），两处 5A 级旅游景区：恩施大峡谷、神龙溪纤夫文化旅游区，2020 年又新增 5A 级旅游景区腾龙洞景区，突出了恩施州的山水特色，国家自然保护区 5 个、国家历史文化名镇名村 4 个，占到湖

---

① 恩施概况[EB/OL]. 恩施州人民政府网，http://www.enshi.gov.cn/zq_50192/esgk/202007/t20200714_566809. html，2021-04-02.

② 2019 年恩施州国民经济和社会发展统计公报[N]. 恩施日报，2020-04-13（2）.

北省的四分之一左右。

表 17.1　恩施州优质旅游资源情况

地区	世界遗产名录	国家地质公园	国家级水利风景区	5A 级旅游景区	国家自然保护区	国家森林公园	国家历史文化名镇名村
湖北	4	16	25	12	22	38	16
恩施州	1.咸丰县唐崖土司城遗址（与湖南、贵州共有）	1.腾龙洞大峡谷	1.龙麟宫	1.恩施大峡谷 2.神龙溪纤夫文化旅游区	1.巴东金丝猴 2.湖北木林子 3.咸丰忠建河大鲵 4.宣恩县七姊妹山 5.利川市星斗山	1.恩施坪坝营	1.恩施市崔家坝镇滚龙坝村 2.宣恩县沙道沟镇两河口村 3.宣恩县椒园镇庆阳坝村 4.利川市谋道镇鱼木村
占比	25.00%	6.25%	4.00%	16.67%	22.73%	2.63%	25.00%

17.1.2　恩施州的交通格局

恩施州交通网络正在由传统到现代进行转变，2014 年从重庆北开往厦门的动车按时停靠恩施站，标志着恩施正式进入高铁新时代。恩施州主要依靠公路、铁路和航空等交通工具通往全国各地。截至 2019 年，恩施州交通状况如下[①]。

公路：通车里程达到 28 517 千米，其中高速公路 588 千米。高速公路由武汉经过恩施州西至重庆、成都两地；由恩施向南到达湖南张家界市，向北到达陕西安康市。2019 年恩施州公路运输旅客 3 910 万人。

铁路：通车里程达到 307 千米。贯通东西的宜万铁路，2014 年开通的武汉—重庆动车，使恩施进入全国高铁网，由恩施可以直达武汉、重庆、成都、郑州、南昌、南京、上海等城市。2019 年底，黔张常铁路开通，使恩施州南部的咸丰县、来凤县搭上城际列车（2021 年黔江—重庆动车开通）。2019 年恩施州火车旅客发送量达 749.97 万人。

航空：1993 年恩施许家坪机场正式建成通航，2019 年恩施许家坪机场航空口岸获批临时对外开放，直飞柬埔寨暹粒、越南岘港、泰国芭提雅、中国澳门四条航线。2019 年恩施许家坪机场全年航班起降 1.12 万架次，运输旅客 142.69 万人。

在《国家综合立体交通网规划纲要》中，构建"678"综合交通网主骨架，其中 6 条主轴中，有长三角—成渝主轴过恩施等线路。

---

① 恩施土家族苗族自治州[EB/OL]. 百度百科，https://baike.baidu.com/item/%E6%81%A9%E6%96%BD%E5%9C%9F%E5%AE%B6%E6%97%8F%E8%8B%97%E6%97%8F%E8%87%AA%E6%B2%BB%E5%B7%9E/1941825?fr=aladdin.

17.1.3　恩施州的旅游效益分析

（1）恩施州的旅游状况分析。恩施州旅游效益与地区生产总值逐年同步增长，而且旅游业发展态势前景看好。

从表 17.2 看，2011~2019 年恩施州地区生产总值是逐年增长，增长速度趋于平稳，年增长率保持在 6%以上。说明恩施州国民经济生产发展势头良好。

2011~2019 年，恩施州旅游接待量、旅游总收入也是逐年同步增长，增速都保持较高水平，基本维持在 14%，而且从 2016 年开始旅游总收入占地区生产总值的百分比保持 40%以上，2019 年达到 45.75%。说明恩施州旅游业成为恩施州经济发展的重要产业，恩施州成为我国新的旅游城市。

表 17.2　2011~2019 年恩施州旅游效益与地区生产总值

年份	旅游总人数/万人次	同比	旅游总收入/亿元	同比	生产总值/亿元	同比	旅游总收入占生产总值比
2011	1 658.27	56.1%	86.45	70.8%	418.19	13.4%	20.67%
2012	2 198.58	32.6%	119.55	38.3%	482.19	11.9%	24.79%
2013	2 650.64	20.6%	147.54	23.4%	552.48	9.9%	26.71%
2014	3 100.41	17.0%	200.01	35.6%	612.01	9.5%	32.68%
2015	3 700.50	19.4%	249.72	24.9%	670.81	9.1%	37.23%
2016	4 366.34	18.0%	300.48	20.3%	735.7	7.9%	40.84%
2017	5 132.89	17.6%	367.46	22.3%	801.23	6.2%	45.86%
2018	6 216.34	21.1%	455.40	23.9%	870.95	6.2%	52.29%
2019	7 117.71	14.5%	530.45	16.5%	1 159.37	6.6%	45.75%

资料来源：恩施州国民经济和社会发展统计公报

恩施州的旅游业发展，还得益于交通的改变。2010 年 12 月 22 日，宜万铁路建成通车，极大地改善了恩施州的交通条件，连通湖北省省会城市武汉与直辖市重庆的旅游通道，使恩施州步入全国铁路交通行列，推动了恩施州的旅游发展。2011 年，恩施州旅游效益猛增，接待旅游人次、旅游总收入都创新高，分别增加 56.1%和 70.8%。

（2）恩施州"十三五"旅游效益预测。《恩施州旅游业发展"十三五"规划》指出：到 2020 年，旅游总收入达到 500 亿元，年均增长 14%以上。旅游接待人次达到 7 500 万人次，年均增长率 16%。旅游业增加值对地区生产总值综合贡献率达到 16.5%。

2019 年恩施州旅游收入达到 530 亿元，超过规划指标 500 亿元，并且旅游收入占地区生产总值的百分比超过 45%，旅游业已成为恩施州战略性重大支柱产业。恩施州"十三五"旅游效益指标基本达到。

2019 年恩施州旅游接待总人数达到 7 117 万人次，按恩施州 2011 年旅游接待总人数 1 658 万人次，年平均增长率是 19.97%，理论上测算到 2020 年恩施州旅游接待总人数约为 8 536 万人次，超过规划指标 7 500 万人次。

2020 年国庆、中秋双节，恩施州共接待游客 244.33 万人次，实现旅游直接收入 3.23 亿元，同比分别恢复到 61.0%、69.6%，接近全国恢复平均水平。

说明在"十四五"期间，恩施州旅游发展维持"十三五"期间的发展水平，就可以取得较高的旅游效益。

17.2　恩施州旅游发展的策略

17.2.1　恩施州优质旅游的优势

（1）优质旅游资源种类繁多，数量列湖北省前列。恩施州优质旅游资源种类占湖北十大优质旅游资源的 7 种，另外咸丰县唐崖土司城遗址为世界文化遗产。恩施州有恩施大峡谷、神龙溪纤夫文化旅游区、恩施州腾龙洞 3 个国家级 5A 景区，数量列湖北省第二（第一名宜昌市 5 个）。截至 2019 年，4A 级旅游景区 17 家，占湖北省 135 家的 12.59%，数量列湖北省第二（第一名武汉市 22 家）。

恩施州地形以山区为主，喀斯特溶洞溶洼众多，自然风光以"雄、奇、秀、幽、险"著称，自然景观有国家地质公园 5A 级景区腾龙洞。腾龙洞集山水于一体，山中有洞，洞中有山，水洞与旱洞相连，该洞穴容积总量位居世界第七，亚洲第一，2005 年被《中国国家地理》评为"中国最美的地方"；国家级水利风景区龙麟宫，龙麟宫由水洞、干洞和迷津洞组成，其中水洞构成"小三峡"奇观，龙麟宫共有两百多处景点。

（2）连接世界的现代交通构建基本形成。恩施州立体化的交通网络逐步建立，高速公路形成"十"字形的构建，以东西为主道连接武汉和重庆、成都，以南北通道连接陕西和湖南，公路依然是客运的主体。2019 年公路客运量是铁路和航空客运量的 4.39 倍。铁路东西贯通进入全国高铁网，由恩施可以直达东西部省会城市和直辖市：武汉、郑州、长沙、南昌、南京、上海及重庆、成都和全国大中城市。2019 年火车旅客发送量列恩施州交通工具第二位。航空实现一类航空口岸临时开放，有直飞柬埔寨暹粒、越南岘港、泰国芭提雅、中国澳门四条航线，成为连接世界的旅游节点城市。

在《国家综合立体交通网规划纲要》中，有长三角—成渝主轴：上海经南京、合肥、武汉、万州至重庆；上海经九江、武汉、重庆至成都等线路，凸显恩施在长江经济带中的地位。

（3）"土家情人节"的文化品牌打造出恩施相亲之都。恩施州是土家族、苗族的发源地，拥有众多的少数民族。古老的历史和浓郁的民族风情使恩施州的文化底蕴优势更具特色，从恩施州利川民歌《龙船调》到七月的"女儿会"使恩施成为相亲之都。土家族的吊脚楼、吉庆时跳的摆手舞、嫁娶时的土家哭嫁歌等，都展示着绚丽多彩的民族风情，加上人类起源地（在世界最早的古人类遗址——恩施建始县高坪巨猿洞，发现巨猿化石 3 万余枚，挑战了人类非洲起源之说）和巴人故里①的文化效应将会引来大批的国内外游客。恩施大峡谷景区在"首届中国旅行社协会行业榜单"中，被评为 2018 年度受游客欢迎的优秀旅游目的地之一（排名第 2 位）；同时在人民网舆情数据中心发布的《2018 年全国 5A 级旅游景区影响力排行榜 TOP50》中排名第 3 位。

17.2.2　恩施州旅游发展中的主要问题

（1）南北交通通道的瓶颈之地。尽管恩施州于 2014 年进入高铁时代，但恩施州只能直达东西方向的省会城市武汉和直辖市重庆，与全国高铁网无法进行有效联程运行。在南北方向，从陕西安康—重庆奉节—湖北恩施，高速公路恩施—奉节正在修建，使我国南北旅游大通道在这里形成瓶颈；南北方向铁路是我国的盲区，安康—恩施—张家界高铁还没有进入国家规划，恩施南下重庆黔江高铁或湖南张家界还没有开工修建。恩施成为包海高铁直线走向构建的关键点。

（2）山水园林生态城市优势未充分展示。恩施是原生态的旅游城市。恩施大峡谷 5A 级旅游景区，融天坑、地缝、绝壁、峰丛、岩柱群、溶洞、暗河等地质景观于一体，以庞大著称，峡谷中有百座独峰，仅 200 米以上的独立石峰就有 30 余座，尤其是高约 150 余米的"一炷香"，风吹不倒，雨打不动，傲立群峰之中千万年，守护着这片神秘的土地，可谓举世无双。

5A 级旅游景区神龙溪纤夫文化旅游区，发源于神农架南麓的神农溪，与溪水相伴的千古之谜——古巴人"悬棺"和岩棺葬群，古栈道遗痕依稀可见，豌豆角木扁舟是神农溪保存千年的原始交通运输工具，穿行在深长狭窄的峡谷，河道弯曲几乎望不见前面的水道，一座座高达数百米的山峰劈面压来惊险又刺激，溪水浅处能听到船底与河中卵石发出的碰撞声，伴随纤夫的号子声逆水而行。土家纤夫是古巴人纤夫的活化石，是土家民族文化和纤夫文化的结合。

恩施州原生态的山水特色，构成一大批旅游景观，有国家地质公园腾龙洞，

---

① 刘定坤. 打"人类起源地"牌：对建始旅游业的思考[EB/OL]. 恩施日报网, http://www.enshi.cn/2006/0929/441555.shtml, 2006-09-29.

国家级水利风景区龙麟宫等。恩施州的母亲河——清江（因"水色清明十丈，人见其清澄"得名），发源于恩施州利川市之齐岳山，横贯恩施州东西，号称八百里清江画廊。据考古发掘发现证实，中国最早巴人起源于清江长阳[①]。清江至今未成为恩施州的 A 级旅游景区，使恩施州的山水园林生态城市优势未充分展示。

（3）全域旅游观念下的文旅融合需要深度开发。恩施州作为土家族、苗族的文化摇篮，民歌是恩施州的一大亮点，优美衬词的烘托，男女对唱的方式，洒脱泼辣的抒怀，爱情婚姻的主题等，构成了恩施民歌独特的地域特色。利川民歌《龙船调》是世界 25 首优秀民歌之一，湖北省民族歌舞团编排的《连厢幸福歌》在"亚洲文明对话"北京主场与 20 多家国内外艺术团同台演出，湖北首部"衍生态"旅游剧目《武陵绝响·比兹卡音画》在全国演出，展示了恩施州土家族、苗族等少数民族鲜明的民族地域特色。这些民族文化特色没有成为恩施州旅游文化的重要载体，没有达到广西桂林"刘三姐"的国际影响力，也没有达到湖南"张家界·魅力湘西"的品牌效益。

4A 级旅游景区土家女儿城旅游区，是恩施相亲之都的重要体现。目前的旅游功能主要停留在美食城的层次，没有很好地展示"土家情人节"的特色民俗，没有将恩施土家族青年在追求婚姻自由的过程中，以歌为媒自主择偶的特征很好地表现出来。

17.2.3　恩施州旅游发展的建议

（1）破解包海高铁直线走向瓶颈，推动南北旅游大通道构建。在南北旅游通道构建中，首先，加快恩施—奉节的高速公路建设步伐，尽早实现南北旅游大通道全线贯通；其次，打通恩施—咸丰县 90 千米的高铁连接线，实现恩施—咸丰县—张家界或黔江高铁化；最后，恩施州可以联合安张高铁沿线城市，合力推进安康—恩施—张家界高铁的立项和开工建设，将恩施推向我国的天南地北，扩大旅游市场。

（2）突出山水园林原生态旅游城市优势，打造资源品牌项目。恩施气候宜人、生物多样的优势，神奇的自然风光、独特的生态环境、浓郁的民族风情等，加上巴人故里的文化效应将使它成为国内外游客的向往地。以 3 个国家级 5A 景区（恩施大峡谷景区、神龙溪纤夫文化旅游区和恩施州腾龙洞景区）为统领，做强恩施山水优质旅游资源品牌，突出地域文化特色。

对于山水优质旅游资源品牌打造，突出恩施的母亲河和早期巴人活动的核心

---

① 廖君. 专家认为中国最早的巴人起源清江[EB/OL]. 新华网，http://news.sohu.com/20050502/n225424662.shtml，2005-05-02.

区——清江旅游项目的开发，将它逐步打造成 A 级景区，提升恩施州旅游文化的品位。

对于突出地域文化特色，利用好世界文化遗产"咸丰县唐崖土司城遗址"品牌。有记载显示，该城始建于元至正六年（公元 1346 年），明天启初年（公元 1621 年）扩建，辟 3 街 18 巷 36 院，内有帅府、官言堂、书院、存钱库、左右营房、跑马场、花园和万兽园等，共占地 1 500 余亩（1 亩 ≈ 666.67 平方米），历经 16 代 18 位土司。在土司城内外还修建有大寺堂、桓侯庙、玄武庙等寺院。被学者称为"小故宫"，但占地面积比北京紫禁城大[①]。唐崖土司城遗址独特的自然选择，汇集了山地城市、家族墓地等多种社会生活载体，是山居社会形态与皇权思想相结合的体现，突出反映了以土家文化为代表的少数民族文化与汉文化的和谐相处，是人类智慧和创造的结晶。2015 年列入《世界遗产名录》，充分展示了恩施的国际形象。

（3）做实文旅融合，打造武陵山地域文化特色的国际旅游城市。恩施州的世界文化遗产"咸丰县唐崖土司城遗址"品牌，一类航空口岸临时开放的国际（地区）航线，具备打造国际旅游城市的条件。

在国际旅游城市建设方面，牢记"绿水青山就是金山银山"的理念，在环保优先的前提下，充分发挥和利用恩施"绿水青山"的特色优势，使现代城市建筑物与山水融为一体，在绿水青山的怀抱之中，凸显山水原生态亲切感。穿越城市的母亲河，一江两岸的景观廊道要成为城市的一张亮丽名片，成为夜间旅游的一大景观。

在相亲之都品牌打造中，使"女儿会"成为"印象恩施"的情景剧《恩施·恩爱·恩情》的一部分，结合恩施州国家非物质文化遗产：土家族摆手舞、江河号子、南剧、恩施扬琴、利川灯歌、三棒鼓、龙舞等地域文化特色，并且融入世界优秀民歌——利川民歌《龙船调》烘托夫妻恩爱的场景，提升 4A 级旅游景区土家女儿城旅游区的文化内涵，使"女儿会"成为"土家情人节"的幸福之地。

在民俗文化品牌打造中，结合自然生态环境，从自然到人文协调一致做好品牌宣传。恩施州是"全球唯一探明独立硒矿床"所在地，土壤硒含量、粮食作物、饲草饲料、畜禽产品、中草药及天然泉水，形成独特的天然富硒生物圈，被誉为"世界第一天然富硒生物圈"，是全球唯一获得"世界硒都"称号的城市。硒是使人类长寿的微量元素，是养颜护肤的天然化妆品。因此，"长寿之乡""硒姑娘"又成为恩施美好生活的亮丽名片，富硒茶、硒矿泉水等成为健康食品。同时，恩施州的"十大名吃"：土家油茶汤、张关合渣、土家腊肉、柏杨豆干、社饭、鲊广

---

① 湖北恩施唐崖土司城遗址列入世界文化遗产[EB/OL]. 荆楚网-楚天金报，http://hb.sina.com.cn/news/j/2015-07-05/detail-ifxesftz6753307.shtml，2015-07-05.

椒、葛仙米、凤头姜、福宝山莼菜、年肉等，成为恩施美食城的品牌佳肴。

　　恩施独特的天然富硒生物圈资源、华中药库资源、天然氧吧、绿色生态环境等使恩施成为康养的理想之地，它更是武汉、重庆两个"火炉"之间的避暑养生福地，也是世界感受武陵山地区文化特色的国际旅游城市。

第18章 奉节县旅游状况的分析 与发展策略

　　奉节县位于重庆市东部，处于长江三峡库区腹心，是长江三峡的西入口，是连接湘鄂渝陕地域南北经济走廊的东西水路枢纽。截至 2020 年，奉节县面积 4 098 平方千米，常住人口 74.48 万人①。

　　唐代诗人李白的《早发白帝城》使奉节成为世界知名城市；奉节三峡夔门入选第五套人民币 10 元背面图案，使奉节家喻户晓。2016 年奉节被国家旅游局评为第二批国家全域旅游示范区；2017 年入选"中国最具投资潜力特色魅力示范县 200 强"，并入选 2019 中国西部百强县市。

18.1 奉节县旅游状况的分析

18.1.1 奉节县的优质旅游资源

　　奉节县作为长江岸边的历史文化名城，是长江三峡第一峡瞿塘峡夔门的镇守之地，山水旅游资源丰富，人文旅游底蕴深厚。1978 年全国首批对外开放的白帝城瞿塘峡景区，也是 2001 年国家首批 4A 级旅游景区。2019 年白帝城·瞿塘峡景区进入国家 5A 级旅游景区备选名单。还有国家重点风景名胜区天坑地缝景区，夔州博物馆、龙桥河景区新晋为 4A 级旅游景区。

　　奉节拥有众多遗址及民俗风情，形成了独具特色的地方文化。中国历史上许多著名的诗人都在此留下了传世名篇，使奉节成了"中华诗城"。三国时期的历史

---

　　① 奉节县[EB/OL]. 重庆市外商投资促进中心网页，http://www.cqipa.com/index.php?c=content&a=show&id=901，2022-02-08.

事件，为奉节烙上了三国文化的烙印。奉节的诗歌文化、三国文化、江峡文化、移民文化、民俗文化等独具魅力。

18.1.2　奉节县的交通格局

奉节县传统的公路和水路交通网络已形成，依托长江沿线的高速公路贯通东西，东至武汉西达重庆和成都，连接南北的高速公路包海通道，除奉节—湖北界50千米和巫溪县—陕西界50千米正在修建外，其他段南北贯通。2019年8月，渝东地区公用机场巫山机场开通，可达北京、深圳、杭州、三亚、厦门、昆明、烟台、乌鲁木齐等地。2022年郑万高铁开通，奉节迎来高铁时代，并且结束不通火车的历史。目前，奉节通往全国各地主要依靠公路、水路和航空等交通工具。截至2019年，公路运输旅客753万人，水路客运量达180万人。

在《国家综合立体交通网规划纲要》中，构建"678"综合交通网主骨架，其中6条主轴中，有长三角—成渝主轴过奉节等线路。

18.1.3　奉节县的旅游交通效益分析

（1）奉节县旅游业发展状况。奉节县旅游效益与地区生产总值逐年同步增长，而且旅游业发展态势前景看好。

从表18.1看，2015~2019年奉节县地区生产总值逐年增长，增长速度稳定在8%左右。说明奉节县地区经济生产发展良好。

表 18.1　2015~2019年奉节县旅游效益与地区生产总值

年份	接待旅游人次/万人次	同比	旅游总收入/亿元	同比	地区生产总值/亿元	同比	旅游收入占地区生产总值比
2015	1 081.37	21.8%	38.31	23.5%	197.44	11.5%	19.40%
2016	1 249.00	15.5%	44.45	16.0%	222.57	12.7%	19.97%
2017	1 550.00	24.1%	58.58	31.8%	251.18	12.9%	23.32%
2018	1 842.14	18.8%	80.23	37.0%	287.43	14.4%	27.91%
2019	2 040.00	10.75%	100.55	25.4%	303.42	8.5%	33.14%

资料来源：奉节县国民经济和社会发展统计公报

2015~2019年，奉节县接待旅游人次、旅游总收入也是逐年同步增长，增速都保持较高水平,接待旅游人次从2015年的1 000多万人次增加到2019年的2 000多万人次，增加近1 000万人次；旅游总收入增速在15%以上，从2017年开始，旅游总收入占地区生产总值的百分比保持在20%以上，2019年达到33.14%。说明奉节县旅游业成为奉节县经济发展的支柱产业。

从 2019 年开始，在原基础上扩大游客增量，借 2019 年白帝城·瞿塘峡景区进入国家 5A 级旅游景区备选名单契机，开发旅游新项目，开展文化演艺活动。2019 年 6 月 12 日，著名导演张艺谋的《归来三峡》大型诗词文化实景演艺，推动了奉节县的旅游发展。

（2）奉节县交通发展状况。2015~2019 年奉节县公路客运量出现波动状况，整体呈现逐步减少趋势，重要原因之一是，2016 年 11 月 28 日万州至重庆高铁开通，将由奉节直达重庆的部分公路旅客吸引到万州改乘高铁，水路客运量稳步增加，整体看公路依然是交通的主力，具体情况如表 18.2 所示。

表 18.2　2015~2019 年奉节县交通客运量

年份	公路客运量/万人	同比	水路客运量/万人	同比
2015	1 306	3.1%	85.9	13.25%
2016	1 195	−3.1%	131.7	16.04%
2017	1 028	−4.0%	153.6	16.60%
2018	858	−16.5%	178.2	16.02%
2019	753	−12.2%	180	1.01%

注：2016 年公路客运量略做修改

资料来源：《奉节县国民经济和社会发展统计公报》

《奉节县国民经济和社会发展第十四个五年规划和二〇三五年远景目标纲要》提出，"十四五"末，旅游综合收入 150 亿元，文化旅游产业增加值占地区生产总值比值达 15%。

按奉节县 2015 年旅游总人数 1 081 万人次、旅游综合收入 38.31 亿元，到 2019 年旅游总人数 2 040 万人次、旅游综合收入 100.55 亿元，年平均增长率分别是 17.21%、27.28%。

目标纲要到"十四五"末奉节县旅游综合收入 150 亿元，必须要求年平均增长率达到 8.33%。即奉节县旅游收入按"十三五"发展水平完全可以实现。

18.2　奉节县旅游发展的策略

18.2.1　奉节县旅游的优势

（1）优质旅游资源做到自然品牌与人文品牌协调发展。三峡门户夔门独特的峡谷河流气象条件，湿润的空气，为极品脐橙的生长提供了良好环境。奉节脐橙成为中国地理标志产品，荣膺"中国驰名商标"。奉节县旅游形象标识语"三峡之巅 诗·橙奉节"，突出了旅游自然品牌与人文品牌的融合发展。

奉节旅游资源得天独厚，天下闻名的中国历史文化名胜白帝城·瞿塘峡景区，长江三峡标志性景观雄甲天下的夔门，国家风景名胜区天坑地缝景区，新晋4A级旅游景区龙桥河景区、夔州博物馆，展示了奉节旅游自然品牌与人文品牌的优势。

奉节据荆楚上游，控巴蜀东门，为兵家必争之地。一直为蜀东政治、经济、文化和军事中心，留下刘备托孤的永安宫、甘夫人墓、诸葛武侯的八阵图遗址、诗圣杜甫的西阁等景点。特别是"高峡出平湖"的夔门之滨，为奉节增添了一大世界级景观。

唐代诗人李白笔下"朝辞白帝彩云间，千里江陵一日还"的白帝城是壮美峡江精致的名片；著名导演张艺谋的《归来三峡》大型诗词文化实景演艺，正成为"中华诗城"的一张新名片。

（2）奉节是长江经济带与南北旅游大通道上重要的节点城市。南北旅游大通道在奉节交汇于长江岸边，使奉节成为南北旅游大通道与长江经济带结合处的重要旅游节点城市。奉节是丝绸之路与长江经济带联系的关键点。奉节成为承上启下、连接东西的重要城市，是黄河—长江—大海洋过渡的重要节点。

随着2022年郑万高铁开通，奉节将成为武汉—襄阳—奉节—重庆东西文化旅游走廊的旅游节点城市；随着奉节—湖北界和巫溪县—陕西界高速公路的建成，奉节又成为南北旅游大通道：包头—西安—安康—奉节—恩施—张家界—桂林—湛江—海口—三亚的旅游节点城市，呈现出长江三峡瞿塘峡夔门的雄姿。

在《国家综合立体交通网规划纲要》中，长三角—成渝主轴：上海—南京—合肥—武汉—万州—重庆—成都等线路，凸显奉节作为长江岸边的城市区域优势。

（3）绿色经济发展前景可观。奉节县围绕绿色经济，大力发展"三个树"：脐橙、油橄榄、红豆杉。奉节脐橙成为中国驰名商标，并且成为奉节县旅游形象标识语的重要元素。奉节脐橙既是旅游文化品牌，也是奉节绿色经济的产业品牌，更是"中国三峡·奉节脐橙文化节"的城市品牌。2018年，奉节县脐橙种植面积达到33万亩，产量30万吨，产值24.25亿元。2018年度奉节脐橙开园节，推出的"奉节脐橙品牌"价值达182.8亿元，列全国橙类品牌第一。脐橙也具有很高的中药价值，可以生津止渴、开胃下气，并且能软化血管促进血液循环，保护心脏，还适合孕妇食用，有助于安胎助孕。脐橙皮也是奉节火锅的黄色原料，饮食文化的调料剂和水饮料。

奉节是全国三大油橄榄适生区之一，获授"中国经济林协会油橄榄研究基地"称号。2018年，奉节油橄榄种植面积已达13万亩，成为当地群众致富的"摇钱树"。橄榄油为保健油，长期食用有助于提高肠、胃、脾、肝和胆管的功能，预防胆结石，减少胆囊炎的发生。橄榄油将成为奉节火锅的绿色原料，饮食文化的调料剂。

红豆杉是世界上公认的濒临灭绝的天然珍稀抗癌植物，具有极高的旅游观赏价值。奉节境内大山纵横，山高坡陡植树造林难度大，恰好红豆杉属浅根植物，适于山地生长，而且根有助于保水固土。2018 年奉节红豆杉生态经济种植林达 4.1 万亩，带动年产值 10 亿元的红豆杉产业链。红豆杉的根、茎、叶都可以入药，对于治疗尿不畅、女性月经不调、糖尿病等都有一定效果。红豆杉叶将成为奉节火锅的多彩原料，饮食文化的调料剂。

奉节县以"三个树"为代表的园林绿色经济和旅游文化产业，推动奉节县快速发展，2019 奉节县进入中国西部百强县市。

18.2.2　奉节县旅游发展中的主要问题

（1）影响南北大通道构建的瓶颈之地。奉节作为南北旅游大通道与长江经济带结合处的重要旅游节点城市，肩负丝绸之路与长江经济带融合的重任。当前奉节—湖北界和重庆巫溪县—陕西界高速公路正在修建，尤其是奉节—湖北界 50 千米高速公路建设工期预计 6 年，平均每年建设不足 10 千米，工期较长。

我国南北旅游大通道在这里形成瓶颈，成了我国铁路南北方向的盲区。包海高铁北段包头—西安—安康，张海高铁张家界—桂林—湛江—海口线路基本确定，而且张家界—怀化高铁于 2021 年开通，奉节—巫溪高铁支线控制性工程放牛坪隧道贯通，但安张高铁安康—奉节—恩施—张家界还没有进入国家规划，奉节成为安张高铁构建的关键点，有承上启下的重要作用。

（2）旅游核心竞争力品牌数量有限。奉节作为旅游城市起步较早。1978 年长江沿岸首批对外开放的景区就有白帝城·瞿塘峡景区，1982 年国务院批准列入的第一批国家级风景名胜区名单，白帝城·瞿塘峡景区就在其中，2001 年全国首批 4A 级景区也有白帝城·瞿塘峡景区。奉节旅游核心品牌总量较少，在重庆市十大优质旅游资源中（不含 4A 级旅游景区）有国家风景名胜区 2 项：长江三峡（含白帝城·瞿塘峡）、天坑地缝，其中白帝城·瞿塘峡风景区属于整个长江三峡风景区，与湖北共有（表 18.3），直到 2019 年下半年获得 2 家 4A 级旅游景区龙桥河、夔州博物馆，至今没有 5A 级旅游景区。渝东地区周边的云阳县已有 5A 级旅游景区龙缸景区，巫山县、巫溪县、城口县都有国家自然保护区、国家森林公园，巫溪还有国家历史文化名镇宁厂镇。这对奉节旅游知名度的提升影响极大。截至 2019 年，奉节县在渝东 6 大优质旅游资源中有 2 类（表 18.3）。

表 18.3　渝东地区优质旅游资源情况

地区	国家风景名胜区	国家自然保护区	国家森林公园	国家历史文化名镇名村	5A 级旅游景区	4A 级旅游景区
重庆	6	7	26	19	9	92
奉节县	1.长江三峡（含白帝城·瞿塘峡）（与湖北共有） 2.天坑地缝					1.白帝城·瞿塘峡 2.天坑地缝 3.龙桥河 4.夔州博物馆
巫山县	1.长江三峡（含巫峡）	1.五里坡	1.小三峡			1.神女景区 2.文峰景区 3.巫山博物馆
巫溪县		1.阴条岭	1.红池坝	1.宁厂镇		1.红池坝
城口县		1.大巴山	1.九重山			1.亢谷
云阳县					1.龙缸	1.三峡梯城 2.云阳张飞庙
总计	3	3	3	1	1	11
占比	50.00%	42.86%	11.54%	5.26%	11.11%	11.96%

（3）文旅融合发展深度不够。旅游是文化的载体，文化是旅游的灵魂。文化旅游依赖于历史文化，自然旅游依赖于生态环境，一个地区拥有这两类资源中的一个，就具备了旅游发展的基础，如果同时拥有两类资源，它的市场会更广，吸引力会更大，旅游对社会经济的带动力也更明显[①]。奉节县旅游形象标识语"三峡之巅 诗·橙奉节"，突出了奉节在长江三峡中的特殊地位，展示了以李白《早发白帝城》为代表的"中华诗城"的文化底蕴，表达了奉节绿色经济发展的广阔前景。

奉节在南北旅游大通道的特殊地位，就是长江岸边的码头城市，长江三峡的战略门户、中国文化诗城等。因此，奉节文旅融合之路非常宽广。从长江看，有长江、码头、水域、鱼虾、植物景观等，由鱼联想到重庆火锅美食宴，由植物联想到南方脐橙；从长江三峡看，有瞿塘峡、夔门、白帝城景观等，由白帝城联想到刘备托孤的永安宫、甘夫人墓、诸葛武侯的八阵图遗址等三国文化；从李白的《早发白帝城》看，有诗仙李白、酒文化、川剧、长江号子等文化符号。但目前奉节县文旅融合的深度还不够，许多特色亮点未能很好地展示在旅游项目中。

---

① 张辉. 以人民为中心的旅游，不仅仅是文旅融合这点事[EB/OL]. 旅游产业内参，https://m.sohu.com/a/305572103_771801/，2019-04-02.

18.2.3　奉节县旅游发展的建议

（1）破解南北旅游大通道构建中的问题。首先，全力推进奉节—湖北界 50 千米高速公路的建设步伐，尽早实现南北旅游大通道南段高速化；同时，作为重庆市的一员，有义务通过协调机制，保证巫溪县—陕西界高速公路于 2023 年建成通车，实现南北旅游大通道北段贯通，通过奉节交通枢纽节点优势，快速通过高铁到达重庆等南方城市，到时奉节成为高速公路与高铁换乘的重要节点城市，将迎来天南地北的旅客。

其次，在开工修建奉节—巫溪高铁支线的基础上，奉节要联合安张高铁沿线陕西安康、湖北恩施等地，争取安张高铁进入国家规划并且开工实施。可以分别与陕西安康、湖北恩施加强协作，分段实施重庆巫溪—陕西安康高铁和奉节—湖北恩施高铁建设，其中由湖北完成省内恩施—咸丰县 90 千米高铁，可以间接实现安康—奉节—恩施—张家界（或黔江）贯通。

（2）提升旅游核心竞争力品牌的影响力。奉节作为起步较早的旅游城市，经过缓慢发展期后，正在全力猛追。当前，首先是全力将白帝城·瞿塘峡景区打造成 5A 级旅游景区，2019 年白帝城·瞿塘峡景区已进入国家 5A 级旅游景区备选名单，在此基础上做好后期的完善工作，争取获得国家评审通过。这是提升奉节旅游品质的关键性标志。

其次，将国家风景名胜区天坑地缝景区打造成国家地质公园，进而申报世界地质公园，提升奉节的国际知名度。同时，也可以联合我国喀斯特地貌相关地区，通过增补形式将奉节天坑地缝等景区，融入世界遗产名录中国南方喀斯特之中。

最后，做好其他国家优质旅游资源指标的打造，将 4A 级旅游景区龙桥河打造成国家级水利风景区，将三岔河黑湾等原始林区等打造成国家自然保护区和国家森林公园，将兴隆古镇、竹园古镇等打造成国家历史文化名镇名村。

通过这些旅游核心指标，整体提升奉节县的旅游影响力，并且在周边地区形成具有一定竞争力的旅游文化滨江之城。

（3）深度开展文旅融合做响"夔门印象"。夔门既是长江三峡的标志，也是奉节文化的符号。因此，要以夔门统领奉节的旅游发展，做好文旅融合的深度开展。

看夔门景观。做好夔门景区线路的规划，从白帝城眺望夔门到瞿塘峡近距离仰望夔门，再从旱夔门到天坑地缝，感受大自然的神奇魅力；同时通过张艺谋导演的《归来三峡》大型诗词文化实景演艺，在夔门、瞿塘峡、白帝城背景衬托下，感受李白、杜甫等古代诗人对三峡的千古绝唱，思索峡江文化的魅力，从中领略夔门的雄伟及其精神象征意义，提升白帝城·瞿塘峡景区的观赏价值。

品夔门文化。夔门是渝东门户，长江三峡西端入口，"夔门天下雄"显示其战略要地的地位，自古为兵家必争之地。从《三国演义》到民间的三国故事，探寻夔门三国文化的旅游线路：白帝城—托孤永安宫—甘夫人墓遗址—关圣庙—张爷庙—诸葛亮"旱八阵图"遗址等，思索奉节三国文化的历史作用。从李白《早发白帝城》到杜甫《夔州歌十绝句》，从古代诗人陈子昂、王维到现代诗人郭沫若、贺敬之、陈毅等的夔州名篇佳作，从夔州博物馆到奉节"中华诗词园"，再到《归来三峡》大型诗词文化实景演艺，以及中华诗人节，感受奉节"中国诗城"的美誉。

过夔门生活。夔门的码头，既是古代巴蜀镇守的边关，更是古人集聚生活的政治中心，是民俗自由流露的地方。唐代"诗仙"李白持浪漫主义的人生观，爱饮酒作诗，也被世人称为"酒仙"。伴随重庆酒文化，也就有了重庆的火锅。码头是城市的名片，也是城市亮丽的风景线。建设好码头沿岸的景观道，并且充分发挥码头的夜间经济，开展夜游长江奉节城，品尝奉节火锅鱼，饮用脐橙果汁，食用橄榄油，佐料红豆杉叶、品味汀来泡菜，再尝竹园盐子鸡等地方特色小吃，促进地方经济发展。其中奉节火锅鱼、脐橙果汁、橄榄油、汀来泡菜、竹园盐子鸡，都是地方食材；奉节汀来泡菜为中国国际农业博览会名牌产品，获中国国际食品博览会金奖；竹园盐子鸡为重庆市市级非物质文化遗产，正在申报国家级非物质文化遗产。

奉节脐橙为中国地理标志产品，具有健体的功效，橄榄油为天然的保健油，红豆杉是世界上濒临灭绝的抗衰老植物，将奉节脐橙皮、橄榄枝、红豆杉叶作为调料融入奉节火锅之中，打造具有"夔门印象"的"三个树火锅"，形成奉节火锅的新吃法。

再将奉节县的国家非物质文化遗产代表性项目瞿塘峡船工号子、花鼓子融入"夔门印象"的生活之中，感受夔门长江中的川剧韵味。

游夔门"植物园"。绿水青山就是金山银山，奉节的"三个树"：脐橙、油橄榄、红豆杉，既是奉节的绿色经济支柱产业，也是夔门绿水青山景观的亮丽风景线。将"三个树"打造成奉节的"植物园"，科普旅游的基地。从长江两岸低山的脐橙、到丘陵的油橄榄树、再到高山的红豆杉形成层次分明的经济林，从森林科普、旅游观光，到橄榄油制作参观、再到脐橙采摘，以及农家乐生活体验，形成旅游+农业的新看点。结合一年一度的"脐橙文化节"，开展奉节"夔门印象"的"三个树火锅"饮食节，中国山水国际摄影节等活动。同时，围绕喀斯特地貌特征，开展中国攀岩挑战赛、中国汽车拉力赛等活动，全面推动奉节县旅游发展。

第 19 章　安康市旅游状况的分析与发展策略

安康别称金州，安康市为陕西省地级市，地处陕西省东南部，位于我国西北、西南、华中交汇处的"中心"区域，因境内土壤含硒元素丰富，又被誉为"中国硒谷"。截至 2020 年，安康市面积约 23 391 平方千米，常住人口 267.49 万人[①]。

在秦朝时期（公元前 312 年），设西城县（今安康城）为汉中郡治所[至东汉建武六年（公元 30 年），郡治迁移至汉中南郑县]，西晋太康元年（公元 280 年）为安置巴山一带流民，取"万年丰乐，安宁康泰"之意，"安康"称始于此。安康是国家森林城市、全国绿化模范城市、国家卫生城市、中国精彩城市、中国十大宜居小城、中国十大节庆城市、国家主体功能区建设试点示范市。2017 中国特色魅力城市 200 强、中国城市绿色竞争力排名第 19，2018 年中国康养城市排行榜 50 强第 44 位，2020~2021 年十大"心仪之城"，2021 年入选中国康养旅游百强县榜单 54 名。

19.1　安康市旅游状况的分析

19.1.1　安康市的优质旅游资源

安康市的优质旅游资源突出在山水品质。国家地质公园南宫山，国家级水利风景区千层河、瀛湖、飞渡峡、凤堰古梯田，国家自然保护区天华山、化龙山、平河梁，国家森林公园天华山、凤凰山、千家坪、鬼谷岭等，突出安康旅游资源的山水

---

① 安康 10 个区县最新人口排名:汉滨区 89 万最多,镇坪县 5 万最少[EB/OL]. 腾讯网, https://new.qq.com/rain/a/20210107A0FUV300，2021-01-07.

优势。截至 2019 年，安康在陕西 11 大优质旅游资源中有 6 类（表 19.1）。

表 19.1　安康市优质资源情况

地区	国家地质公园	国家级水利风景区	国家自然保护区	国家森林公园	国家历史文化名镇名村	4A 级旅游景区
陕西	10	40	25	37	10	111
安康市	1.南宫山	1.千层河 2.瀛湖 3.飞渡峡 4.凤堰古梯田 5.任河漂流景区	1.天华山 2.化龙山 3.平河梁	1.天华山 2.凤凰山 3.千家坪 4.鬼谷岭 5.南宫山	1.石泉县熨斗镇	1.南宫山 2.天书峡 3.飞渡峡·黄安坝 4.双龙生态旅游区 5.筒车湾休闲景区 6.香溪洞 7.中坝大峡谷 8.瀛湖 9.汉江燕翔洞 10.汉江石泉古城 11.鬼谷岭 12.天宝梯彩农园 13.安康高新秦巴文化生态旅游区 14.蜀河古镇 15.汉阴凤堰古梯田
占比	10.00%	12.50%	12.00%	13.51%	10.00%	13.51%

19.1.2　安康市的交通格局

安康市传统的陆路和水路交通网络已形成，依托汉江沿线的武汉—成都高速公路和铁路贯通东西，连接南北的包茂高速公路和西渝铁路形成南北通道，东西南北交通在安康形成"十"字形的交通网，使它成为全国交通的枢纽城市。2020年 10 月 11 日，安康—西安动车开行，安康成为距离西安 2 小时路程的"后花园"；2020 年 9 月 25 日，广州—安康首航后，从安康机场可以飞达全国相关城市：广州、杭州、深圳、重庆、上海、天津、北京。截至 2019 年，安康市铁路 780 千米，公路总里程 25 489 千米，其中高速公路 577 千米。目前，旅游交通工具以公路运输为主。

2021 年，西安—安康高铁开工建设，将来安康 1 小时到达西安、2 小时到达长江岸边，3 小时到达重庆、武汉等周边地区将实现。同时，包海高铁支线安张高铁进入人们视野，成为西北地区连接华南地区的重要通道。

在《国家综合立体交通网规划纲要》中，有京津冀—成渝主轴过安康等线路。

19.1.3 安康市的旅游要素分析

（1）安康市的旅游状况分析。安康市旅游效益与地区生产总值逐年同步增长，而且旅游业发展态势前景看好。

从表 19.2 看，2011~2019 年安康市地区生产总值逐年增长，增长速度趋于平稳，基本年增长率近 8%。说明安康市国民经济生产发展势头良好。

表 19.2 2011~2019 年安康市旅游效益与地区生产总值

年份	旅游总人数/万人次	同比	旅游总收入/亿元	同比	生产总值/亿元	同比	旅游总收入占生产总值比
2011	1 561	28.2%	63.38	27.5%	407.17	15.5%	15.6%
2012	1 836.8	17.6%	76.22	20.3%	513.02	15.2%	14.9%
2013	2 166	17.9%	95.30	25.0%	604.55	13.4%	15.8%
2014	2 529	16.75%	119.91	25.9%	689.44	11.7%	17.4%
2015	2 851.25	12.7%	144.90	20.8%	772.46	12.3%	18.8%
2016	3 279	15.0%	171.25	18.2%	851.85	11.3%	20.1%
2017	3 788	15.5%	228.53	33.5%	974.66	10.5%	23.4%
2018	4 578	20.9%	293.81	28.6%	1 133.77	10.2%	25.9%
2019	5 102.76	11.5%	329.14	12.0%	1 182.06	7.9%	27.8%

资料来源:《安康市国民经济和社会发展统计公报》

2011~2019 年，安康市旅游总人数、旅游总收入也逐年同步增长，增速都保持较高水平，基本维持在 11% 以上，而且从 2016 年开始旅游总收入占地区生产总值的百分比保持在 20% 以上，到 2019 年达到 27.8%。说明安康市旅游业成为安康市国民经济的支柱产业。

（2）安康市的旅游要素分析。利用主成分分析法，给出影响安康市旅游发展的主要因素。

一是数据的选择与处理。主要选取旅游总收入（Z_1）（亿元），旅游总人数（Z_2）（万人），城镇居民人均可支配收入（Z_3）（元），市内生产总值（Z_4）（亿元），公路里程（Z_5）（千米），旅游景区个数（Z_6）（家），公路客运量（Z_7）（万人），这些变量，包括了经济因素、居民收入因素、交通因素和旅游景区吸引力因素，可以对安康市旅游的发展进行多角度的解释。

二是因子分析法处理。首先要对表 19.3 中的数据（2018 年以前）进行标准化处理；其次对标准化后的数据进行因子分析，找出影响安康市旅游发展的主要因素；最后以安康市旅游总收入作为被解释变量，并且建立线性回归模型。

表 19.3　2009~2019 年安康市相关变量数据

年份	旅游总收入/亿元	旅游总人数/万人	城镇居民人均可支配收入/元	市内生产总值/亿元	公路里程/千米	旅游景区个数/家	公路客运量/万人
2009	21.83	600	12 525	274.95	19 458.00	14	5 951
2010	47.68	1 219	14 642	327.06	19 973.00	14	6 837
2011	63.38	1 561	17 365	407.17	21 407.14	14	7 617
2012	76.22	1 837	20 300	513.02	21 536.14	18	7 924
2013	95.3	2 166	22 533	604.55	43 130.28	20	8 250
2014	119.91	2 529	25 011	689.44	22 542.78	25	4 855
2015	144.9	2 851	27 191	772.46	22 695.19	25	5 009
2016	171.25	3 279	25 962	851.85	22 790.37	26	3 371
2017	228.53	3 788	28 158	974.66	23 023.69	29	3 416
2018	293.81	4 578	24 977	1 133.77	24 501.01	29	3 713
2019	329.14	5 103	27 016	1 182.06	25 489.1	29	2 273

资料来源:《安康市统计年鉴》

从表 19.4 中可知，前两个成分的特征值都大于 1，并且累计方差贡献率为 95.839%，表明提取的 2 个因子共解释了原有变量总方差的 95.839%。总体上，原有变量的信息丢失较少，因子分析效果理想，所以可以提取 2 个因子做分析。

表 19.4　解释的总方差

成分	初始特征值			提取平方和载入			旋转平方和载入		
	合计	方差贡献率	累计方差贡献率	合计	方差贡献率	累计方差贡献率	合计	方差贡献率	累计方差贡献率
1	5.436	77.660%	77.660%	5.436	77.660%	77.660%	5.432	77.600%	77.600%
2	1.273	18.179%	95.839%	1.273	18.179%	95.839%	1.277	18.238%	95.839%
3	0.198	2.830%	98.668%						
4	0.076	1.090%	99.758%						
5	0.013	0.179%	99.937%						
6	0.003	0.043%	99.980%						
7	0.001	0.020%	100.000%						

注:"合计"表示特征值

由表 19.5 可知，提取的第一个主成分因子（F_1）主要由旅游总收入（Z_1）、旅游总人数（Z_2）、城镇居民人均可支配收入（Z_3）、市内生产总值（Z_4）、旅游景区个数（Z_6）这五个变量构成。提取的第二个主成分因子（F_2）由公路里程（Z_5）和公路客运量（Z_7）这两个变量构成。

表 19.5　旋转后的因子载荷矩阵（旋转成分矩阵 a）

变量	成分	
	1	2
Z_1（旅游总收入）	0.966	−0.021
Z_2（旅游总人数）	0.983	0.047
Z_3（城镇居民人均可支配收入）	0.907	0.185
Z_4（市内生产总值）	0.992	0.056
Z_5（公路里程）	0.102	0.975
Z_6（旅游景区个数）	0.986	0.017
Z_7（公路客运量）	−0.809	0.488

旋转法：具有 Kaiser 标准化的正交旋转法。旋转在 3 次迭代后收敛

给出成分得分系数矩阵（表 19.6），即可以写出以下因子分析得分函数：

$$F_1 = 0.181Z_1 + 0.184Z_2 + 0.171Z_3 + 0.186Z_4 + 0.023Z_5 + 0.185Z_6 - 0.149Z_7 \quad (19.1)$$

$$F_2 = -0.013Z_1 + 0.043Z_2 + 0.155Z_3 + 0.050Z_4 + 0.794Z_5 + 0.018Z_6 + 0.393Z_7 \quad (19.2)$$

表 19.6　成分得分系数矩阵

变量	成分	
	1	2
Z_1（旅游总收入）	0.181	−0.013
Z_2（旅游总人数）	0.184	0.043
Z_3（城镇居民人均可支配收入）	0.171	0.155
Z_4（市内生产总值）	0.186	0.050
Z_5（公路里程）	0.023	0.794
Z_6（旅游景区个数）	0.185	0.018
Z_7（公路客运量）	−0.149	0.393

　　第一个主因子（F_1）主要体现影响安康市旅游发展的经济方面。旅游总收入（Z_1）、旅游总人数（Z_2）、城镇居民人均可支配收入（Z_3）、市内生产总值（Z_4）、旅游景区个数（Z_6）这几个因子得分相差不大，说明经济因素对旅游业的发展是最为重要的，影响也最直接。一个地区经济收入水平高，人们的消费能力就强，对旅游休闲的需求就大，对当地的旅游业的经济发展就会起到促进作用。

　　第二个主因子（F_2）主要体现影响安康市旅游发展的交通运输方面。其中公路里程（Z_5）因子得分最高，其次是公路客运量（Z_7）因子，最后是城镇居民人均可支配收入（Z_3）因子、旅游总人数（Z_2）因子、市内生产总值（Z_4）因子、旅游景区个数（Z_6）因子。这说明交通运输对推动旅游业发展起着至关重要的作用。

19.1.4　安康市旅游效益预测

（1）逐步回归法建模。利用 SPSS 软件进行分析，对于 2018 年以前的数据，采用逐步回归法建立方程，由旅游总人数（X_1）和城镇居民人均可支配收入（X_2）这两个变量进入方程建立。通过回归方程显著性检验的 F 统计量的观测值，其对应的概率 P 值近似为 0 小于显著性水平 α 为 0.05，所以回归方程显著，即模型合理。

表 19.7　回归估计方程系数

模型	非标准化系数		标准系数 试用版	t	Sig.	共线性统计量	
	B	标准误差				容差	VIF
1	（常量）	3.288×10^{-16}	0.054		0.000	1.000		
	Zscore（X_1）	0.987	0.057	0.987	17.464	0.000	1.000	1.000
2	（常量）	3.175×10^{-16}	0.035		0.000	1.000		
	Zscore（X_1）	1.208	0.073	1.208	16.468	0.000	0.248	4.025
	Zscore（X_2）	−0.255	0.073	−0.255	−3.479	0.010	0.248	4.025

由表 19.7 可知，回归估计方程为

$$\hat{Y} = 3.175\times10^{-16} + 1.208X_1 - 0.255X_2 \tag{19.3}$$

其中，$\hat{Y}$ 表示预计的旅游总收入（亿元）；X_1 表示旅游总人数（万人）；X_2 表示城镇居民人均可支配收入（元）。

模型估计方程（19.3）可以说明，在城镇居民人均可支配收入不变的情况下，当年旅游总人数每增加 1 万人，安康市旅游总收入平均增加 1.208 亿元。安康市接待旅游总人数和安康市旅游收入存在着高度的正相关关系，这说明旅游总人数促进安康市旅游业总收入的发展。此外，交通运输对旅游总人数起着直接影响，而旅游总人数对旅游总收入影响直接。所以还要完善安康市内的旅游交通网，串联起安康市各个旅游景区的旅游线路，使游客能更方便地从一个景区到另外一个景区游览，从中获得最大效益。

（2）曲线回归法建模预测。采用曲线回归法预测"十三五"末安康市旅游总人数（万人）和旅游总收入（亿元）。

一是安康市旅游总收入的预测。利用 SPSS 软件进行分析，知道负相关系数 R 为 0.993，即指数模型的拟合优度为 0.993，比较理想，并且回归方程的显著性检验和回归系数的显著性检验均显著，模型选择合理。最终由表 19.8，得回归方程为

$$Y = 34.177 - 1.502t + 2.606t^2 \tag{19.4}$$

表 19.8　回归方程系数

| | 未标准化系数 | | 标准化系数 | t | Sig |
	B	标准误	Beta		（概率 P 值）.
t	−1.502	5.739	−0.053	−0.262	0.801
t^2	2.606	0.508	1.045	5.124	0.001
（常数）	34.177	13.742		2.487	0.042

在式（19.4）中，t 为时间期数。此时，2019 年为第 11 个年份，2020 年为第 12 个年份，从理论上得到其旅游总收入的预测结果分别为 332.981 亿元和 391.417 亿元。

二是安康市旅游总人数的预测。利用 SPSS 软件进行分析，知道负相关系数 R 为 0.994，即指数模型的拟合优度为 0.994，比较理想，并且回归方程的显著性检验和回归系数的显著性检验均显著，模型选择合理。最终由表 19.9，得回归方程为

$$M = 531.933 + 256.879n + 12.879n^2 \qquad （19.5）$$

表 19.9　回归方程系数

| | 未标准化系数 | | 标准化系数 | t | Sig. |
	B	标准误	Beta		
n	256.879	73.832	0.639	3.479	0.010
n^2	12.879	6.541	0.361	1.969	0.090
（常数）	531.933	176.782		3.009	0.020

在式（19.5）中，n 为时间期数。此时，2019 年为第 11 个年份，2020 年为第 12 个年份，从理论上得到其旅游总人数的预测结果分别为 4 916 万人和 5 469 万人。

对比表 19.10 可知，安康市"十三五"旅游游客接待人数（万人）及旅游综合收入（亿元），都高于安康市旅游业"十三五"规划总体发展目标。因此，我们预测在 2020 年，安康市旅游接待游客人数 5 469 万人、旅游综合收入 391.417 亿元，分别高出"十三五"规划 2020 年的 4 200 万人和 320 亿元的指标。

表 19.10　安康市旅游业"十三五"规划总体发展目标

年份	2016	2017	2018	2019	2020
旅游接待人数/万人次	3 079	3 325	3 591	3 878	4 200
旅游综合收入/亿元	170	199	233	273	320
相当于全市生产总值	19.8%	20.9%	21.3%	21.7%	22%

资料来源：《安康市旅游产业"十三五"发展规划》

2019 年，安康市实际接待游客人数 5 102.76 万人、旅游综合收入 329.14 亿元，与预测值：游客人数 4 916 万人、旅游综合收入 332.981 亿元，非常接近。

"十四五"期间，如果安康市旅游按照模型（19.4）和模型（19.5）发展的速度，可以达到较好的目标。

19.2　安康市旅游发展的策略

19.2.1　安康市的优质旅游资源

（1）安康良好的生态环境优势。安康市拥有丰富的旅游资源，截至 2019 年末，安康市已建成 A 级景区 29 家，其中 4A 级旅游景区 15 家，3A 级景区 11 家。目前，正在全力创建瀛湖（西北最大的人工湖）、南宫山（圆寂和尚真身不腐的亮点）两家 5A 级景区。

安康地处秦巴山区，这里生态条件良好，不仅有原始森林，而且森林覆盖率达 65%；新鲜的空气构成天然氧吧，无雾霾，成为适合人类居住的佳地；安康市各县区城市都建在河边（古代河流即"高速公路"），无污染的河流，可以直接饮用，造就安康特有的稀有鱼饮食品牌；绿水青山生长的绿色食品，成为南粉北面的重要食材，这里构成天南地北的饮食城。

安康硒谷之乡，富硒保健食品，使安康成为健康之城。在 2016 年陕西省 100 周岁以上老年人口统计报告中，安康市 130 名百岁老人占安康市老年人口比的万分之 2.93，列全省第一。安康市镇坪县被命名为"长寿文化之乡"。

（2）安康是多元文化的感受地。安康市与四川省、重庆市、湖北省交界，边关地域特征的方言、民俗、饮食等多元文化，形成了安康市丰富多彩的地域特色文化。汉江通道融入长江荆楚文化的汉水文化，形成了汉江流域的国家非物质文化"汉调二黄"，汉江任河通道连接巴蜀蜀文化的汉水文化，形成了汉江流域的国家非物质文化"紫阳民歌"，以及安康移民的多元文化形成的国家非物质文化"弦子腔"；受秦岭秦楚古道秦文化影响形成的安康面食——蒸面，受巴山盐道巴文化影响形成的安康杂粮——盐背子饭，还有受大巴山巫文化影响形成的安康神奇树叶——茶和神仙豆腐等，这些都使安康成为感受多元文化的神秘之地。

安康是长江最大支流的重要码头，汉江是安康的母亲河，从战国开始，安康是秦国，以及秦朝、汉朝"汉中郡"的治所（公元前 312 年—公元 30 年），340 多年的"汉中郡"史，在我国大统一的汉文化形成中起到承上启下的作用。现在安康龙舟节为国家节庆活动，清澈的河水打造出安康一大批饮食品牌：安康蒸面、汉江河鱼、紫阳蒸盆子、蜀河八大件、镇坪腊肉、岚皋魔芋、汉阴粉条、白河肉糕、石泉河虾、宁陕香菇、平利油层儿（油香）等，而且酝酿出地方特色水酒：

安康稠酒、旬阳拐枣酒、白河木瓜酒、镇坪五味子饮料等，使安康成为酒的故乡，好客之地。随着安康影响力的不断扩大，安康将成为感受汉水文化的重要地。

（3）安康全国"中心"的特殊位置。安康市所在的西北、西南、华中交汇处鸡心岭被誉我国的"自然国心"[①]，而且"自然国心"鸡心岭景区为陕西的南大门，是民众出陕入楚进川的重要通道，也是历史上的巴山古盐道的制高点，这里不仅是 1932 年 12 月"红三军七千里小长征"贺龙部队留下的红色基地，还是 1950 年 1 月陕西省全境解放的主战场。

安康在全国地理位置的"中心"点上，随着包海高铁、安张铁路、汉中—安康—十堰城际铁路的开工修建，以及航空运输的扩展，汉江高等级区域航道的快速建设，安康将成为全国重要的交通枢纽，到时交通出行更加便捷，加上安康的生态旅游资源，以及宜居环境和特殊的绿色食品，安康生态旅游将迎来黄金发展期。

在《国家综合立体交通网规划纲要》中，京津冀—成渝主轴：北京—石家庄—太原—西安—重庆等线路，使安康市进入全国交通枢纽网络之中。

19.2.2　安康市旅游发展中的主要问题

（1）安康快捷方便的旅游交通网尚欠发达。首先，安康市虽然是全国交通枢纽，并且于 2020 年开通到西安的动车，2021 年包海高铁西康段开工建设，但安张铁路还没有成为国家开工项目，汉中—安康—十堰城际铁路还没有列入国家铁路规划，安康快捷方便的旅游交通网还未形成。安康市东西南北都布满了高铁站：十堰市、汉中市、西安市、达州市，对安康影响极大。

其次，安康市内各个旅游景区之间的交通环线还没有形成，市外与秦岭、大巴山、汉江周边地区的旅游双向互动线路也未形成。

（2）安康旅游核心竞争力旅游景区还在创建。2015 年来，安康市启动了创建瀛湖 5A 级景区、南宫山 5A 级景区的工作，但至今安康市还没有 5A 级景区，在周边地区形成较大弱势。全国有影响的"自然国心"鸡心岭 4A 级旅游景区创建还没有启动，鸡心岭国家森林公园也没有着手申报。

安康市资源优势还没有转化为旅游项目。凭借安康母亲河汉江的旅游资源优势，目前开发了瀛湖 4A 级旅游景区，除了每年端午节汉江的龙舟赛节庆活动外，整个安康汉江还没有影响力更大的旅游景区，汉江旅游文化走廊还没有形成。

（3）安康旅游形象文化品牌标识优势不明显。安康市对外形象宣传语："秦巴明珠，生态安康"，较好地突出了安康市的生态优势，但又缺少了文化内涵。没

---

① 赵临龙．"自然国心——鸡心岭"旅游文化品牌的深度开发研究[J]．湖北农业科学，2019，58（18）：185-192．

有文化品牌引领的旅游，难以深入人心，更难吸引更多人来旅游。

具有世界影响的盐道文化品牌旅游项目没有进入《陕西省旅游业"十三五"发展规划》。作为安康市重要产业的富硒茶，"中国硒谷"也受到周边地区的挑战。四川省达州市打出"中国富硒茶之都"标识语。安康市镇坪县形象宣传标识语"自然国心·养生天堂"，也受到同地区的影响。例如，湖北竹溪县"朝秦暮楚地，自然中国心"，等等。这说明安康旅游形象文化品牌标识优势，在同区域并不明显，这必然影响安康旅游做大做强。

19.2.3　安康市旅游发展的建议

（1）推动安张高铁立项和开工建设，构建南北旅游大通道。安康在西康高铁开工的基础上，要全力推进安张铁路的项目立项。随着张家界—怀化高铁于2021年开通、奉节—巫溪支线控制性工程放牛坪隧道贯通，安张铁路提升为高铁机遇出现。安张铁路是安康融入我国中西部南北旅游大通道千载难逢的机遇，若该铁路通车，可以从安康北上4小时到达内蒙古大草原，从安康南下5小时到达海南大海洋。

同时，安康市在高铁建设方面，要联合相关省市全力推进汉中—安康—十堰城际铁路尽快获得国家批准立项，它是国家《汉江生态经济带发展规划》（2018年10月18日发布）中的重要铁路骨架，是武汉—九寨沟—成都（或兰州）的重要连接线，对安康汉江旅游廊道和汉江经济发展有巨大的推动作用。

安康市还要积极主动提出开行动车要求。随着襄渝铁路、阳安铁路复线改造工程的陆续完工，安康—十堰、安康—达州开行动车的条件基本具备，将安康到周边高铁站时间压缩到两小时以内，与西安、十堰至全国高铁和汉中至成都高铁、达州至重庆城际列车实现接轨。

（2）融山水自然景观与人文历史景观一体，提升安康旅游文化品质。在安康市创建瀛湖、南宫山2家5A级旅游景区中，形势不容乐观。在陕西省内，与南宫山类似的西安南五台也在创建5A级旅游景区，不论是自然风光（秦岭参天大树数量之多，历史悠久），还是文化景观（南五台主峰观音台在中国佛教史上享有崇高的地位，圣寿寺塔是中国最早佛塔之一），对南宫山创建5A级旅游景区影响极大。瀛湖旅游景区是由安康水电站形成的人工湖，尽管在西北号称最大，但其缺少文化内涵，使瀛湖仅仅成为乘船观光的游览区。

历史佛教圣山南宫山，建于北宋靖康二年（1127年）。嘉庆二十五年（1820年）7月2日，传奇高僧弘一大师圆寂于木缸，至今真身不腐[①]，在全中国乃至世

---

① 赵临龙，董苗苗，杨琪. 基于科普旅游思路的经济欠发达地区创建5A级旅游景区探究——以安康市创建5A级旅游景区科普旅游满意度调查为例[J]. 林业调查规划，2021，46（1）：175-182.

界都是一大奇观。大巴山的巫文化构成了南宫山旅游景区文化的内涵，南宫山是一座巫术之山、药材之山、清凉之山、美食之山（神仙豆腐）。

瀛湖因汉江而成，安康汉江码头是秦朝、汉朝"汉中郡"的重要驿站，承载了大统一汉文化的历史演变过程。因此，可以恢复码头文化园或建设码头博物馆，并且开通秦汉两朝"汉中郡"码头的夜间旅游游船，将"汉中郡"码头文化园或博物馆与瀛湖整体打造成 5A 级旅游景区，用"汉中郡"码头的文化内涵提升瀛湖的文化品牌，凸显安康城是一座历史久远的码头城市、是人类宜居的养生之城、是天南地北的美食城。

按照环保要求，"绿水青山就是金山银山"，将安康市的绿水青山转化为旅游胜地。将安康市平利县蒋家坪茶山打造成新的"绿水青山"教育基地，构建"安康城—蒋家坪教育基地—平利县城（或女娲山、龙头村）—关亚子楚长城（长安镇）"美丽乡村一日游，使田园风光与历史文化有机结合。

（3）重塑安康旅游形象标识语的文化特征，打响世界文化遗产品牌。安康母亲河汉江流淌着安康文化的历史。历史上，汉江与长江、淮河、黄河并列，称为江淮河汉，是汉文化的根基和源起。安康市位于汉江的中游，连接汉江两端秦国的汉中地和楚国的汉口地，是秦楚文化的结合部，也是重要的战略要地。秦惠文王更元十三年（公元前 312 年），秦"攻楚汉中（丹阳），取地六百里，置汉中郡，治西城（今安康城）"①。西城"汉中郡"的位置，恰好能从汉江水路和陆路（西城—房陵要道）防范住东边的楚国。至东汉续建后，汉朝空前强大，对外抵御匈奴，国内政治安定。东汉建武六年（30 年），西城"汉中郡"迁入南郑（今汉中市南郑区）②。安康"汉中郡"的历史，是安康汉水文化最灿烂的亮点，在"汉"文化中占有重要的地位，起到了承上启下、继往开来的作用。鉴于此，从整个汉水流域看安康城市旅游形象标识语，可以提出"汉水安康，秦汉郡城"。

安康城的码头连通了秦岭和大巴山南北古道：秦蜀古道（子午古道）、秦楚古道（义谷道），巴山盐道、陕南茶马古道。据考证，帝尧时期大巴山南坡的重庆巫溪大宁厂盐泉是巫咸国之地，被称为"巫咸古国，上古盐都"③。巫盐运往外地的方式，一是沿大宁河南下，将巫盐用小船载往长江再通过河流或陆路转运的方式至武陵山区的楚国；二是沿大宁河北上，将巫盐用人背马驮沿大宁河两岸的羊肠小道翻越鸡心岭运至关中的秦国，以及鄂西北的庸国、江汉的楚国。今天巴山盐道基本保存完好，安康市要与盐道相关省市共同申报世界文化遗产和自然遗产，争取早日进入《中国世界文化遗产预备名单》，让更多的人从另一

① 王浩远. 汉中古汉台遗址名实考[J]. 陕西理工大学学报（社会科学版），2020，38（6）：19-24.
② 王景元.【汉上钩沉】汉中的历史沿革[EB/OL]. 搜狐网. https://www.sohu.com/a/421125900_799711，2020-09-27.
③ 赵临龙. 基于中西部南北旅游大通道的"盐道文化"廊道的旅游发展[J]. 社会科学家，2019，（3）：97-105.

个角度认识大巴山。

　　大巴山的"自然国心"鸡心岭，正是巴山盐道的制高点。鸡心岭地处我国西北、西南、华中的交汇区，不仅是我国地理位置的"中心"，也是大自然的南北过渡带和分界线。2021 年鸡心岭入选重庆市第一批历史地名保护名录。安康全国地理"中心"区域，是历史上民间流动的移民之地，构成南腔北调的方言语系库；多元文化交流的民俗感受地；民间生活融合的南北饮食荟萃地。安康市旅游形象宣传的重要地理坐标"东西南北中，安康欢迎你"，将呈现安康这块神秘之地：安康全国的中心区域、大自然的南北分界带、天然的山水园林城市、环保生态环境的健康城、人类宜居之城、历史的移民之地、天南地北的饮食城、茶饮品的原产地、酒水的故乡、原生态的民歌之乡，汉江历史的水道、巴山神秘的盐道，构成多元文化的"和谐安康"。

　　"安康"吉祥，使安康市寓意为中国吉祥之地。2020 年 4 月 21 日，习近平总书记在新型冠状病毒肺炎疫情非常时期，来到安康市平利县考察调研，他深入社区、走进茶园、走访农户、来到学校，关心脱贫致富情况，了解小学生学习生活情况。习近平衷心希望父老乡亲们的生活像城市的名字一样：安康、平利，平安顺利。安康市要将"吉祥安康"作为城市的名片，将安康打造成平安顺利、幸福安康之地。

第20章 延安市旅游状况的分析与发展策略

延安位于陕西省北部，地处黄河中游，黄土高原的中南地区，是中华民族重要的发祥地，黄帝陵是天下第一陵、民族圣地，延安又是中国革命圣地，党中央和毛主席等老一辈革命家在这里生活战斗了十三个春秋，领导了抗日战争和解放战争，培育出延安精神。延安市的"三黄一圣"（黄帝陵、黄河壶口瀑布、黄土风情文化、革命圣地）享誉中外。截至2019年，延安市总面积37 037平方千米，常住人口225.57万人①。

延安有着"中国革命博物馆城"的美誉，是全国爱国主义、革命传统和延安精神三大教育基地。延安是国务院首批公布的国家历史文化名城，先后获得全国文明城市、国家卫生城市、国家森林城市、中国年度文化影响力城市、"畅游中国100城"、居家和社区养老服务改革试点地区，2019年中国地级市百强第48名。

20.1 延安市旅游状况的分析

20.1.1 延安市的优质旅游资源

延安市的优质旅游资源比较丰富，自然与人文并存。自然景观黄河壶口瀑布是国家级风景名胜区和国家地质公园，人文景观黄帝陵、延安革命纪念馆分别为国家级风景名胜区和国家一级博物馆，尤其是国家一级博物馆是中西部结合处地级市中少有的，而且这两个人文景观都是国家5A级旅游景区，2020年（山西临

---

① 延安13个区县最新人口排名：宝塔区50万最多，黄龙县5万最少[EB/OL]. 网易，https://www.163.com/dy/article/FVR9H5MV05447GWO.html，2021-01-08.

汾）黄河壶口瀑布被列入国家 5A 级旅游景区创建名单。截至 2019 年，在陕西十大优质旅游资源中延安市有 7 类（表 20.1）。

表 20.1　延安市优质旅游资源情况

地区	国家级风景名胜区	国家地质公园	国家历史文化名城	国家一级博物馆	5A 级旅游景区	国家自然保护区	国家森林公园
陕西	7	10	6	9	10	25	37
延安市	1.黄帝陵 2.黄河壶口瀑布（与山西共有）	1.黄河壶口瀑布（与山西共有） 2.延川黄河蛇曲 3.洛川黄土	1.延安	1.延安革命纪念馆	1.黄帝陵 2.延安革命纪念馆	1.黄龙山褐马鸡	1.黄龙山 2.黄陵 3.蟒头山 4.劳山 5.延安
占比	28.57%	30.00%	16.67%	11.11%	20.00%	4.00%	13.51%

20.1.2　延安的交通格局

延安市立体化的交通网络构建形成，公路纵向：西安—延安—靖边、渭南—宜川—延川—榆林；横向：霍州—延川—延安—吴起—定边—银川；临汾—宜川—富县—庆阳，构成"两纵两横"的网络，东西连接山西和甘肃、宁夏；铁路方面，西安—延安—包头或银川形成"Y"字形，连接西安与内蒙古和宁夏；航空方面，延安机场开通国内航线 22 条，通航全国 28 个城市，其中包括北京、上海等直辖市和省会城市 16 个。

2012 年 7 与 1 日，延安—西安动车开行，延安进入高铁时代。2020 年 1 月 9 日，延安—西安高铁开工建设，预计 2024 年修建完工通车，到时延安到西安 1 小时行程，包海高铁延安—榆林—包头即将进入开工修建阶段，延安将成为南北旅游大通道上重要的节点城市，迎来世界各地的旅客。

在《国家综合立体交通网规划纲要》中，构建"678"综合交通网主骨架，其中 6 条主轴中，有京津冀—成渝主轴过延安；8 条通道中，有福银通道过延安。

20.1.3　延安市的旅游效益分析

（1）延安市的旅游状况分析。延安市地区生产总值在小波动中逐渐增长，旅游效益逐年同步增长，而且旅游业发展态势前景看好。

从表 20.2 看，2011~2019 年延安市地区生产总值逐年增长至 2014 年，经历小波动后又于 2017 年开始持续增长，至 2019 年地区生产总值到达 1 663.89 亿元，年增长率为 6.7%。说明延安市目前国民经济生产发展从波动趋于平稳。

表 20.2　2011~2019 年延安市旅游效益与地区生产总值

年份	旅游总人数/万人次	同比	旅游综合收入/亿元	同比	生产总值/亿元	同比	旅游综合收入占生产总值比	入境旅游人数/万人次	旅游外汇收入/万美元
2011	2 050.0	41.3%	110.05	43.8%	1 113.35	11.0%	9.88%	12.01	908.5
2012	2 190.0	6.8%	118.0	7.2%	1 271.02	10.5%	9.28%	12.71	975.4
2013	2 847.7	30.0%	151.9	28.7%	1 354.14	6.5%	11.22%	6.90	660.9
2014	3 145.5	10.5%	171.8	13.1%	1 386.09	6.2%	12.39%	4.98	555.5
2015	3 500.8	11.3%	192.6	12.1%	1 198.63	1.7%	16.07%	3.52	405.8
2016	4 025.2	15.0%	228.0	18.4%	1 082.91	1.3%	21.05%	3.46	375.0
2017	5 059.0	25.7%	298.7	31.0%	1 266.39	7.6%	23.59%	3.95	380.0
2018	6 344.0	25.4%	410.7	37.5%	1 558.91	9.1%	26.35%	4.48	427.0
2019	7 308.0	15.2%	495.0	20.6%	1 663.89	6.7%	29.75%	4.57	440.0

资料来源：延安市国民经济和社会发展统计公报

2011~2019 年，延安市旅游总人数、旅游综合收入逐年同步增长，增速都保持较高水平，尤其是随着 2012 年西安—延安动车开通，2013 年旅游总人数、旅游综合收入分别同比增长 30.0%、28.7%，延安旅游综合收入占地区生产总值比逐步提升，到 2019 年，旅游综合收入占地区生产总值比接近 30%，旅游成为延安市经济发展的主导产业。

值得注意的是，2012 年以来，入境旅游人数由 2012 年的 12.71 万人次逐步下降到 2016 年的 3.46 万人次，从 2017 年开始，入境旅游人数又逐步回升到 2019 年的 4.57 万人次。这与航空交通有一定联系，1980 年延安民航站和航班运行整体搬迁至现在的延安南泥湾机场，2013 年 7 月延安南泥湾机场开始正式动工修建，2018 年 11 月 8 日延安南泥湾机场投入使用，2018 年延安南泥湾机场旅客吞吐量 38.65 万人次。

（2）延安市"十三五"旅游效益预测。《延安市国民经济和社会发展第十三个五年规划纲要》指出：到"十三五"末，接待游客达到 7 000 万人次，旅游综合收入达到 400 亿元。

按延安市 2011 年旅游总人数 2 050 万人次、旅游综合收入 110.05 亿元到 2019 年旅游总人数 7 308 万人次、旅游综合收入 495 亿元，年增长率分别是 17.22%、20.68%，理论上测算到"十三五"末延安市旅游效益，旅游总人数 8 552 万人次、旅游综合收入 594 亿元。

在 2018 年延安市旅游收入达到 410.7 亿元、2019 年延安市旅游总人数达到 7 308 万人次，已达到延安市"十三五"旅游效益指标。说明在"十四五"期间，延安市旅游发展维持"十三五"的发展水平，就可以取得较高的旅游效益。

20.2　延安市旅游发展的策略

20.2.1　延安市的优质旅游资源

（1）黄土地中的交通枢纽城市。延安市作为包海高铁重要的旅游节点城市：包头—延安—西安—重庆—贵州—南宁—北海—湛江—海口和西安—安康—张家界—桂林—湛江—海口，黄土地的文化特征，使"三黄一圣"成为南北旅游大通道的一大亮点。

在国家"八纵八横通道"高铁网中，青银通道（青岛—济南—石家庄—太原—银川高速铁路），涉及延安北部地区，在"八纵六横八连线"普通铁路网中，包湛线：包头—延安—西安—重庆—贵阳—南宁—北海—湛江，涉及延安南北中部地区。在"五纵七横"的公路网中，以包茂高速公路和满都拉—防城港国道为骨架形成南北快速通道经过延安市南北的中部地区。当前从延安乘坐动车到西安换乘高铁可以直达南宁，延安已成为南北旅游大通道中灿烂的亮点，更重要的是延安成为连接太原、呼和浩特、银川等城市的交通枢纽城市，是黄土高坡的红色宝塔。

在《国家综合立体交通网规划纲要》中，京津冀—成渝主轴：北京—石家庄—太原—延安—西安—重庆，福银通道：福州—南昌—武汉—西安—延安—包头等线路，经过延安。

（2）具有海内外影响力的红色旅游城市。延安作为国家历史文化名城，全球华人寻根拜祖的黄帝陵 5A 级景区，传承着华夏文化；中国革命成功的延安革命纪念馆 5A 级景区群：宝塔山景区（5A）、枣园革命旧址（5A）、杨家岭革命旧址（5A）、延安革命纪念馆（5A）、中共中央西北局旧址（5A）等红色景点，成为探索延安精神的重要基地。延安红色旅游资源是中国保存最完整、面积最大的革命遗址群，被授予"中国红色旅游景点景区"称号。

延安黄土地上的国家级风景名胜区黄河壶口瀑布、黄河蛇曲（乾坤湾）国家地质公园、洛川黄土国家地质公园等，勾画出这片土地上的自然景观，延安国家森林公园、黄龙山国家森林公园、黄陵国家森林公园、蟒头山国家森林公园、劳山国家森林公园等，呈现出塞北的绿色景象。中国最大的野生牡丹群，又是一派江南好风光，将伴随秦直道旅游通道走向世界。

（3）红色旅游引领下的教育基地。延安是陕甘宁边区首府，是中国红军长征的终点，延安成为中共中央的所在地，是抗日战争和解放战争的指挥中心和战略总后方，孕育出中国革命的延安精神。因此，延安又是全国爱国主义教育、革命传统教育和延安精神教育的三大教育基地。

延安既有中国延安干部学院，也有全国青少年延安革命传统教育基地。延安市各类革命遗址 2 000 余处，其中具有重大影响的革命遗址 445 处，仅宝塔区就有 130 处。目前形成延安红色教育培训基地：黄帝陵、延安革命纪念馆、宝塔山、抗大纪念馆、南泥湾、王家坪革命旧址、杨家岭革命旧址、枣园革命旧址、凤凰山革命旧址、陕甘宁边区政府礼堂旧址、中共中央西北局革命旧址、瓦窑堡革命旧址、瓦子街战役烈士陵园、"四·八"烈士陵园、梁家河等。

20.2.2　延安市旅游发展中的主要问题

（1）红色旅游交通辐射网还没有完全形成。在国家"八纵八横通道"高铁网中，纵向的包海高铁延安—西安段已开工建设，但延安—榆林段还没有全线开工，包头—榆林段也没有开工。

2021 年银川—西安高铁开通，而延安吴起县到甘肃环县 130 千米路程却不通高速公路，高速绕道 340 千米才能到达。这是未来延安与银川联系的主要通道。

延安作为有世界影响的重要城市，通往全国的航线已达二十多条，但至今没有开通国际航线，这影响到延安旅游城市的国际竞争力，影响到海外游客量。

（2）黄土高坡的生态旅游色调还不多彩。延安的生态基调为黄色，人文旅游的内涵是红色，延安也有国家森林公园的绿色。但延安旅游主打的是红色旅游，旅游景观突出的是黄土地，这就使延安旅游的色调显得单一，缺少丰富多彩的生态旅游元素。

巍巍宝塔山，滚滚延河水，宝塔山、延河水成为延安市的地标。今天，宝塔山依然巍巍，而延河水不再滚滚，失去延安母亲河汹涌的风采。

2009 年延安市境内的秦直道被考古发掘确认，至此关于秦直道的走向几乎已全部确认。2013 年秦直道遗址延安段与其他秦直道遗址共同被列为全国重点文物保护单位。延安市境内秦直道遗址穿越富县、甘泉、安塞、志丹 300 多千米，俗称"皇上路""圣人条"，与黄帝陵、中华民族圣地形成完美的统一。秦直道完全具有世界文化遗产的品质，但至今未启动秦直道世界文化遗产的申报。秦直道将给延安黄土地增添新的色彩。

（3）延安市国际化的城市地位需要急剧提升。延安是世界华人的圣地、中国革命的圣地。延安是具有世界影响力的品牌城市，但其世界地位并不高，而且在世界的影响力还在减退。2013 年延安市接待海外旅客 12.71 万人次，2016 年逐渐减退到 3.46 万人次，直到 2019 年也才恢复到 4.57 万人次，是 2012 年海外旅游人次的三分之一多点。

这首先在于延安缺少快捷方便的直达国际航线，其次与旅游的营销方式也有关系。对于黄帝陵世界品牌的打造，重点就是每年清明节的黄帝陵公祭活动，而日常的促销活动形式多样性不足，不利于华夏文化品牌的扩大宣传提升。

对于中国革命圣地的品牌的打造，重点突出爱国主义、革命传统和延安精神三大教育基地的学习参观，没有结合其他有教育意义的活动，围绕旅游优质资源建设，开展丰富多彩的活动，达到陶冶情操与生态文明建设双丰收。

2019 年中国地级市百强延安排名第 48 名。2019 年延安市实现地区生产总值 1 663.89 亿元，接待国内外旅游人数 7 308 万人次，其中海外旅游人数 4.57 万人次，实现旅游综合收入 495 亿元，其中外汇收入 440 万美元。

2019 年中国地级市百强排名第 47 名的是汕头市，2019 年汕头市地区生产总值 2 694.08 亿元，接待过夜游客 2 344.52 万人次，实现旅游总收入 568.38 亿元，其中国际游客 37.65 万人次，旅游外汇收入 21 001 万美元。

汕头市不论是地区生产总值，还是旅游总收入，以及旅游外汇收入都高于延安市，尤其是国际游客是延安市的 8.24 倍。延安市要在红色旅游与生态旅游相结合上加强研究，做到精神文明与物质文明的双丰收。

20.2.3　延安市旅游发展的建议

（1）构建现代交通网络线路巩固黄土地上的交通枢纽地位。在延安—西安高铁开工的基础上，全力推进延安—榆林高铁全线开工建设，与包海高铁沿线城市共同推动榆林—包头高铁开工建设，打通延安北上的快捷通道。

延安市要谋划吴起—甘肃环县高速公路的修建，构建延安—吴起—环县—银川高速公路+高铁通道，实现延安与甘肃、宁夏旅游的双向互动共赢。

在全国航线开通的基础上，延安要加快国际航线的开通，直达世界华人较多的城市，实现延安市—黄帝陵与世界华人区对接，也可以与省会城市西安采用联程方式，使中国革命圣地延安与其他国家旅游城市实现"零"换乘，从而提升延安旅游城市的国际影响力。

（2）发挥生态旅游的金山银山作用，推动绿色经济发展。延安精神是延安红色旅游的传统经典品牌，延安市在红色旅游推介中，一定要做到精神文明与物质文明的协调统一，干部培训学习与实地调研相结合、学生思想教育与科普旅游相结合，寓思想教育于旅游，旅游反哺思想教育。今天，生态文明是引领旅游发展的行动指南，绿水青山就是金山银山。

延安市红色旅游发展，要做到绿色环境保护，并且结合绿色经济，综合开展人文与自然旅游项目的融合，全面推动黄土地上的绿色延安兴起。

对于延安的地标延河，开展延河河道清理工作，并且可以通过橡胶坝工程，再现"巍巍宝塔山，滚滚延河水"的情景，形成绿水青山的延安市。

延安要将山川秀美工程融入红色旅游之中，山川秀美工程本身就是思想教育，是生态文明的重要内容。例如，祭拜黄帝陵，就可以欣赏黄陵国家森林公园的绿色世界，享受延安市的生态环境保护成果；参观南泥湾展览馆，就可以参观现代绿色农业产业，重塑南泥湾"陕北的好江南"；聆听国家非物质文化《木兰传说故事》时，就可以到花木兰故里延安万花山观赏全国最大的野生牡丹群，留下延安"绿色"印象；对于延安城区内的教育基地学习参观，也可以结合延安国家森林公园，感受绿水青山的新延安，等等。

延安要充分利用国家地理标志商标品牌"延安苹果""洛川苹果""延川红枣""黄龙核桃""子长洋芋"等，开展绿色农业观光旅游，通过生态农家乐、生态采摘园、林下经济等产业，增添延安红色旅游的绿色色调，并且通过品尝退耕还林的丰收成果，感受新农村建设的新景象。

通过国家地理标志商标品牌，开发延安美食，打造延安美食城。例如，用国家地理标志商标品牌"子长洋芋"，打造延安名食"风味洋芋擦擦"，也可以用地方特色食材，打造延安的特色菜"陕北大烩菜"等；并且用国家非物质文化"陕北民歌"，推介延安的小吃。例如，用民歌《山丹丹花开红艳艳》，打造山丹丹花名菜、用歌词中的"热腾腾油糕摆上桌，滚滚的米酒快给亲人喝"，推出延安的地方小吃油糕和地方酒。

同时，将国家非物质文化：黄帝陵祭典、安塞腰鼓、宜川胸鼓、洛川蹩鼓、陕北说书、陕北民歌、陕北道情、延川剪纸、安塞剪纸、陕北窑洞营造技艺、黄陵面花等资源进行文旅融合，扩充《红色延安》印象剧的要素，用民俗民风烘托延安精神的亮点，提升延安旅游的文化内涵。

（3）打造华夏圣地，建设红色旅游的国际知名城市。首先，延安国际知名城市的打造，在于华夏圣地——黄帝陵品牌的打造，结合每年清明节的黄帝陵公祭活动，开展世界性的"轩辕黄帝文化国际论坛"，传承和弘扬黄帝陵文化核心思想、中华优秀传统文化，扩大和提升黄帝故里世界华人寻根拜祖圣地的影响力，弘扬和宣传中华民族精神家园的地位和作用，丰富延安三大基地教育的内涵。

其次，延安市要与秦直道沿线的省区市共同申报秦直道世界文化遗产，尽快将秦直道遗址列入《中国世界文化遗产预备名单》，加快秦直道遗址申报世界文化遗产的工作进程。通过世界文化遗产品牌，提升延安旅游城市的国际影响力。

最后，延安市在城市建设方面，要有世界的眼光，在突出民族特色的基础上，并且在不破坏生态环境的条件下，建设绿水青山园林生态城市，形成快捷方便的交通网络、干净漂亮的卫生街区、山水融合的森林城市、服务周到的国际城市。

第 21 章　鄂尔多斯市旅游状况的分析与发展策略

　　鄂尔多斯市位于内蒙古自治区西南部，地处鄂尔多斯高原腹地，鄂尔多斯蒙古语意为"众多的宫殿"。鄂尔多斯市是呼包鄂城市群的中心城市，被内蒙古自治区政府定位为省域副中心城市之一，是中国最佳民族风情旅游城市。截至 2021 年，鄂尔多斯市总面积 8.7 万平方千米，常住人口 216.84 万人[①]。

　　鄂尔多斯历史悠久，早在 14 万年前，"河套人"就在鄂尔多斯的萨拉乌苏河（又名无定河、红柳河）流域繁衍生息，创造了著名的古代"鄂尔多斯"文化，史称"河套人文化"。鄂尔多斯是我国改革开放以来的 18 个典型地区之一，鄂尔多斯市先后荣获国家森林城市、国家生态园林城市、全国文明城市、国家卫生城市、中国优秀旅游城市、中国最佳生态旅游城市、中国最具创新力城市。鄂尔多斯市获得荣誉：2017 年中国特色魅力城市 200 强，2018 年度中国十大最具活力休闲城市，入选中国城市全面小康指数前 100 名；2019 年中国地级市百强第 32 名，中国百强城市排行榜第 46 名等。

21.1　鄂尔多斯市旅游状况的分析

21.1.1　鄂尔多斯市的优质旅游资源

　　鄂尔多斯市的旅游资源特点是自然与人文并存。自然景观响沙湾旅游景区和人文景观成吉思汗陵旅游景区都为 5A 级旅游景区，占内蒙古 5A 级旅游景区总数

---

　　① 鄂尔多斯，一座神奇的城市[EB/OL]. 左耳可日月财经，https://baijiahao.baidu.com/s?id=1735169620460181200&wfr=spider&for=pc，2022-06-09.

的三分之一，尤其是鄂尔多斯博物馆为内蒙古两个国家一级博物馆中的一个，是中西部结合处地级市中少有的优质旅游资源。截至 2019 年，鄂尔多斯市在内蒙古十大优质旅游资源中有 6 类（表 21.1）。

表 21.1　鄂尔多斯市优质旅游资源情况

地区	国家地质公园	国家级水利风景区	国家一级博物馆	5A 级旅游景区	国家自然保护区	国家森林公园
内蒙古	12	27	2	6	30	35
鄂尔多斯市	1.鄂尔多斯	1.鄂尔多斯砒砂岩 2.鄂尔多斯沙漠大峡谷 3.杭锦旗七星湖沙漠 4.鄂尔多斯巴图湾	1.鄂尔多斯博物馆	1.成吉思汗陵 2.响沙湾	1.西鄂尔多斯 2.鄂托克恐龙遗迹化石 3.鄂尔多斯遗鸥	1.成吉思汗
占比	8.33%	14.81%	50.00%	33.33%	10.00%	2.86%

21.1.2　鄂尔多斯市的交通格局

鄂尔多斯市立体化的交通网络形成，其中高速公路和铁路"十"字形构架形成，东西方向：北京—鄂尔多斯—银川，南北方向：包头—西安。鄂尔多斯交通工具以公路、铁路为主，并且航空优势较强，直达俄罗斯和东南亚 4 国 6 个城市。

2016 年 5 月 15 日，鄂尔多斯—呼和浩特动车开行，鄂尔多斯进入高铁时代。"十四五"期间包头—鄂尔多斯—榆林高铁将开工修建。

截至 2019 年，鄂尔多斯市公路总里程 24 239 千米，其中高速公路里程 1 266 千米，公路网密度为 27.9 千米/百平方千米，公路客运量 560.2 万人次；铁路通车里程达 2 550 千米，铁路客运量 378.1 万人次；鄂尔多斯机场全年共营运航线 56 条，通航城市 60 个，民航旅客吞吐量 269.6 万人次。

在《国家综合立体交通网规划纲要》中，构建"678"综合交通网主骨架，其中 7 条走廊之一的京藏走廊、8 条通道之一的福银通道都过鄂尔多斯等线路。

21.1.3　鄂尔多斯市的旅游效益分析

（1）鄂尔多斯市的旅游状况分析。鄂尔多斯市地区生产总值经过下滑后进入平稳期，旅游效益逐渐同步增长，而且旅游业发展态势前景看好。

从表 21.2 看，2011~2015 年鄂尔多斯市地区生产总值逐年增长，但后来由于煤矿的衰落和房地产的下滑，2016 年鄂尔多斯市地区生产总值出现下滑趋势，2017 年地区生产总值为 3 579.8 亿元，至 2019 年地区生产总值为 3 605 亿元。说明鄂尔多斯市国民经济生产发展将进入平稳期。

表 21.2　2011~2019 年鄂尔多斯市旅游效益与地区生产总值

年份	旅游总人数/万人次	同比	海外旅游人数/万人次	旅游综合收入/亿元	同比	生产总值/亿元	同比	旅游综合收入占生产总值比
2011	506.3	13.8%	3.2	95.0	17.2%	3 218.5	15.1%	2.95%
2012	592.91	17.1%	3.4	125.4	32.0%	3 656.8	13.6%	3.43%
2013	650.7	9.7%	3.1	152.4	21.5%	3 955.9	8.2%	3.85%
2014	751.2	15.4%	3.1	197.1	29.3%	4 162.2	5.2%	4.74%
2015	868.3	15.6%	3.2	255.9	29.8%	4 226.1	1.5%	6.06%
2016	1 040.6	19.8%	3.3	313.9	22.7%	4 417.9	4.5%	7.11%
2017	1 228.6	18.1%	3.4	378.3	20.5%	3 579.8	−18.97%	10.57%
2018	1 453.8	18.3%	3.5	441.3	16.7%	3 763.2	5.1%	11.73%
2019	1 736.0	19.4%	5.7	508.0	15.1%	3 605.0	−4.2%	14.09%

资料来源：鄂尔多斯市国民经济和社会发展统计公报

2011~2019 年，鄂尔多斯市旅游总人数、旅游综合收入都是逐年同步增长，增速都保持较高水平，2019 年旅游总人数、旅游综合收入同比分别增长 19.4%、15.1%；海外旅游人数稳定在 3 万人次以上，至 2019 年达到 5.7 万人次，旅游收入占地区生产总值比重逐步提升，到 2019 年，旅游综合收入占地区生产总值比重达 14.09%，旅游成为鄂尔多斯市经济发展的支柱产业，但并没有成为重要的主导产业。鄂尔多斯市作为能源基地，工业产值更加强劲。

值得注意的是，2016 年 5 月鄂尔多斯—呼和浩特动车开通，当年地区生产总值达到最高 4 417.9 亿元，随后出现下降趋势，2019 年地区生产总值为 3 605.0 亿元，这主要是受我国煤炭行业整体效益下滑的影响。但，这又为旅游朝阳产业的发展提供了前景。

（2）鄂尔多斯市"十三五"旅游效益预测。《鄂尔多斯市旅游业"十三五"规划》指出：到"十三五"末，接待游客达到 2 200 万人次，旅游综合收入达到 750 亿元，旅游总收入占全市地区生产总值 12% 左右，旅游业成为支柱性产业[①]。

按鄂尔多斯市 2011 年旅游人数 506.3 万人次、旅游综合收入 95 亿元到 2019 年旅游人数 1 736 万人次、旅游综合收入 508 亿元，年增长率分别是 16.65%、

---

① 《鄂尔多斯市旅游业"十三五"规划》出台[EB/OL]. 搜狐网，https://www.sohu.com/a/126759216_557014，2017-02-20.

23.32%，理论上测算到"十三五"末鄂尔多斯市旅游效益，旅游人数 2 025 万人次、旅游综合收入 626 亿元，旅游总收入占全市地区生产总值的 16%。

"十三五"末鄂尔多斯市旅游效益预测值中，旅游总收入占全市地区生产总值的比重超出规划值，而旅游人数、旅游综合收入低于规划值。

《鄂尔多斯市建设旅游休闲城市实施方案（2021-2025 年）》指出：力争到 2025 年，全市游客接待量突破 2 300 万人次，旅游收入突破 650 亿元。

表明鄂尔多斯市在"十四五"旅游发展中，在 2019 年基础上，游客年平均增长率应保持 6%，旅游收入年平均增长率应保持 5.5%，就可实现"十四五"规划目标。

21.2　鄂尔多斯市旅游发展的策略

21.2.1　鄂尔多斯市的优质旅游资源

（1）沙漠中的旅游交通枢纽城市。在国家"八纵八横通道"高铁网中，经过鄂尔多斯的线路有，包（银）海高铁：包头—鄂尔多斯—西安—重庆—贵州—南宁—北海—湛江—海口和包海高铁直线：包头—鄂尔多斯—西安—张家界—桂林—湛江—海口。在"八纵六横"普通铁路网中，经过鄂尔多斯的铁路有包湛线：包头—鄂尔多斯—西安—重庆—贵阳—南宁—北海—湛江。在"五纵七横"的公路网中，高速公路 G65（包头—茂名）和国道 210（满都拉—防城港）构成公路骨架贯穿鄂尔多斯市南北的中部地区。鄂尔多斯市已成为南北旅游大通道的草原文化和沙漠文化耀眼之星，鄂尔多斯市成为连接呼和浩特与银川、包头与西安等省会城市的交通枢纽城市，为北疆中的一代天骄圣地。

"十四五"期间包头—鄂尔多斯—榆林高铁将开工修建，未来鄂尔多斯市会随着包海高铁走向全国各地。鄂尔多斯机场通航国内 60 个城市。2017 年开通国际航线，直达俄罗斯莫斯科、叶卡捷琳堡和伊尔库茨克，以及越南芽庄、曼谷素万那普、印度尼西亚巴淡岛等 6 大旅游城市，使鄂尔多斯成为具有世界影响力的城市。

在《国家综合立体交通网规划纲要》中，京藏走廊：北京—呼和浩特（石家庄—太原）—鄂尔多斯—银川—兰州—西宁—拉萨—亚东，福银通道：福州—南昌—武汉—西安—包头等线路，连接鄂尔多斯与我国的东南沿海地区和西南山川之地。

（2）人文底蕴深厚的草原城市。鄂尔多斯市作为中国优秀旅游城市，5A 级旅游景区成吉思汗陵，国家一级博物馆鄂尔多斯博物馆，突出了以"一代天骄"

成吉思汗陵为代表的蒙古民族特色文化品牌，使鄂尔多斯市成为中国最佳民族风情旅游城市。

5A 级旅游景区响沙湾是大漠边关的一颗耀眼之星，鄂尔多斯国家地质公园、鄂尔多斯沙漠大峡谷国家级水利风景区、成吉思汗国家森林公园等自然风貌，使鄂尔多斯成为国家森林城市、全国生态园林城市、中国最佳生态旅游城市、中国十大最具活力休闲城市。

（3）蒙古民族特色鲜明的旅游胜地。鄂尔多斯市作为中国最佳民族风情旅游城市，蒙古民族特色文化品牌是鄂尔多斯市亮丽的名片，尤其是"一代天骄"成吉思汗是蒙古族文化乃至草原文化的杰出代表人物。

国家级非物质文化遗产成吉思汗传统祭典，是蒙古民族原始文化的集中体现、鄂尔多斯祭祀文化的经典，是举世瞩目的蒙古族传统文化经典。苏力德在蒙古语中有吉祥、崇高、和谐、团结、祥和之意，国家级非物质文化遗产察干苏力德祭，为成吉思汗建立"大蒙古国"后而开展的国家象征的庆典活动，是民族文化宝库中的璀璨瑰宝。

国家级非物质文化遗产鄂尔多斯婚礼是集民俗礼仪、民间歌舞、传统祝颂、民族服饰、特色饮食于一体的民俗礼仪活动，显示出鄂尔多斯蒙古民族民俗文化的魅力。

鄂尔多斯"一代天骄"之地是蒙古民族历史文化的神圣摇篮，中华民族优秀的文化宝库。

21.2.2　鄂尔多斯市旅游发展中的主要问题

（1）"天骄之旅"交通网还没有完全形成。鄂尔多斯市形成了"十"字形的交通网，是连接西安、银川、呼和浩特，以及蒙古国的重要交通枢纽，有力地推动了"一代天骄"国际旅游品牌的打造。

目前，包海高铁：包头—鄂尔多斯—延安段还没有开工，同时普通铁路包头—鄂尔多斯动车也没有开行，更重要的是"十"字形的交通网，鄂尔多斯—乌海市（—银川）没有直达铁路，需要北上包头换乘列车才能到达内蒙古的乌海市，高速公路需 360 千米行程，凸显这"一"横的交通弱点。

"一代天骄"成吉思汗作为蒙古民族的英雄，得到全球蒙古民族的尊敬和拜祭。从我国满都拉口岸至蒙古国的铁路还没有开工修建，这对鄂尔多斯打造具有世界影响力的城市有一定影响。

（2）"草原+沙漠"的生态旅游还需完善。鄂尔多斯市有两个国家 5A 级旅游景区：成吉思汗陵、响沙湾，作为人文与自然景观，凸显草原、沙漠的旅游特色，并且彰显蒙古民族特色文化品牌，使鄂尔多斯市成为中国最佳民族风情旅游城市。

草原、沙漠既是鄂尔多斯的特色优势；同时也是劣势，人们谈到沙漠，就想到黄土飞扬满天的沙尘。但今日的鄂尔多斯经过天然林保护、退耕还林、"三北"防护林、防沙治沙示范区等国家林业重点工程建设，其森林资源面积达到了 3 480 万亩，森林覆盖率达到 26.7%，形成了沙漠中的"绿洲"。这些"绿色世界"还没有在保护的前提下得到充分利用，没有成为鄂尔多斯绿色旅游的重要产品，这不利于鄂尔多斯多彩旅游的形象塑造。

（3）鄂尔多斯市国际旅游城市影响力还需提升。鄂尔多斯"一代天骄"之地是蒙古民族历史文化的神圣摇篮，其世界性蒙古民族文化品牌的影响力正在彰显。2014 年来，鄂尔多斯市国际游客开始上升，至 2019 年达到 5.7 万人次，但与其他旅游城市相比，境外游客数量还有差距。

2019 年中国百强城市排行榜鄂尔多斯排名第 46 名，地区生产总值 3 605 亿元，接待国内外游客 1 736 万人次，其中国际游客 5.7 万人次，实现旅游总收入 508 亿元。

2019 年中国百强城市排行榜扬州市排名第 45 名，地区生产总值 5 850.08 亿元，接待过夜游客 7 747.07 万人次，其中国际游客 7.96 万人次，实现旅游总收入 996.33 亿元，其中旅游外汇收入 8 548.21 万美元。

扬州市不论是地区生产总值，还是旅游总收入、国际游客数量都高于鄂尔多斯市，尤其是国际游客数量是鄂尔多斯市的 1.4 倍。这首先在于鄂尔多斯与蒙古国的快捷交通线没有建立，其次与旅游的营销方式也有关系。对于国家级非物质文化遗产成吉思汗传统祭典、察干苏力德祭祀品牌的打造，重点突出祭祀活动，缺少打造世界品牌的举措。扬州市利用"大运河"品牌，开展世界运河大会暨世界运河城市论坛，从饮食文化到生活文化都荣获"世界美食之都""东亚文化之都"称号，极大地提升了其国际影响力。

21.2.3　鄂尔多斯市旅游发展的建议

（1）构建具有国际性的"天骄之旅"交通网。鄂尔多斯市"十"字形的交通网的形成，首先要将普通铁路：包头—鄂尔多斯—延安和鄂尔多斯—乌海市，提升到开通动车的条件，使鄂尔多斯成为连接西安、银川、呼和浩特的重要交通枢纽城市。

其次，推动包海高铁：包头—鄂尔多斯—延安段尽快开工，实现南北旅游大通道的贯通，突出鄂尔多斯在旅游大通道上的特色及其地位。

最后，与包头市一道推动满都拉口岸至蒙古国的铁路开工修建，使"一代天骄"成吉思汗陵成为全球蒙古民族拜祭地。同时，开通鄂尔多斯市—蒙古国乌兰巴托国际航线，推动草原丝绸之路的形成。

（2）充实绿色生态产业的草原沙漠旅游品牌。鄂尔多斯市作为沙漠绿洲中的旅游城市，有草原、沙漠两大旅游特色，在蒙古民族特色文化品牌影响下，鄂尔多斯市成为中国最佳民族风情旅游城市。

鄂尔多斯市在沙漠绿化工程中取得骄人成绩。开展"沙里淘金"的种植模式，种植甘草、土豆、花生、西瓜、葡萄等，并且种植沙棘、山杏、红枣、桑葚等绿色经济林，形成高原圣果、高原杏仁露、蒙枣等一批林业产业化龙头企业，成为带动生态建设、农牧民增收的绿色产业。2013年获得国家最高绿化荣誉"全国绿化模范城市"，2018年鄂尔多斯的库布齐沙漠亿利生态示范区获评全国"绿水青山就是金山银山"实践创新基地，为世界防治荒漠化开出了"中国良方"。

因此，鄂尔多斯市在打造草原、沙漠两大旅游特色的同时，在坚持保护生态环境的前提下，可以将绿洲作为一大优势，构建"草原+沙漠+绿洲"新景象，并且将沙漠中的农产品融入沙漠绿洲旅游中，使其成为草原饮食文化中的绿色食品。

鄂尔多斯成吉思汗国家森林公园森林总面积386平方千米、森林覆盖率达53%，种植植物300余种。公园与美丽富饶的巴音昌呼格草原连为一体，其中成吉思汗陵园国家5A级旅游景区坐落其中，形成独特的草原风光和人文景观，成为品尝鄂尔多斯美食，观看鄂尔多斯婚礼，欣赏七旗会盟表演的综合旅游景区。鄂尔多斯要将成吉思汗国家森林公园与成吉思汗陵园国家5A级旅游景区整体打包一同打造成新的国家5A级旅游景区，构建"草原+沙漠+绿洲"旅游新景象。

以优质旅游资源品牌创建为抓手，将伊金霍洛镇等打造成国家历史文化名镇名村，充分发挥鄂尔多斯地理位置和气候特色优势，打造北方草原"避暑休闲之地"。

（3）塑造沙漠绿洲的国际旅游城市新形象。鄂尔多斯国际旅游城市新形象的树立，首先突出城市的绿化，营造沙漠中的绿洲，形成"草原+沙漠+绿洲"景象。

其次对于国家级非物质文化遗产成吉思汗传统祭典、察干苏力德祭祀品牌的打造，要结合祭祀活动，开展世界性的"一代天骄与蒙古民族文化国际论坛"，传承和弘扬具有蒙古民族文化核心思想的中华优秀传统文化，扩大和提升一代天骄故里蒙古民族传统祭典的影响力。

同时，结合"国际论坛"开展"国际文化艺术节"交流活动，用以国家级非物质文化遗产"鄂尔多斯婚礼"为代表的蒙古民族的艺术表演，彰显蒙古民族民俗文化的魅力，扩大鄂尔多斯市的国际影响力，增加海外旅游效益。

将成吉思汗传统祭典、察干苏力德祭祀统一打包，形成蒙古民族的祭祀品牌，申报世界文化遗产，提升鄂尔多斯旅游城市的国际影响力。

第 22 章 满都拉口岸旅游状况的分析 与发展策略

满都拉镇位于内蒙古包头市达尔罕茂明安联合旗东北部，北与蒙古国接壤，是一个以畜牧业为主的边境乡镇，也是达茂旗牧民群众最多的一个乡镇。满都拉口岸位于中蒙边境 757 界碑处，距满都拉镇 20 千米，距达茂旗政府所在地百灵庙镇 136 千米，距呼和浩特市 288 千米，距包头市 290 千米，是距内蒙古首府呼和浩特市和包头市最近的陆路口岸。截至 2019 年，满都拉镇总面积 6 003 平方千米，总户数 6 091 户，户籍总人口 17 836 人①。

满都拉口岸是中国连接蒙古国、俄罗斯乃至东欧的重要贸易通道和向北开放的前沿要地，是"一带一路"草原丝绸之路的重要关口，是我国南北旅游大通道中陆地唯一直通的国家口岸。满都拉口岸蒙方对应口岸为蒙古国东戈壁省哈登宝勒格县杭吉口岸，距东戈壁省哈登宝勒格县约 60 千米，距蒙古国珠巴音火车站约213 千米，距乌兰巴托约 500 千米。满都拉镇 2004 年被列入全国重点建设城镇，2019 年度为"全国综合实力千强镇"。

22.1 满都拉口岸旅游状况的分析

22.1.1 满都拉口岸的优质旅游资源

满都拉口岸作为南北旅游大通道唯一的陆路国际口岸，不仅是中蒙两国边境贸易的重要通道，在口岸可以看到国门、界碑、边境线等，也是边境口岸欣赏异

---

① 满都拉[EB/OL]. 百度百科，https://baike.baidu.com/item/%E6%BB%A1%E9%83%BD%E6%8B%89/3382915?fr=aladdin.

国风情的旅游胜地。

在包头市旅游业发展中，提出打造草原口岸旅游线：包头市区—秦长城—白云鄂博—满都拉口岸—希拉穆仁草原。不断提升满都拉的旅游地位，将满都拉打造成充满异国风情的旅游小镇。在内蒙古旅游业发展规划中，提出"万里茶道"旅游线路：福建武夷山—内蒙古—蒙古国—俄罗斯，并且提出将满都拉口岸打造成到蒙古国、俄罗斯，进而到达欧洲的"万里茶道"的关键节点，凸显满都拉国际口岸的旅游价值。2014年满都拉口岸旅游区被批准为国家AA级旅游景区，显示出满都拉口岸良好的旅游发展前景。

22.1.2　满都拉口岸的交通格局

满都拉作为我国重要的陆路口岸，显示出其独特的地位。国道210以满都拉为北起点南至北部湾的防城港，形成南北公路通道。满都拉至包头高速公路的延伸线与包茂高速公路直通我国南方。

2020年，满都拉铁路完工，连线直通包头。目前，包头—白云鄂博列车客运运营，白云鄂博—巴音花—满都拉列车线路开通。满都拉至蒙古国珠巴音铁路修建项目正在积极推进。

在《国家综合立体交通网规划纲要》中，构建"678"综合交通网主骨架，其中7条走廊中的京藏走廊和8条通道中的福银通道都在包头市连接满都拉。

22.1.3　满都拉口岸的经济效益分析

1992年，自治区政府批准开通满都拉二类季节性公路口岸，2009年2月，国务院同意满都拉口岸对外开放，2015年11月28日，满都拉口岸正式实现常年开放。

满都拉口岸经济状况分析。2015年满都拉口岸正式实现常年开放，满都拉口岸成为我国开放的重要前沿要地，成为"一带一路"发展中的亮点，经济效益逐步显示出来。

2015~2019年，满都拉口岸累计进出口货物量基本稳步增长，由2015年的23.87万吨，到2019年的312.17万吨增加了12倍；进出口贸易由2015年的1亿元到2019年的18.1亿元增加了17倍（表22.1），显示出满都拉口岸发展的前景。

表 22.1　2015~2019 年满都拉口岸经济效益情况

年份	累计进出口货物/万吨	同比	进出口贸易/亿元	同比	累计出入境人员/人次	同比	出入境车辆/辆次	同比
2015	23.87		1.00		70 000		22 000	

续表

年份	累计进出口货物/万吨	同比	进出口贸易/亿元	同比	累计出入境人员/人次	同比	出入境车辆/辆次	同比
2016	80.1	235.57%	3.17	217%	87 700	25.29%	32 000	45.45%
2017	226.12	182.30%	11.03	247.95%	99 553	13.51%	47 133	47.29%
2018	312.2	38.07%	15.66	41.98%	81 085	−18.55%	40 718	−13.61%
2019	312.17	−0.0096%	18.10	15.58%	57 978	−28.50%	32 122	−21.11%

资料来源：内蒙古达茂联合旗政府网页

2017 年中蒙两国发展进入新时代，5 月 12 日至 15 日，蒙古总理额尔登巴特率团赴华出席"一带一路"国际合作高峰论坛，习近平主席、李克强总理等中国领导人同其会晤，双方签署启动双边自贸协定联合可研的备忘录。9 月 26 日至 30 日，第二届中蒙博览会在呼和浩特市成功举办，博览会以"建设中蒙俄经济走廊，面向全球合作共赢"为主题，推动口岸走廊经济发展。2017 年满都拉口岸累计出入境人员人次、出入境车辆辆次均达到 5 年的新高。

22.2　满都拉口岸旅游发展的策略

22.2.1　满都拉口岸的优质旅游资源

（1）满都拉口岸的异国风情是吸引游客的独特亮点。满都拉口岸作为中国南北旅游大通道上唯一的陆地国际口岸，作为内蒙古自治区旅游发展"万里茶道"的重要节点，使中国南北旅游大通道与蒙古国的"草原之路"实现有效对接，有利于在"一带一路"引领下构建中国中西部南北旅游大通道国际精品旅游线。

满都拉口岸不仅是中蒙两国边境贸易的重要通道，也是边境口岸欣赏异国风情的旅游胜地，而且在满都拉口岸可以仰望国门、俯视界碑、游览边防站，以及游览蒙古民族风情景观等。

2016 年满都拉口岸全年进出口货物 80.1 万吨，上交税额 0.22 亿元，位列中国对蒙古国开放的 10 个口岸中的第 4 位。2019 年满都拉口岸累计进出口货物 312.17 万吨，完成进出口贸易额 18.10 亿元，说明满都拉口岸具有良好的发展前景。

（2）满都拉口岸的陆路交通网络具备旅游出行的条件。满都拉口岸已经成为国家 AA 级旅游景区，显示出旅游发展的前景。满都拉口岸陆路旅游交通网络形成，公路以国道 210（满都拉—防城港）和包茂高速公路为构架，形成南北公路通道。满都拉到包头铁路已贯通，满都拉至蒙古国珠巴音铁路正在积极推进。

在《国家综合立体交通网规划纲要》中，京藏走廊：北京—呼和浩特（石家庄—太原）—包头—银川—兰州—西宁—拉萨—亚东，福银通道：福州—南昌—武汉—西安—鄂尔多斯—包头等线路，将沙漠边关满都拉与我国的东南沿海地区和西南绿水青山之地连接起来。

22.2.2　满都拉口岸旅游发展中的主要问题

（1）满都拉口岸自由行的交通条件还需完善。满都拉连接包头的公路和铁路都已贯通，而且公路为等级公路。但由于满都拉口岸为新型的旅游目的地，目前旅游旅客还不是很多。

旅游城市呼和浩特市和包头市没有直达满都拉口岸的客运列车和巴士客运，旅客若想去只能靠私家车，一般旅客难以到达满都拉口岸。从呼和浩特市或包头市至满都拉口岸往返行程约 600 千米，返回达茂旗的行程约 450 千米，从达茂旗至满都拉口岸的沿途没有其他旅游辅助项目，旅客需要一鼓作气完成全程旅行，还真是一次旅行挑战。

（2）满都拉口岸国际旅游观光的条件还需提升。2015 年满都拉口岸被提升为常年开放口岸后，边贸效益不断增加。旅游环境也逐步得到改善，满都拉口岸游客中心得到进一步完善，围绕跨境游，开发出满都拉—蒙古国杭吉—陶林宝勒格—额日格林召—哈腾宝勒格的旅游线路，并且通过"万里茶道和平友谊年轻的使者"交流活动，打造满都拉旅游节点城市。

满都拉镇作为总人口只有 1 700 多人的小镇，旅游业刚刚起步，还难以达到"吃、住、行、游、购、娱"旅游六要素的要求，加之从国内没有直达满都拉口岸的列车和巴士客运专线，一般旅客难以到达满都拉口岸进行自由行旅游。

22.2.3　满都拉口岸旅游发展的建议

（1）依托"一带一路"打造满都拉国际旅游口岸形象。首先，加大满都拉口岸城市的宣传，通过"一带一路"的草原丝绸之路起点、"万里茶道"的节点、南北旅游大通道北方端点，逐步推出满都拉异国风情旅游目的地，并且可以结合"一带一路"国际合作高峰论坛，提升满都拉的国际知名度。

在包头—白云鄂博列车客运开通的基础上，推出白云鄂博—满都拉的公路旅游专线连接车，保证旅客自由通行。在旅游旺季，推出呼和浩特（包头）—希拉穆仁草原—达茂旗—白云鄂博—满都拉的旅游公路专线车，或开行呼和浩特—包头—白云鄂博—满都拉的旅游专列。

同时，促使满都拉口岸至蒙古国赛音山达段铁路、蒙古国杭吉口岸至赛音山达市等级公路尽早开工建设，早日实现满都拉—赛音山达市一日游、呼和浩特（包头）—满都拉—乌兰巴托三日游。

按照国际旅游口岸标准，高起点规划和建设满都拉国际旅游口岸，使其成为草原上一颗具有蒙古民族特色的耀眼明珠。通过城镇化建设，将满都拉口岸周边人口集中地：满都拉镇（0.2 万人）、巴音花镇（0.3 万人）、白云鄂博县级矿区（2.6 万人）合并组建为满都拉市（县级市），并且通过相关优惠政策吸引各种人员，逐步将满都拉口岸打造成该地区政治、经济、文化、人员往来的中心，使满都拉口岸达到国际旅游口岸标准。

（2）以交通旅游景点丰富满都拉口岸异国风情游。首先，研究和挖掘从达茂旗至满都拉口岸长达 150 千米路程中的人文资源，并且逐步将它们打造成旅游景观，使旅客在长途旅行中领略草原自然风光，同时体验草原文化的魅力。

从包头经达茂旗至满都拉口岸通向蒙古国的乌兰巴托，正是历史上草原丝绸之路的"驼道"。驼道沿途的驿站不仅是商人休息和交流的场所，还蕴藏着丰富的文化，位于百灵庙东北约 28 千米处的敖伦苏木古城，是蒙古高原上仅次于元上都的第二大城池，是欧洲文明传入东方和中原文明传入中亚的重要城市，具有丰富的旅游文化价值。

哈布图·哈萨尔祭奠堂位于达茂旗西部新宝力格苏木草原深处的查干少荣山。哈萨尔为成吉思汗同母弟，从少年时就跟随成吉思汗，为蒙古帝国的建立立下了丰功伟绩，堪称蒙古民族历史上伟大的政治家和军事家。哈布图·哈萨尔祭奠堂记载了成吉思汗和哈布图·哈萨尔的传奇故事，是研究蒙古帝国创立的重要地理资料。

历代长城都是人们感兴趣的旅游资源。达茂旗汉长城北线所建的障城（作为长城防御体系的重要部分，偏筑于长城之内），其中地势险要的苏木图障城（白云矿区东北），雄伟壮观保存较为完整，是难得的旅游景观。

草原英雄小姐妹的感人故事发生在白云鄂博火车站附近，这些都是展现蒙古民族特色文化"集体主义精神"的重要载体。

还有百灵庙暴动和百灵庙战役的红色教育。1936 年 2 月 21 日 22 时整，面对日本帝国主义"征服中国必先征服满蒙"的罪恶计划，中共西蒙工委书记乌兰夫等领导，在达茂旗百灵庙组织领导蒙政会保安队中的千余名爱国士兵举行了武装暴动，蒙古民族打响了抗日救国的第一枪。

1936 年春，日本侵略军派遣大量日军军官担任伪军部队的训练和作战指挥，补给伪军大批军需品，驻百灵庙伺机向内蒙古西部地区发动进攻。1936 年 11 月

20~24 日，国民党绥远省主席兼 35 军军长傅作义将军采用奇袭制胜、先发制人的方法，向百灵庙发起全面进攻，取得了百灵庙大捷。"百灵庙战役"震惊中外，极大地振奋了中国人民的抗战热情。

这些都是草原旅游"满都拉国门"的重要内容，从自然到人文形成和谐统一的"国门旅游感受"。

其次，用"万里茶道"品牌丰富旅游内涵。驼道形成的商道，商道走出的"万里茶道"，使茶成为草原牧民的生命之泉。今天完全可以赋予满都拉"万里茶道"节点城市的文化内涵，推行"走万里茶道，感受异国风情，畅饮古奶茶，欣赏大草原"的旅行。

后　　记

当完成本著作时，笔者感到无比喜悦。

长期以来，围绕中国中西部南北绿色经济带的构建开展研究，其目的就是推进"中国中西部南北绿色经济带"成为中国"国内国际双循环"经济发展的重要载体，推进中国社会主义现代化新征程的开启。

在研究期间，党中央国务院出台了一系列政策，为"中国中西部南北绿色经济带"构建带来契机。

2020 年 5 月 17 日，《中共中央　国务院关于新时代推进西部大开发形成新格局的指导意见》指出：以共建"一带一路"为引领，加大西部开放力度。强化基础设施规划建设，加强横贯东西、纵贯南北的运输通道建设，拓展区域开发轴线。

2020 年 11 月 3 日，《中共中央关于制定国民经济和社会发展第十四个五年规划和二〇三五年远景目标的建议》提出"交通强国战略"，实施西部陆海新通道的重大项目建设。

2021 年 2 月，《国务院关于新时代支持革命老区振兴发展的意见》指出：加快建设包（银）海等高铁主通道，规划建设相关区域连接线。

2021 年 2 月 24 日，《国家综合立体交通网规划纲要》提出：构建"678"综合交通网主骨架，其中 6 条主轴中"京津冀—成渝"，7 条走廊中"西部陆海"，8 条通道中"福银支线""二湛"，都涉及中西部南北绿色经济带。

因此，构建"中国中西部南北绿色经济带"，对于推动西部陆海新通道、北部湾经济区、粤港澳大湾区、海南自贸港等区域战略深度融合、协同发展具有重大意义。

这使我们的研究更具有时代感和现实意义及历史意义。为此，首先要感谢国家社会科学基金项目《我国中西部南北旅游大通道的构建研究》，使我成为终身学习的实践者，并且激励我获得陕西省"高层次人才特殊支持计划"（教学名师），从而为本书出版提供经费支持。更要感谢陕西省社会科学界联合会，将本书列为"2022 年度陕西省社科精品文库出版资助项目"，给予支持和宣传推介。其次，要感谢为本书的顺利完成提供各种服务的单位和个人，尤其是作者所在单位安康学院统计学专业师生提供的实证分析，正是大家的共同努力，才有了今天的研究成果。最后，还要感谢为本著作正式出版付出辛劳、提供支持和帮助的每一个人。特别要感谢任保平先生在百忙之际为本书作序，达到提纲挈领、画龙点睛的效果。同时，要感谢科学出版社的大力支持和帮助。

　　在此，我只能用"谢谢"两字，真诚地表达由衷的感谢！